北京文化书系
古都文化丛书

手工业——工匠精神

中共北京市委宣传部
北京市社会科学院　组织编写

章永俊　著

北京出版集团
北京出版社

图书在版编目（CIP）数据

手工业——工匠精神 / 中共北京市委宣传部，北京市社会科学院组织编写；章永俊著. — 北京：北京出版社，2024.4（2024.12重印）
（北京文化书系. 古都文化丛书）
ISBN 978-7-200-18155-5

Ⅰ. ①手… Ⅱ. ①中… ②北… ③章… Ⅲ. ①手工业史—北京 Ⅳ. ①F426.899

中国国家版本馆CIP数据核字（2023）第150299号

北京文化书系　古都文化丛书
手工业
——工匠精神
SHOUGONGYE
中共北京市委宣传部
北京市社会科学院　组织编写

章永俊　著

*

北京出版集团
北京出版社　出版

（北京北三环中路6号）
邮政编码：100120

网　　址：www.bph.com.cn
北京出版集团总发行
新　华　书　店　经　销
北京建宏印刷有限公司印刷

*

787毫米×1092毫米　16开本　22印张　305千字
2024年4月第1版　2024年12月第2次印刷
ISBN 978-7-200-18155-5
定价：96.00元
如有印装质量问题，由本社负责调换
质量监督电话：010-58572393；发行部电话：010-58572371

"北京文化书系"编委会

主　　　任　莫高义　杜飞进

副 主 任　赵卫东

顾　　　问　（按姓氏笔画排序）
　　　　　　于　丹　刘铁梁　李忠杰　张妙弟　张颐武
　　　　　　陈平原　陈先达　赵　书　宫辉力　阎崇年
　　　　　　熊澄宇

委　　　员　（按姓氏笔画排序）
　　　　　　王杰群　王学勤　许　强　李　良　李春良
　　　　　　杨　烁　余俊生　宋　宇　张　际　张　维
　　　　　　张　淼　张劲林　张爱军　陈　冬　陈　宁
　　　　　　陈名杰　赵靖云　钟百利　唐立军　康　伟
　　　　　　韩　昱　程　勇　舒小峰　谢　辉　翟立新
　　　　　　翟德罡　穆　鹏

"古都文化丛书"编委会

主　　编：阎崇年

执行主编：王学勤　唐立军　谢　辉

编　　委：朱柏成　鲁　亚　田淑芳　赵　弘
　　　　　杨　奎　谭日辉　袁振龙　王　岗
　　　　　孙冬虎　吴文涛　刘仲华　王建伟
　　　　　郑永华　章永俊　李　诚　王洪波

学术秘书：高福美

"北京文化书系"
序言

　　文化是一个国家、一个民族的灵魂。中华民族生生不息绵延发展、饱受挫折又不断浴火重生，都离不开中华文化的有力支撑。北京有着三千多年建城史、八百多年建都史，历史悠久、底蕴深厚，是中华文明源远流长的伟大见证。数千年风雨的洗礼，北京城市依旧辉煌；数千年历史的沉淀，北京文化历久弥新。研究北京文化、挖掘北京文化、传承北京文化、弘扬北京文化，让全市人民对博大精深的中华文化有高度的文化自信，从中华文化宝库中萃取精华、汲取能量，保持对文化理想、文化价值的高度信心，保持对文化生命力、创造力的高度信心，是历史交给我们的光荣职责，是新时代赋予我们的崇高使命。

　　党的十八大以来，以习近平同志为核心的党中央十分关心北京文化建设。习近平总书记作出重要指示，明确把全国文化中心建设作为首都城市战略定位之一，强调要抓实抓好文化中心建设，精心保护好历史文化金名片，提升文化软实力和国际影响力，凸显北京历史文化的整体价值，强化"首都风范、古都风韵、时代风貌"的城市特色。习近平总书记的重要论述和重要指示精神，深刻阐明了文化在首都的重要地位和作用，为建设全国文化中心、弘扬中华文化指明了方向。

　　2017年9月，党中央、国务院正式批复了《北京城市总体规划（2016年—2035年）》。新版北京城市总体规划明确了全国文化中心建设的时间表、路线图。这就是：到2035年成为彰显文化自信与多元包容魅力的世界文化名城；到2050年成为弘扬中华文明和引领时代潮流的世界文脉标志。这既需要修缮保护好故宫、长城、颐和园等享誉中外的名胜古迹，也需要传承利用好四合院、胡同、京腔京韵等具有老北京地域特色的文化遗产，还需要深入挖掘文物、遗迹、设施、景点、语言等背后蕴含的文化价值。

组织编撰"北京文化书系"，是贯彻落实中央关于全国文化中心建设决策部署的重要体现，是对北京文化进行深层次整理和内涵式挖掘的必然要求，恰逢其时、意义重大。在形式上，"北京文化书系"表现为"一个书系、四套丛书"，分别从古都、红色、京味和创新四个不同的角度全方位诠释北京文化这个内核。丛书共计47部。其中，"古都文化丛书"由20部书组成，着重系统梳理北京悠久灿烂的古都文脉，阐释古都文化的深刻内涵，整理皇城坛庙、历史街区等众多物质文化遗产，传承丰富的非物质文化遗产，彰显北京历史文化名城的独特韵味。"红色文化丛书"由12部书组成，主要以标志性的地理、人物、建筑、事件等为载体，提炼红色文化内涵，梳理北京波澜壮阔的革命历史，讲述京华大地的革命故事，阐释本地红色文化的历史内涵和政治意义，发扬无产阶级革命精神。"京味文化丛书"由10部书组成，内容涉及语言、戏剧、礼俗、工艺、节庆、服饰、饮食等百姓生活各个方面，以百姓生活为载体，从百姓日常生活习俗和衣食住行中提炼老北京文化的独特内涵，整理老北京文化的历史记忆，着重系统梳理具有地域特色的风土习俗文化。"创新文化丛书"由5部书组成，内容涉及科技、文化、教育、城市规划建设等领域，着重记述新中国成立以来特别是改革开放以来北京日新月异的社会变化，描写北京新时期科技创新和文化创新成就，展现北京人民勇于创新、开拓进取的时代风貌。

为加强对"北京文化书系"编撰工作的统筹协调，成立了以"北京文化书系"编委会为领导、四个子丛书编委会具体负责的运行架构。"北京文化书系"编委会由中共北京市委常委、宣传部部长莫高义同志和市人大常委会党组副书记、副主任杜飞进同志担任主任，市委宣传部分管日常工作的副部长赵卫东同志担任副主任，由相关文化领域权威专家担任顾问，相关单位主要领导担任编委会委员。原中共中央党史研究室副主任李忠杰、北京市社会科学院研究员阎崇年、北京师范大学教授刘铁梁、北京市社会科学院原副院长赵弘分别担任"红色文化""古都文化""京味文化""创新文化"丛书编委会主编。

在组织编撰出版过程中，我们始终坚持最高要求、最严标准，突出精品意识，把"非精品不出版"的理念贯穿在作者邀请、书稿创作、编辑出版各个方面各个环节，确保编撰成涵盖全面、内容权威的书系，体现首善标准、首都水准和首都贡献。

我们希望，"北京文化书系"能够为读者展示北京文化的根和魂，温润读者心灵，展现城市魅力，也希望能吸引更多北京文化的研究者、参与者、支持者，为共同推动全国文化中心建设贡献力量。

"北京文化书系"编委会

2021年12月

"古都文化丛书"
序言

北京不仅是中国著名的历史文化古都,而且是世界闻名的历史文化古都。当今北京是中华人民共和国首都,是中国的政治中心、文化中心、国际交往中心、科技创新中心。北京历史文化具有原生性、悠久性、连续性、多元性、融合性、中心性、国际性和日新性等特点。党的十八大以来,习近平总书记十分关心首都的文化建设,指出北京丰富的历史文化遗产是一张金名片,传承保护好这份宝贵的历史文化遗产是首都的职责。

作为中华文明的重要文化中心,北京的历史文化地位和重要文化价值,是由中华民族数千年文化史演变而逐步形成的必然结果。约70万年前,已知最早先民"北京人"升腾起一缕远古北京文明之光。北京在旧石器时代早期、中期、晚期,新石器时代早期、中期、晚期,经考古发掘,都有其代表性的文化遗存。自有文字记载以来,距今3000多年以前,商末周初的蓟、燕,特别是西周初的燕侯,其城池遗址、铭文青铜器、巨型墓葬等,经考古发掘,资料丰富。在两汉,通州路(潞)城遗址,文字记载,考古遗迹,相互印证。从三国到隋唐,北京是北方的军事重镇与文化重心。在辽、金时期,北京成为北中国的政治中心、文化中心。元朝大都、明朝北京、清朝京师,北京是全中国的政治中心、文化中心。民国初期,首都在北京,后都城虽然迁到南京,但北京作为全国文化中心,既是历史事实,也是人们共识。北京历史之悠久、文化之丰厚、布局之有序、建筑之壮丽、文物之辉煌、影响之远播,已经得到证明,并获得国际认同。

从历史与现实的跨度看，北京文化发展面临着非常难得的机遇。上古"三皇五帝"、汉"文景之治"、唐"贞观之治"、明"永宣之治"、清"康乾之治"等，中国从来没有实现人人吃饱饭的愿望，现在全面建成小康社会，历史性告别绝对贫困，这是亘古未有的大事。中华民族迎来了从站起来、富起来到强起来的伟大飞跃，迎来了实现伟大复兴的光明前景。

"建首善自京师始"，面向未来的首都文化发展，北京应做出无愧于时代、无愧于全国文化中心地位的贡献。一方面整体推进文化发展，另一方面要出文化精品，出传世之作，出标识时代的成果。近年来，北京市委宣传部、市社科院组织首都历史文化领域的专家学者，以前人研究为基础，反映当代学术研究水平，特别是新中国成立70多年来的成果，撰著"北京文化书系·古都文化丛书"，深入贯彻落实习近平总书记关于文化建设的重要论述，坚决扛起建设全国文化中心的职责使命，扎实做好首都文化建设这篇大文章。

这套丛书的学术与文化价值在于：

其一，在金、元、明、清、民国（民初）时，北京古都历史文化，留下大量个人著述，清朱彝尊《日下旧闻》为其成果之尤。但是，目录学表明，从辽金经元明清到民国，盱古观今，没有留下一部关于古都文化的系列丛书。历代北京人，都希望有一套"古都文化丛书"，既反映当代研究成果，也是以文化惠及读者，更充实中华文化宝库。

其二，"古都文化丛书"由各个领域深具文化造诣的专家学者主笔。著者分别是：（1）《古都——首善之地》（王岗研究员），（2）《中轴线——古都脊梁》（王岗研究员），（3）《文脉——传承有序》（王建伟研究员），（4）《坛庙——敬天爱人》（龙霄飞研究馆员），（5）《建筑——和谐之美》（周乾研究馆员），（6）《会馆——桑梓之情》（袁家方教授），（7）《园林——自然天成》（贾珺教授、黄晓副教授），（8）《胡同——守望相助》（王越高级工程师），（9）《四合院——修身齐家》（李卫伟副研究员），（10）《古村落——乡愁所寄》（吴文涛副研究员），（11）《地名——时代印记》（孙冬虎研究员），（12）《宗教——和谐共生》（郑永华研究员），（13）《民族——多元一体》（王卫华教授），（14）《教育——兼济天下》（梁燕副研究员），（15）《商业——崇德守信》（倪玉平教授），（16）《手工业——工匠精神》（章永俊研究员），（17）《对外交流——中国气派》（何岩巍助理研究员），（18）《长城——文化纽带》（董耀会教授），（19）《大运河——都城命脉》（蔡蕃研究员），（20）《西山永定河——血脉根基》（吴文涛副研究员）等。署名著者分属于市社科院、清华大学、中央民族大学、首都经济贸易大学、北京教育科学研究院、北京古代建筑研究所、故宫博物院、首都博物馆、中国长城学会、北京地理学会等高校和学术单位。

其三，学术研究是个过程，总不完美，却在前进。"古都文化丛书"是北京文化史上第一套研究性的、学术性的、较大型的文化丛书。这本身是一项学术创新，也是一项文化成果。由于时间较紧，资料繁杂，难免疏误，期待再版时订正。

本丛书由市社科院原院长王学勤研究员担任执行主编，负责全面工作；市社科院历史研究所所长刘仲华研究员全面提调、统协联络；北京出版集团给予大力支持；至于我，忝列本丛书主编，才疏学浅，年迈体弱，内心不安，实感惭愧。本书是在市委宣传部、市社科院的组织协调下，大家集思广益、合力共著的文化之果。书中疏失不当之处，我都在在有责。敬请大家批评，也请更多谅解。

是为"古都文化丛书"序言。

阎崇年

目　录

前　言   1

第一章　北京古代手工业的演进与特征   1
  第一节　先秦至辽金时期的手工业   3
  第二节　元明清时期的宫廷手工业   8
  第三节　先秦至明清时期的特种手工艺   13

第二章　北京手工业生产技术   23
  第一节　制陶与制瓷技术   25
  第二节　冶铸技术   46
  第三节　兵器制作技术   67
  第四节　纺织技术   87

第三章　北京手工业生产管理   95
  第一节　辽南京的手工业管理   97
  第二节　金中都的手工业管理   100
  第三节　元大都的手工业管理   108
  第四节　明北京的手工业管理   122
  第五节　清前期北京的手工业管理   145
  第六节　清后期北京的手工业管理   155

第四章　建设北京城的匠师　　　　　　　　　171
　　第一节　建设元大都城的匠师　　　　　173
　　第二节　建设明北京城的匠师　　　　　179
　　第三节　建设清北京城的匠师　　　　　186

第五章　燕京八绝　　　　　　　　　　　　193
　　第一节　北京景泰蓝　　　　　　　　　195
　　第二节　北京玉器　　　　　　　　　　206
　　第三节　北京雕漆　　　　　　　　　　216
　　第四节　北京地毯　　　　　　　　　　227
　　第五节　京绣　　　　　　　　　　　　238
　　第六节　北京牙雕　　　　　　　　　　250
　　第七节　北京金漆镶嵌　　　　　　　　261
　　第八节　北京花丝镶嵌　　　　　　　　272

第六章　北京特色手工艺　　　　　　　　　285
　　第一节　北京料器　　　　　　　　　　287
　　第二节　北京刻瓷　　　　　　　　　　294
　　第三节　京式家具　　　　　　　　　　303
　　第四节　北京绢花、绒鸟与绢人　　　　310
　　第五节　北京花炮　　　　　　　　　　317

参考文献　　　　　　　　　　　　　　　　320

后　记　　　　　　　　　　　　　　　　　334

前 言

北京古代手工业既有与中国古代手工业发展相似的演进轨迹，又有鲜明的地域特色。随着政治和文化中心地位的确立与巩固，北京在元明至清前期官营手工业发展迅速，宫廷手工业尤为兴盛，反映了帝都手工业的典型特征。其中，特种手工艺制作是北京地域发展的产物，也是北京手工业文化的重要内容。

任何手工业生产，都离不开工艺制造技术。而各种手工业产品，都是在一定的生产技术条件下制造出来的。北京手工业生产的发展，是与各个历史时期各种手工业部门工艺技术的发展分不开的。北京历史上工艺技术的许多成就，诸如青铜工艺技术、冶铁工艺技术、陶瓷工艺技术、丝织工艺技术等，不断丰富着北京手工业文化发展的内容。

手工业生产管理是北京手工业文化的重要内容。辽金至明清时期，北京手工业生产管理机构、政策、措施以及工匠身份的演变，反映了北京手工业文化的发展特征。在元、明两朝，从生产物料的来源及生产过程中的产品质量等环节的监管、管理人员的职责要求、有关行业的管理与规定等，可以看出北京手工业生产管理和控制的加强。

大气磅礴的北京城，是在元、明、清三朝奠定和完善的。元大都城形成新一代帝都后，明、清北京城都是在元大都的基础上进行营建的。北京城的营建，充分考虑了北京当时的地理和气候情况，同时把中国数千年的造城经验以及儒家的思想、周易的玄妙融合在一起，汇集了众多规划匠师的智慧和心血，体现了我国古代规划、布局和建筑的最高水平，集中展示了精雕细琢、追求卓绝的工匠精神。

"燕京八绝"是工匠精神的集中展示。"燕京八绝"是指景泰蓝、玉雕、雕漆、宫毯、京绣、牙雕、金漆镶嵌、花丝镶嵌八类北京特种手工艺品。这些特种手工艺品，都是靠着工匠的熟练技巧来进行艺术加工的。"燕京八绝"的制作，属于皇家御用的宫廷工艺，集中展示了北京工匠精湛的手工技艺和追求尽善尽美的制作精神。

北京的手工艺品，除景泰蓝、雕漆等"燕京八绝"特种手工艺品外，还有料器、刻瓷、京式家具等特色手工艺品。这些手工艺品，凝聚了工匠优秀的技术经验，表现了匠人对自己的技艺要求严苛，并为此不厌其烦、不惜代价地做到极致。

第一章

北京古代手工业的演进与特征

手工业，是指通过手工劳动，并使用简单的工具进行工业性生产活动的产业。在近代机器工业产生以前，所有工业形式皆可称为手工业。即便是以使用发动机为主的机器工业，其中有些环节也属于手工生产。先秦至清前期，北京手工业既有与中国古代手工业发展相似的演进轨迹，又有鲜明的地域特色。随着政治文化中心地位的确立与巩固，北京在元明至清前期官营手工业发展迅速，宫廷手工业尤为兴盛，反映了帝都手工业的典型特征。手工艺，指的是手制的工艺，用到简单的工具，通常与艺术有关，其创作需要技巧、熟练度以及一定程度的美感。特种手工艺制作是北京地域发展的产物，也是北京手工业文化的重要内容。

第一节　先秦至辽金时期的手工业

北京古代手工业的发展同样经历了中国古代手工业的石器时代、青铜器时代、铁器时代，两者在手工业的产品种类、制作水平及繁荣程度等方面，具有各历史时期的一般特征。然而，北京由于其独特的地理环境以及政治、文化等因素的影响，不可避免地富有自身的特征。

一、先秦时期的北京手工业

在北京手工业发展史上，远古的石器时期是手工业的起源和最初发展阶段。这一时期，北京手工业种类很少，仅有石器、骨器、木器、陶器及装饰品加工等部门。旧石器时代，原始人类还主要是对石器和骨器简单加工。距今大约50万—20万年的"北京人"，是迄今发现最早生活在北京地区的原始人类，他们制造用于生产和生活的石器与骨器，可以说是最早的"手工业"制品[①]。此外，用石器砍制的木棒、木矛等木器也是先民最初的手工制品。由于木质器具易腐烂，难以保存下来，因此今天我们见到的最早的手工制品几乎全是石器与骨器。到了新石器时代，不仅有较为精细的石器、骨器产品，还出现了原始的陶器。从旧石器时代向新石器时代的漫长演进中，当生产、生活用具需要的数量和品种愈来愈多，需要有一定的社会成员专门从事这种劳动时，生产、生活用具的生产就逐渐成为独立的手工业。

二、夏商周时期的北京手工业

大约从公元前2000年至公元前221年，北京地区进入我国历史上的夏商周时期。这一时期，北京地区的手工业生产出现初步繁荣的局面。手工业产品种类繁多，主要是青铜器和陶器，此外还有石器、骨

[①] 童书业编著：《中国手工业商业发展史》，齐鲁书社1981年版，第2页。

器、蚌器、金器、玉器等生产、生活用具及装饰品。其中，青铜冶铸与制陶已经成为独立的手工业部门。

夏商时期，中国的青铜冶炼和铸造技术达到相当高的水平。因而，在考古学上称为青铜时代。这一时期，北京地区的先民创造了独具特色的青铜文化，其鲜明的地域特色属于"夏家店下层文化"范畴内的"燕南型"[①]。在夏家店下层文化遗址中，除发现大量的青铜器外，陶器、石器和金器等都有实物出土。1983年在平谷县山东乡北辛庄西考古发掘一座夏家店下层文化的陶窑遗址，窑呈圆形，直径2米，窑顶有4个气孔，出土有陶罐和陶鬲残片[②]。

刘家河遗址是北京地区的"夏家店下层文化"典型遗址。刘家河遗址分布于平谷区南独乐河乡刘家河村东、北和南部，发现于1977年。其中位于村东公路南侧水塘边一座墓葬（M1）出土铜、金、玉、陶等器物和饰品40余件，距该墓东南14米的另一座墓葬（M2）出土陶器20余件。M1和M2出土的手工制品分属于"夏家店下层文化"早、晚期遗存。M1出土的金、铁、铜器堪称瑰宝，是迄今北京地区发现的年代最早、也是唯一一批商代中期的文物，具有重要的历史、学术、科学、工艺价值。[③]

西周时期，燕国手工业的生产逐渐走向繁荣。今北京地区燕国手工业的发展情况，也主要依靠考古资料。从考古发掘的情况看，这个时期的遗址不断被发现，尤其是发现了比较集中而又规模较大的手工业制品遗址。其中比较重要的有两处：一处是房山琉璃河地区的燕国墓地；另一处是昌平白浮村西周燕国木椁墓。两处出土器物很多，比较突出的为青铜器、漆器、玉器、陶器及原始陶瓷等。经过近年的考古发掘，在古城遗址中发现了冶铸青铜器用的陶模、陶范和铜渣。虽

---

① 李淑兰：《北京史稿》，学苑出版社1994年版，第19页。
② 《北京地区古窑址》，见马希桂：《文博耕耘录·马希桂文集》，中国林业出版社2007年版，第336页。
③ 齐心主编：《图说北京史》，北京燕山出版社1999年版，第33页。

然数量不多，但足以证明此时燕地已有自己的铸铜业了[①]。

东周时期，今北京及附近地区的燕地手工业生产继续发展。手工业生产范围更加广泛，专业分工和手工业内部分工更加细密。冶铁、煮盐、漆器等成为新兴的手工业部门，尤其是冶铁业已成为最主要的手工业部门。其他手工业部门有青铜冶铸、制陶、铸币、兵器制造、建筑等。

三、秦汉至隋唐五代时期的北京手工业

秦汉时期燕蓟地区的手工业生产，在行业类型的发展和工艺水平的提高上，都取得了很大的成就。冶铸、制陶、制盐、石作业以及玉器、漆器、骨角牙器、编织物等工艺品制造，是具有代表性的行业部门。

魏晋南北朝时期，幽州蓟城地区手工业生产的规模虽远不及秦汉，但随着各地区交流的加强，手工业生产技术，尤其是与战争和人民生产生活直接有关的冶铸、兵器制造、麻布生产和日用装饰品等行业的生产技术，在秦汉的基础上仍有较大的进步。

隋唐五代时期的手工业规模宏大，分工细密，制度完整，生产技术水平有了长足的进步。在手工业管理和经营上，官营手工业仍居主导地位，但民间手工业有了较大的发展。官府手工业者的来源和身份，自中唐以后逐渐由无偿征役为主改为在一定范围和条件下实行和雇及纳资代役，对劳动者的人身束缚遂有明显的减轻，工匠地位有了相对提高。幽州地区主要有丝织、冶铸、制盐、陶瓷、营造业以及石刻、雕塑等手工业类型。

隋唐五代时期，随着民间手工业的发展，幽州城里形成各种手工业"行"。唐天宝（742—756年）、贞元（785—805年）年间，幽州城里的各行各业十分发达。城北部设有一个固定的手工业区和商业区，称为"幽州市"。各行业都在市里进行营业。行业种类见于房山云居

[①] 齐心主编：《图说北京史》，北京燕山出版社1999年版，第50页。

寺石经题记的有白米行、大米行、粳米行、屠行、肉行、油行、五熟行、果子行、椒笋行、炭行、生铁行、磨行、染行、布行、绢行、大绢行、小绢行、新绢行、小彩行、丝绵彩帛绢行、幞头行、靴行、杂货行、新货行等近30种行业，不仅行业种类繁多，而且各行之间的分工也很细。[1]各"行"既是一种同业组织，又受到官府的管理和控制。手工业行会的出现，表明幽州地区的手工业进入了一个新的阶段。

四、辽金时期的北京手工业

辽金时期北京地区的手工业，在经营管理、品类发展、生产规模、工艺技术等方面均得到了显著的发展。辽金时期北京地区的主要手工业有：制瓷、纺织（丝织）、冶铸（军器）、制盐、石刻与雕版印刷、酿酒、采煤及营造建筑业等。其中，制瓷、酿酒、采煤等行业为发展较迅速或新兴的手工业部门；纺织（丝织）、冶铸（军器）、制盐、石刻与雕版印刷及营造建筑业等，则在前代的基础上，有新的成就和进展。

辽南京的制瓷业是一个新兴的部门，其重要标志是燕京地区瓷窑的兴起。据调查，现已发现辽代多处古窑遗址，如门头沟龙泉务村、房山区磁家务村、密云区小水峪村、平谷区寅洞村均有发现。[2]燕京瓷窑以烧制白瓷为主，并烧青釉瓷和绿、黑、褐色釉瓷，有的瓷窑还烧制琉璃制品。龙泉务窑的白瓷主要受五代时期定窑风格的影响，并融合了地方特色，形成了自己的风格。

北京地区煤的发现与开采利用，至少可上溯到辽金时期。民国《房山县志》载："木岩寺碑记创自天监二年（南朝梁武帝年号），重葺于天庆元年（辽天祚帝年号），其碑有取煤于穴之文，是辽之前煤

---

[1] 北京图书馆金石组、中国佛教图书文物馆石经组：《房山石经题记汇编》，书目文献出版社1987年版，第83—92页。

[2] 北京市文物研究所编：《北京考古四十年》，北京燕山出版社1990年版，第154—155页。

矿已经发现矣。"①金代中都，民间已出现以煤为燃料的暖炕。金代诗人赵秉文《滏水文集》中有诗云："京师苦寒岁，桂玉不易求；斗粟换束薪，掉臂不肯酬。日粜五升米，未有旦夕忧；近山富黑甖，百金不难谋。地炕规玲珑，火穴通深幽；长舒两脚睡，暖律初回邹。门前三尺雪，鼻息方齁齁；田家烧榾柮，湿烟泫泪流。浑家身上衣，炙背晓未休；谁能献此术，助汝当衾裯。"②诗中说西山所产"黑甖"可供燃烧精致的地炕，使卧者可以舒服地安睡。这种"黑甖"即煤。金代中都的煤不仅已经人工开采，而且出售供人取暖之用。

---

① 廖飞鹏、高书官纂修：《房山县志》卷五《实业·矿业》，1928年版。
② ［金］赵秉文：《闲闲老人滏水文集：附补遗》卷五《夜卧炕暖》，中华书局1985年版，第63页。

第二节　元明清时期的宫廷手工业

春秋以前"工商食官",手工业由官府控制。春秋以后,"工商食官"格局被打破,出现了民间私营的手工业,官府继续经营手工业,形成了官营与私营手工业并存的局面。

随着政治文化中心地位的确立与巩固,北京在元明至清前期官营手工业发展迅速,宫廷手工业尤为兴盛,反映了帝都手工业的典型特点。官营手工业有两个管理系统,一个是外朝系统,一个是内府系统。外朝系统最主要的是工部,内府系统由内府各监、局、院等机构组成。作为外朝系统的工部,除了管理一部分宫廷手工业外,主要掌管全国性的手工业生产与经营。内府系统的各监、局、院等机构则完全属于宫廷手工业范畴。元明清时期北京的国都地位,为宫廷手工业的发展创造了先决条件。宫廷手工业主要是为了满足皇室、官府的需要,生产的产品基本不作为商品在市场上交易来满足社会的需求。其原料和工匠,主要通过征调方式在全国范围内取得。

一、元大都的宫廷手工业

元代大都的官营手工业,种类繁多。《经世大典》列其大类有宫苑、官府、仓库、城郭、桥梁、河渠、郊庙、僧寺、道宫、庐帐、兵器、卤簿、玉工、金工、木工、抟埴之工、石工、丝枲之工、皮工、毡罽之工、画塑之工、诸匠共二十二个门类[①]。归纳起来,主要包括土木工程、兵器、金工、玉工、丝枲、皮毛等几个大类。大都的宫廷手工业涉及以上诸多领域。为满足皇室贵族生活之所需,大都的宫廷手工业中的宫苑、郊庙、僧寺、道宫、庐帐等建造,金银玉器镂雕,丝缎纺绣,毡毯皮货,雕塑绘画等发展很快。

---

① [元]苏天爵:《元文类》卷四十二《经世大典序录·工典总叙》,商务印书馆1936年版,第612—613页。

大都的宫廷手工业，分工极为细致。仅漆器制造一项，就有专门负责宫殿髹漆的和专门为皇家制作日常用品的两个部门。有些制造和修配工作，不但要由许多不同的作坊来承担，往往还要通过好几个局院的分工协作才能完成。如为装潢一幅皇帝像，需木局造紫檀木轴杆，银局造银环，玛瑙局造白玉五爪铃杵轴头等。塑一尊神像，需木局造胎座，镔铁局打造锔子、铁手枝条，出蜡局塑造①。甚至修理两顶象轿也需要动员多个部门和局院。

　　由官吏直接到各地采办生产原料，是宫廷手工业组织生产的重要途径。官府组织匠人采办各类资源。如大都留守司下设有"上都采山提领所"，至元九年（1272年）置，专门"采伐材木，炼石为灰"②，很可能是一个为大都四窑场等作坊制备坯土釉料而提供原料的机构。又如，将作院属下的大同路采砂所，所采砂专供大都磨玉之用，据《元史》记载："大同路采砂所，至元十六年（1279年）置，管领大同路拨到民一百六户，岁采磨玉夏水砂二百石，起运大都，以给玉工磨碚之用。"③

　　元代大都工匠大多从各地掳掠而来，如中统三年（1262年）三月，"徙弘州锦工绣女于京师"④。忽必烈建立大都后，又将分处在漠北等地的工匠迁来大都。据《元文类》记载："国家初定中夏，制作有程，乃鸠天下之工，聚之京师，分类置局以考其程度，而给之食，复其户，使得以专于其艺。"⑤元政府专门设立匠籍，不许匠户随意脱籍。匠户的子女"男习工事，女习黹绣"⑥，世袭其业，也不得脱籍。

---

① ［宋］黄休复：《元代画塑记》，人民美术出版社1964年版，第7、10页。
② 《元史》卷九十《志第四十·百官六》。
③ 《元史》卷八十八《志第三十八·百官四》。
④ 《元史》卷五《本纪第五·世祖二》。
⑤ ［元］苏天爵：《元文类》卷四十二《经世大典序录·工典总叙·诸匠》，商务印书馆1936年版，第618页。
⑥ 《元史》卷一百三《志第五十一·刑法二·户婚》。

二、明北京的宫廷手工业

明代北京的宫廷手工业组织与规模虽不及元代复杂，但依然庞大。内府二十四监局司是专为皇宫制作产品的作坊，大都设在皇城之内，亦称二十四衙门[①]。包括司礼、御用、内官、御马、司设、尚宝、神宫、尚膳、尚衣、印绶、直殿、都知十二监；惜薪、宝钞、钟鼓、混堂四司；兵仗、巾帽、针工、内织染、酒醋面、司苑、浣衣、银作八局。此外，还有内府供用库、司钥库、内承运库等处。[②]整个内府手工业"俱有大珰主之，所役殆数万人"[③]。

明代宫廷手工业工匠，仍由全国各地进行强征。其工匠来源于元大都宫廷手工业工匠者仍留用充任，另外又"集天下工匠于京师，凡二十余万户"[④]。明朝规定，凡手工业工匠，一律划入匠籍。子孙永不得脱籍。这项制度是继承元代的匠籍制。工匠分为住坐匠和轮班匠两类。住坐匠由南京迁来北京，有27000余户，入籍于大兴、宛平两县，一般每月服役10天，地点在内府。轮班匠则由全国各地工匠轮流来京服役，"三岁一役，役不过三月，皆复其家"。[⑤]

明代宫廷手工业分工比元代更加细致，如京内织染局有32种行业，兵仗局有34种行业，整个北京城内官营手工业行业不下100种。[⑥]宫廷手工业所需物料种类繁多，需求量极大。例如，《明书》卷八十三《土贡》记载，仅工部需用杂皮达34.7761万张，麂皮达3.48万余张，狐狸皮达0.42万余张。

---

① ［明］沈德符《万历野获编》补遗卷一《内府诸司》载："内官十二监四司八局，总谓之二十四衙门，俱在禁地，惟浣衣局则在皇城之外为异耳。"

② ［明］王世贞《凤洲杂编》五，则曰内官十一监（神宫、尚宝、孝陵神宫、尚膳、尚衣、司设、内官、司礼、御马、印绶、直殿），二司（钟鼓、惜薪），六局（兵仗、内织染、针工、巾帽、司苑、酒醋面），三库（内承运、司钥、内府供用）。

③ ［明］沈德符：《万历野获编》补遗卷一《内府诸司》，中华书局1959年版，第812页。

④ 《明史》卷一百五十一《列传第三十九·严震直传》。

⑤ 《明史》卷七十二《志第四十八·食货志》。

⑥ 孙健主编：《北京古代经济史》，北京燕山出版社1996年版，第181页。

三、清北京的宫廷手工业

清代宫廷手工业主要由内务府各内监局管理。内务府"掌内府财用、出入、祭祀、宴飨、膳馐、衣服、赐予、刑法、工作、教习之事……其属有七司，曰广储……曰营造……国初置内务府……顺治十一年裁，十八年复设……又设武备院、上驷院与织染局"①。广储司下设六库、七作、二房。据《石渠余纪》载："广储司，掌银、皮、瓷、缎、衣、茶六库之藏物，相类者兼贮焉，稽其出纳。掌银、铜、染、衣、皮、绣、花七作之匠，以供御用。及宫中冠服、器币，三织造及内织染局属焉"②。

清宫用品除在内务府造办处制造外，还经常在京外指定加工，造办处档案有不少这方面的记载。这里试举两例：其一，乾隆三年二月二十五日的《活计档》记载，重华宫进行内装修，乾隆通过太监毛团传旨："重华宫正殿东西进深照做隔扇两槽"，并明确指出，"着粤海关用紫木成做"③。其二，在乾隆五十三年四月初九的《活计档》中有一件行文，传达乾隆的谕旨，让一个叫舒文的内务府官员，对3949块青白玉大小玉子进行挑选分类，并画样呈览。八天后，舒文上奏说，挑选出一等的可按画样进行雕刻的好玉28块，二等的可用来堆玉山的玉30块，另外还有三等玉100块，四等玉200块，这些好玉都暂时留在如意馆；其余的比较一般的五等玉有3591块，全部交广储司的库房收存起来。乾隆皇帝批准了这一奏折，并谕令：将挑选出来的好玉分别发送到苏州、杭州、江宁三织造以及两淮盐政和长芦盐政进行加工制造。④

清初废除匠籍制度，宫廷手工业劳动力的来源主要靠雇觅民间工

---

① 《清朝文献通考》卷八十三《职官七·内务府》。
② [清]王庆云：《石渠余纪》卷三《纪立内务府》，文海出版社1973年版，第226页。
③ 中国第一历史档案馆藏：内务府造办处《各作成做活计档》，乾隆三年二月二十五日。
④ 中国第一历史档案馆藏：内务府造办处《各作成做活计档》，乾隆五十三年四月初九。

匠。如顺治二年（1645年），"重建太和殿，令顺天府所属州县各解匠役百名，赴工应役"。又如康熙十年（1671年）题准："紫禁城皇城内工程，应用匠役，转行五城确查土著，具结解送充役。又议准，嗣后各衙门应用匠役，均行都察院转行五城取用，永以为例"。①顺治十二年（1655年）就规定："地方各匠有愿应役者，速行解部，照时给价赴工"②。按工给值，变无偿服役为有偿劳役，对工匠生产积极性有一定促进作用。这种制度的普遍推行，是元明以来工匠服役制度的重要变化。

就总体生产规模和行业种类而言，清代前期北京的宫廷手工业虽不及元明两朝大而繁杂，但在工艺技术的某些方面则超过前代。尤其是特种手工艺制作，在规模和技术上都有较大发展。

---

① 《嘉庆大清会典事例》卷七百十七《工部五十七·匠役》。
② 《嘉庆大清会典事例》卷七百十七《工部五十七·匠役》。

第三节　先秦至明清时期的特种手工艺

特种手工艺是以陈设、装饰和欣赏为主的工艺品。特种手工艺制作是北京地域发展的产物，也是北京手工业文化的重要内容。从旧石器时代到元明清时期，北京地区的特种手工艺制作在各个阶段发展虽不均衡，但部分品种传承有序，存在内在的联系。在吸收融合草原文化和中原文化因素之后，北京特种手工艺制作逐渐显现出自身的地域性特征。尤其在元明清时期，北京特种手工艺品类繁多，技艺精湛，具有独特的风格。

一、先秦至商周时期的特种手工艺

早在先秦时期，北京特种手工艺制作就已具备一定的水平。旧石器时代晚期的"山顶洞人"能利用各种质料制成装饰品，诸如，穿孔的兽牙、穿孔海蚶壳、钻孔石珠、钻孔小砾石、穿孔鲩鱼眼上骨、刻沟的骨管等。这些装饰品，可以说是我国古代最早的工艺品。[1]新石器时代早期的"东胡林人"用50多枚穿孔小螺壳制成"项链"，螺壳大小相当匀称；还用7枚牛肋骨截段磨制串联而成"骨镯"，骨管形状稍扁，长短相间排列；这些装饰品制作得比较精致美观，反映了当时人们工艺制作的技术水平。上宅遗址出土了一些陶塑、石雕艺术品，如石质和陶质耳珰形器、石猴形饰件、石鸮形饰件、石龟、陶塑猪头、空心陶球、鸟首形镂孔器等，件件造型精致、形象生动，展现了新石器时代中

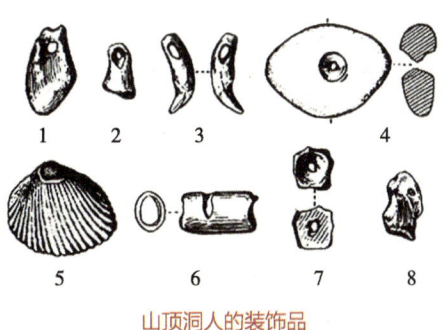

山顶洞人的装饰品
1、2、3.穿孔兽牙　4.钻孔小砾石　5.穿孔海蚶壳　6.骨管　7.小石珠　8.穿孔鲩鱼眼上骨

---

[1] 陕西省西安半坡博物馆：《中国原始社会》，文物出版社1977年版，第25页。

期北京地区的雕塑艺术成就。

商周时代，北京地区的特种手工艺制作以青铜冶铸最为突出。刘家河遗址出土的16件青铜器中，以三羊罍、鸟柱龟鱼纹盘的工艺水平最高，堪称同时期青铜器中的杰作。值得注意的是，刘家河遗址出土的青铜器与中原地区的殷代青铜器有很多相似之处：刘家河出土的

东胡林人"项链"

两件小方鼎的形制、花纹与郑州张寨南街出土的商代大方鼎近似；刘家河出土的弦纹鼎、弦纹鬲、弦纹甗、I式盘、I式盉等与湖北黄陂盘龙城李家咀出土的商代器物基本相同；刘家河出土的饕餮纹瓿、斝，与河北藁城台西村出土的器物基本相同，出土的三羊罍的整体造型、折肩、罍上所饰饕餮纹与郑州白家庄三号墓出土的罍相似，唯器形较为短矮。这也反映了自古以来北京地区就与中原地区存在着经济与文化上的联系。[①]

琉璃河燕国墓地出土的青铜器，无论是从造型之精美，还是从出土数量之大，都可反映出西周时期北京地区的青铜冶铸不仅技术水平较高，而且铸造规模也是很大的。其典型器物有堇鼎、伯矩鬲、攸簋、复尊和克罍等。

北京地区出土了很多有特色的战国时期青铜器，如怀柔的饕餮纹铜矛头、三角云雷纹铜豆、三牺纽铜鼎、错铜云纹环耳盖壶，延庆古城的铜剑、匕首，宣武的长杆铜镞、铜勺，昌平下苑的错金铜带钩，丰台的环耳铜鼎，延庆的鹈鹕鱼纹敦等[②]。这些青铜器形制灵巧，花纹细致，图案纤细，反映了当时青铜冶铸技术已达到较高水平。值得注意的是，延庆军都山一带出土的青铜器具有鲜明的山戎文化特色。

---

① 袁进京、张先得：《北京市平谷县发现商代墓葬》，载《文物》1977年第11期。
② 葛建军：《北京三千余年灿烂历史的见证——〈北京历史文物陈列〉》，载《首都博物馆丛刊》1998年总第12期。

二、秦汉至辽金时期的特种手工艺

秦汉至魏晋北朝时期，北京特种手工制品考古发掘相对较少。大葆台西汉墓中出土的工艺品，主要是玉器、漆器等物。玉器有璧、璜、环、螭虎饰件。其中，透雕玉璧、玉螭佩、透雕人像玉饰、凤形玉觿等，形体之优美，雕技之精巧，都是出类拔萃的。漆器普遍采用了彩绘、平脱、镶嵌等多种技艺和朱红、黑、黄三种颜色。同时使用各色玛瑙、玳瑁、云母等做嵌饰；有的还贴金箔，饰鎏金铜饰，使漆器显得格外华丽夺目。

西晋华芳墓出土的工艺品有金银器、铜器、漆器、料器等，反映了魏晋时期北京地区特种手工艺的制作水平。如银铃，球体上部以银丝捏成八个乐人的形象，乐人之间有连弧、圈状花纹。在乐人之下系有小铃，嵌有红、蓝宝石。铃之纽座饰成虎形。八个乐人可分作四组：两人捧排箫；两人持管或作持喇叭状；两人扬手作摧击状，其中一人腹前尚存圆形小鼓；两人举手横于鼻下左方，似作吹笛的形象[①]。在十分有限的形体上，装饰如此复杂的纹饰，且加以镶嵌，足以表明此时期金银制作工艺具有较高的水平。又如料盘是这一时期有特色的新器物。料盘盘壁极薄，断面呈绿色，是目前我国所见最早的玻璃料器[②]。

辽金时期，北京地区的特种手工艺制作以金银器为主。辽代金银

西晋华芳墓银铃

[①] 北京市文物工作队：《北京西郊西晋王浚妻华芳墓清理简报》，载《文物》1965年第12期。

[②] 陈康：《西晋华芳墓出土的器物珍品》，见北京市石景山区地方志办公室编：《名人墓葬》，中央文献出版社2008年版，第36页。

器有银镏金铜面具、银制首饰、银盒等。其中20世纪70年代在房山出土的一件银镏金铜面具尤为特殊,为契丹贵族的葬具,俗称"盖脸",保存完好,五官轮廓清晰。在金代皇陵遗址中出土的金丝冠以及月坛地区一处窖藏中发现的高足金杯、金錾花盘、金盘、金盏托四件金银器,造型各异,工艺精湛。

三、元明清时期的特种手工艺

元明至清前期北京地区的特种手工艺制作,无论在生产规模上,还是在艺术水平上,都有了突飞猛进的发展。

元大都的特种手工艺,主要有丝织品、金玉雕刻和笔墨制作等。丝织品以织金锦最为有名,称为"纳失失"。织金锦中的纳失失原产波斯,是元代手工业中出现的新技术和新产品。为了满足统治阶级对织金锦的需要,当时在大都设有专局制造。大都的民间工匠也发展了丝织物加金的技术。他们能在缎子上绣上人物肖像和美丽的图案,"街下织缎子的匠人每织着佛像并西天字缎子货卖有,那般织着佛像并西天字的缎子卖与人穿着呵"[1]。元代的织金锦,在北京西长安街庆寿寺等地均有出土。庆寿寺海云、可庵两塔内出土的纺织品,其中有赭黄地的绣花龙袱,有酱色地的织花残绸。还发现四片丝金纻线即纳失失锦,织出唐草图案,出土时"金光耀目"[2]。

大都的金玉雕刻业很发达。官营手工业中曾有一大批技艺高超的雕刻和技艺专家,私营手工业作坊也不乏雕刻高手。如《析津志辑佚·风俗》记载,大都城中"湛露坊自南而转北,多是雕刻、押字与造象牙匙箸者"[3]。

尼泊尔籍的阿尼哥,"颇知画塑铸金之艺","凡两京寺观之像,

---

[1] 郭成伟点校:《大元通制条格》卷二十八《佛像西天字段子》,法律出版社2000年版,第306页。

[2] 北京市文化局文物调查研究组:《北京市双塔庆寿寺出土的丝、棉织品及绣花》,载《文物参考资料》1958年第9期。

[3] [元]熊梦祥:《析津志辑佚》,北京古籍出版社1983年版,第208页。

多出其手"①。蓟州宝坻人刘元，"独长于塑"，又从阿尼哥为师，"神思妙合，遂为绝艺"，"凡两都名刹，有塑土范金，抟换为佛，一出元之手"，他创造的雕塑方法"（先）漫帛土偶上而髹之，已而去其土，髹帛俨然像也"，手艺"天下无与比"。②

元代重要的大型玉器是现存北海公园前团城内的渎山大玉海。玉海的制作，继承和发展了我国琢玉工艺上"量料取材"和"因材施艺"的传统工艺。玉海

13世纪元代招募的尼泊尔艺术家阿尼哥造
夹纻干漆 尺寸：58.5 cm × 43.3 cm × 29.5 cm

外部景物的琢磨，基本上是如陶宗仪所说的"随其形刻"③而作纹饰的。大玉海在运用"巧色"的技法上也有"变瑕为瑜"的独到之处。如玉海南部的一处"白章"，用来点缀了一颗旋转如飞的大龙珠，几处激流旋涡，都是利用玉色较浅的地方，而大片的深碧色处，则刻成汹涌起伏的波涛。这样就把玉料的自然质地合理而充分地利用起来，使其根据器物内容的要求完美和谐地融为一体，充分显示出工匠们卓越的才华和技艺。

明代的特种手工艺制作，以雕漆、宣德炉和景泰蓝最为驰名。

雕漆。明代早期的北京雕漆以永乐、宣德年间的制品为代表，造型规矩，用漆精良，雕刻圆熟，磨工精细。永乐年间，御用监在北京西什库一带建立了专为皇家服务的漆器作坊——果园厂。同时，

---

① 《元史》卷二百三《列传第九十·工艺》。
② ［元］陶宗仪：《南村辍耕录》卷二十四《精塑佛像》，文化艺术出版社1998年版，第335—336页。
③ ［元］陶宗仪：《南村辍耕录》卷二十一《宫阙制度》，文化艺术出版社1998年版，第292页。

又从南方征调了一批能工巧匠充实果园厂的力量，专门制作漆器，以满足皇家对漆器的大量需求。雕漆多以锡、木为胎。雕漆品以剔红为主，由于皇家的支持，剔红的品质达到一个前所未有的高度，漆质坚实，漆色鲜妍而沉稳，磨抛圆润而细腻，有均衡适度的雍容之风。剔红，要上"朱漆三十六次，镂以细锦，底漆黑光（针刻大明永乐年制字）"①。这一时期雕漆器型以盘、盒多见，新增小柜、香几、盖碗、小瓶等，器物尺寸普遍增大。明代中期的北京雕漆历经元朝百年，刻款作品很少，雕漆工艺发展缓慢，雕漆风格由早期的简练大方逐渐向晚期的纤巧细腻过渡。器型方面，明中期的北京雕漆立体造型增多，新见梅瓶、高足碗、笔筒、插屏、提匣等。明代晚期的北京雕漆经历了嘉靖、万历两朝的兴盛。此期，雕漆的品类以剔红、剔彩为主。雕漆造型多样化，笔筒、方盒、碗、各类捧盒、扁壶、箱子，种类显著增多。从题材内容上看，歌功颂德、宗教神话、吉祥如意的占主要成分，民间习俗的题材也不少。例如，"剔红岁寒三友图圆盒"，此盒绿地朱漆，盒盖上的图案，雕刻松、梅、竹的枝干缠绕盘结成草书的"福""禄""寿"三字。寓意吉祥，绘画民间化。这种处理吉祥寓意的手法，无疑是雕漆发展中的又一种新元素的加入。

宣德炉。所谓宣德炉，是明宣宗朱瞻基在位时（1426—1435年），因宫廷郊庙祭祀所用彝鼎跟古式不同，下令根据《宣和博古录》和《考古图》等宋代书籍，并内府所藏柴、汝、钧、哥、定各大名窑器皿款式古朴典雅者，设计出宣德炉的形式，于宣德三年（1428年）铸造的铜炉，铸造中采用了多种精湛、独到、高超的工艺。铸成后的宣德炉，一般口不逾三寸，品种多达157种，颜色有栗色、茄皮色、棠梨色、褐色和藏经纸色等，而以藏经纸色的宣德炉最为稀少和贵重。宣德炉经过镏金、错金、错银、镶嵌名贵宝石等处理，表现了明代铜

---

① ［明］刘侗、于奕正：《帝京景物略》卷四《西城内·城隍庙市》，上海古籍出版社2001年版，第240页。

工出色的铸造艺术技巧。

景泰蓝。景泰蓝又称"铜胎掐丝珐琅",是明代宫廷工匠吸收了域外传来的铜胎珐琅技术加以发展而成。景泰蓝的工艺流程要经过制胎、掐丝黏面、圈花、焊烧、填色烧造、错工、锉磨等复杂的工序。景泰蓝虽不是通体蓝色,却以萤石蓝般的蓝釉最为出色,而这种釉色又是在明景泰年间烧制出的,所以称为"景泰蓝"。

明前中期的景泰蓝,造型以器皿居多,铜质较好,多为紫铜胎,体略显厚重。景泰蓝主要用以宫廷摆设,就造型和纹样而言,大都仿照古瓷器和古铜器。常见的花纹,有饕餮纹、勾子莲、缠枝莲,还有各种花、鸟、虫、鱼等,形成豪放而华丽、洒脱而不拘谨、浑厚而有力的艺术风格。景泰年间以后,色釉发展到十五种之多,这时以孔雀蓝底色为主。用釉的技法上,使用混合色,可以表现出花瓣的深浅变化层次,使其更具真实感。就题材方面而言,除了沿用原有的图案外,新增加了人物、山水等,用轮饰和根据器形转折加以装饰。

清代前期北京的特种手工艺制作,在明代的基础上有进一步发展。生产的品种、数量均有所扩大,出现了珐琅彩、玻璃、钟表等新品种,工艺技术显著提高。以下仅就北京雕漆、景泰蓝和玉器制作略述如下。

雕漆。北京雕漆经过明末清初的短暂萎缩,到了清朝中期又出现了鼎盛的局面。不但雕漆数量非常多,造型题材广泛,雕刻技法翻新,雕漆工艺与其他艺术工艺手段交叉结合,形成极为鲜明、极为多样化、极富时代个性的艺术风格。剔红的颜色更加鲜艳明丽,剔黄、剔绿、剔彩、剔黑的数量明显增多,其中局部加色的剔彩法,作为对传统竖色法的进一步发展,达到了历史上的最高水平。

乾隆皇帝酷爱雕漆制品,因此,雕漆工艺得以空前提高,品种也有了很大发展,创作了屏风、桌、椅、盘、盒、瓶、罐等多种产品,这些产品,多为宫廷造办处制造。造办处下设有金玉作、造钟作、鞍甲作、油木作等。其中油木作附有雕作、漆作,漆作承做宫廷大量的漆器用品。

清代雕漆胎骨与明代相同，以木胎、锡胎为主，也有用脱胎的，造型精致，富于变化，颜色也增多，并且还有与玉石镶嵌结合而成的产品。图案方面，除花鸟、人物外，开始有各种吉祥如意的图案。在构图上绵密多层次，以多见长，和明代不同的是不注重磨工，但是具有严谨、精致、华丽的特色；以花卉题材为多，有穿枝过梗、自然灵活、层次鲜明、立体感较强等特点。

"礼物盒"是清代雕漆中与其他工艺相结合的比较典型的作品。其造型似扁桃，盖面雕红漆，中间用五彩玉石镶嵌蟠桃、花果、蝙蝠等，有福寿万年、庆贺吉祥的含义。树枝用木片嵌成，红、青、黄色相间，艳丽悦目，显露出绝妙的构思与技艺。

景泰蓝。乾隆时期，景泰蓝制作进入全盛时期，当时，在内务府造办处专门设有景泰蓝生产机构——珐琅作，能工巧匠云集。景泰蓝生产产量之多、规模之大、做工之细是前所未有的。

乾隆时期的景泰蓝一改明宣德和景泰年间朴实、粗犷、豪放的风格，向清秀、华丽、鲜明的方向发展。制作数量较之以前大为增加，凡帝王后妃活动的大殿、寝宫等场所景泰蓝制品比比皆是。除大量制作祭器外，逐步替代了一些如玉器、象牙等易碎的贵重日用器具，品种上还发展了围屏、屏风、绣墩、枕头、筷子、鼻烟壶等实用品和陈设品。制作技术也有了进一步提高，不仅能制作极小的精致器物，还能制作一丈多高的大佛塔，以及与人同高的大型法器。这样的大型制品在制胎、烧蓝等工序上都需要有较高的技术与设备才能完成。

玉器。清代玉器的发展提高，主要在康熙、雍正、乾隆三朝，尤其是乾隆时期，其所用玉料品种、数量之多，作品样式之繁，相玉水平之高以及技艺之精湛，都已达到空前的程度。据清宫造办处的《活计档》记载，在雍正元年（1723年）至乾隆十年（1745年）的22年间，造办处玉器作所用的玉料中，已有32类。既有高级材料中的玉、翡翠、珊瑚，又有国外进口的"西碧玉"（加拿大碧玉）、"西洋玛瑙"、"木变石"等等。还有国内开掘的新玉种，如关东石（岫岩玉）、云南玛瑙、荆州玛瑙（湖北玛瑙）、矾晶（湖南绿晶）。可谓美玉良材集聚，五光十色。当时，生产组织已发展成为三个玉器作坊：一个是玉作，即负责琢玉的作坊；一个是碾玉作，即抛光的机构；还有一个雕玉作设在"如意馆"里，是专门为玉玺、玉册刻字的地方。这种明确细致的分工，表明北京的玉器制作已发展到很高的程度。

第二章

北京手工业生产技术

任何手工业生产，都离不开工艺制造技术。而各种手工业产品，都是在一定的生产技术条件下制造出来或取得的。

北京手工业生产的发展，与各个历史时期各种手工业部门工艺技术的发展是分不开的。北京历史上工艺技术上的许多成就，诸如青铜工艺技术、冶铁工艺技术、陶瓷工艺技术、丝织工艺技术等，不断丰富着北京手工业文化的内容。

第一节　制陶与制瓷技术

一、先秦至汉代的制陶技术

陶器普遍出现于世界各地的新石器时代遗址中。这些用黏土烧成的器皿是人类创造的第一种自然界中不存在的材料。制陶业称得上人类最早的"化学工业",也是冶金、制瓷、玻璃等工业的鼻祖[①]。在新石器时代,人类发明的手工制陶技术在制造技术方面是一个非常重大的突破。早在距今1万年左右的东胡林遗址和转年遗址中,发现有数量不等的陶器残片,这表明在新石器早期,北京地区的先人就已经发明了制陶技术。从新石器时代至汉代,陶器制作技术不断改进和完善。在新石器时代,制陶所用的原料,大多为普通易熔黏土,早、中期主要采用手制法成型,晚期流行轮制法;战国至两汉时期普遍采用轮制法,西周燕地陶制品中已发现陶器施釉工艺。

(一)新石器时代的制陶技术

北京地区新石器早期的制陶技术,以东胡林遗址和转年遗址为代表。1966年4月考古工作者在门头沟区东胡林村西侧发现了东胡林遗址,发掘的陶器皆为残片,共计60余件。多数为器物的腹部残片,也有口沿和器底。均为夹砂陶,有夹粗砂和夹细砂之分;其中夹粗砂者占多数,器表多不光滑。陶片表面一般为红褐色或灰褐色,因烧制温度不高,大多颜色斑驳,质地也比较松软。陶器表面大多为素面,少数饰有附加堆纹、压印纹。有的陶片采用了泥条筑成法,有的则呈片状脱落。器底一般为平底器,未见圆底器。陶器的器型主要有平底直腹盆(或称盂形器),有的可能属罐、碗等类器。应当说,"东胡林人"的制陶技术还较原始,具有早期陶器的显著特征。

[①] 苏湛:《看得见的中国科技史》,中华书局2012年版,第12页。

怀柔区宝山寺乡转年村西遗址，发现于1992年，1995—1996年进行正式发掘，出土了少量的陶器碎片。陶器的种类简单，仅发现筒形罐和盂等残片。陶质以夹砂褐陶为主，火候不均，质地疏松，硬度较低，陶土中羼杂有大量石英颗粒。陶片颜色不纯，有的陶胎呈黑色，似未烧透。陶片内表面粗糙、外表面经打磨较为光滑，有的呈黄褐色或灰褐色、除个别口沿处施附加堆纹或凸纽装饰外，均为素面。从陶片残断面观察，可看出片状贴筑的痕迹，有的陶片内外成片脱落，同样表现了早期陶器的特征。

北京地区新石器中期的制陶技术以房山镇江营，平谷上宅、北埝头，昌平雪山一期为代表。这一时期，出现了彩陶技术。

镇江营遗址位于房山区西南的北拒马河南岸，1959年发现，1986—1990年进行了大面积发掘，取得了重大成果。镇江营遗址地层堆积共分为四期，其中前三期为新石器中期的遗存。

镇江营一期陶器以夹云母粉的红陶为主，器表为均匀的红色，也有外表多红色，并夹杂着灰色、黑色斑块。器表素面为主，个别器表局部有锥刺纹和划纹。器形以圆底为多，虽有三足器和圈足器，但其容器底部仍是圆的。器物分为两大类：一类是炊煮器，主要是大口圆底的釜、器盖、盆、支脚等；另一类是盛储器，有盆、小口壶、钵等。陶器胎质软，推测是采用露天式、覆烧方法烧成，烧成温度低。用泥片接筑法制陶，胎壁厚薄不匀，陶器易残断。

镇江营二期陶器有夹云母陶器、钵、鼎、小口双耳壶、器盖、支脚等，还有泥质陶钵、盆和小口双耳壶。与镇江营一期不同的是鼎的数量增多，但少了圆底盆，出现了泥质折口壶和乳丁纹罐。

镇江营三期典型器物有夹云母褐陶双桥耳侈口罐、小口高领广肩罐、双桥耳直口罐和泥质红陶彩陶钵等[1]。

镇江营遗址中新出土的三足（如褐陶三足钵、红陶釜和支脚）、

---

[1] 郁金城：《北京市新石器时代考古发现与研究》，见苏天钧主编：《北京考古集成2—4》，北京出版社2000年版，第242页。

双耳（如红陶小口双耳壶）和带把器皿，不仅使器物放置更加平稳，提携和使用更为方便，也增强了器物的美感，是制陶工艺上的一大进步[①]。

位于平谷区韩庄乡上宅村西北的上宅遗址，1984年北京市进行文物普查时发现。该遗址地层堆积共分8层。除第一、二层为耕土层、扰乱层外，其余6层可分为三期。第一期为第8层；第二期为7～4层，是该遗址的主要堆积，第二期又可分早（7、6两层）和晚（5、4两层）两段；第三期为第3层。

上宅遗址的陶器出土数量很大，可复原的器皿有800余件。陶质以夹砂陶为主，亦有少量泥质陶。陶器皆为手制，用分片贴筑法和泥条盘筑法制成。值得注意的是，典型器物中没有三足器，没有支脚或支座，未见彩陶和绳纹。

第一期以压印组合纹夹砂褐陶为主。陶胎中多含有滑石粉末。器型以厚胎大口筒形罐为主，有的罐底厚达2.5厘米左右。器表皆施以整齐的压印组合纹，即口沿处有数圈凹弦纹，其下为麻点状附加堆纹，最下为网格状纹，而且纹饰布满全身。

第二期以夹砂陶和夹滑石粉末陶为主，并有少量泥质陶。由于采用露天烧制，造成颜色不匀的现象。器表多呈褐色或灰褐色，个别呈外红内黑。泥质陶为红褐色或红色，有的上红下灰（如"红顶碗"）。大多数陶器表面都有纹饰，主要有抹压条纹、压印之字纹、篦点纹和划纹。器型以平底器为主，并有圆底和圈足器。陶器种类主要有深腹罐、盂、钵、碗、盆、杯等。其中，第二期早段以夹砂陶施抹压条纹为主，晚段泥质陶和划纹增加，划纹形式多样，有方格、回字形、波折形等纹样。

第三期则以泥质红陶为主，还有夹砂褐陶和灰褐陶，器表多为素面，少数施压印弦纹和划纹等，主要器物有口沿处压印一周弦纹的红

[①] 《北京地区陶瓷概述》，见马希桂：《文博耕耘录·马希桂文集》，中国林业出版社2007年版，第250页。

陶钵和"红顶碗",以及盆、罐等类①。

北埝头遗址位于平谷区大兴庄乡北埝头村西,东距上宅遗址约30公里,1984年发现。出土的陶器可以辨明器型的93件,其中完整的陶器数量不多。器类有大口深腹罐、圈足器、碗、双系小杯、鸟首支架形器,以及磨制的圆形陶饼、残磨盘碎片等。以大口深腹罐的数量最多,形体有大有小,但口沿特征基本一致,都是厚圆唇。其次是各种形状的圈足器。此外,该遗址出土的陶磨盘,是其他地区少见的。

陶质以夹砂陶为多,泥质陶很少。夹砂陶一般都掺滑石粉,陶色多褐色及红褐色。由于火候儿不匀,一件陶器上往往有几种颜色。少量泥质陶为橘红色。遗址中也未见有彩陶。陶器制作全部为手工制。一些陶器残断的口沿上残存泥条贴筑痕迹。陶胎普遍比较厚重,厚薄均匀。尤其是掺滑石粉的器物,内壁及底部压磨平滑。在陶器上,为缀合裂隙而钻孔的现象普遍,钻孔皆外大内小。纹饰以压印的之字纹数量最多,其次为划纹、刮条纹、篦点纹、戳刺纹等多种。素面陶较少②。

从出土的陶器可以看到,当时制陶技术已发展到一定的水平,已懂得一些陶器缀合修补技术,但也说明当时要制作一件形制比较大的陶器还比较困难,陶器生产的数量也很有限。

雪山遗址位于昌平区雪山村,发现于1961年。该遗址可分为三期,其中第一、二两期属于新石器时代。

雪山一期出土的陶器以夹砂陶为大宗,陶色以褐色为主,灰、黑陶少量;其次是掺贝粉的泥质红陶,纯泥质陶很少。器表多素面,有一定数量的彩陶,少见绳纹等拍印纹饰。彩陶图案有垂带纹等。陶器大多数为平底,少数带圈足,未见三足器。器类以双耳罐为主,还有

---

① 郁金城:《北京市新石器时代考古发现与研究》,见苏天钧主编:《北京考古集成2—4》,北京出版社2000年版,第241页。

② 北京市文物研究所、北京市平谷县文物管理所:《北京平谷北埝头新石器时代遗址调查与发掘》,载《文物》1989年第8期。

钵、壶、盆、豆等，另有从事原始纺织业的陶纺轮。陶器采用手工捏制或泥条盘筑法成型。

彩陶的做法通常是：用黑彩和红彩等在泥质红陶胎的表面，绘出各种不同的图案，之后再矸光、入窑烧造。施彩部位多为器口、颈、肩和上腹部，也有通体施彩和器内施彩的；纹样多为几何纹，也有动物和人物图案。这些图案既细腻流畅，又形象生动。

北京地区新石器晚期的制陶技术以昌平雪山二期、房山镇江营四期等处为典型。

雪山二期出土陶器种类明显增加。陶器以夹砂和泥质褐陶为主，其次是泥质黑陶、灰陶和红陶。黑陶的出现是这一时期陶器生产的新成就。泥质黑陶的里外面均为黑色，但陶胎是红色或灰色的。只有极少数薄胎陶是纯正的黑陶。此外还有少量的薄胎白陶。器表有纹饰，以绳纹为主。器类很多，以有耳的、无耳的、高领的、矮领的诸多形制的深腹罐为主，其次是平底盆、折腹盆，另外还有鬲、甗、鼎、器盖等。

这一时期，除仍沿用手制外，还发明了用陶轮制作陶器。一般用在器型稍小的盆、壶、罐、碗类泥质陶器上。陶轮的使用大大提高了陶器成型的质量，器壁渐薄，器型规整匀称，这是制陶技术上划时代的一次飞跃与成就。

镇江营四期遗存的陶器有早晚之别。早段以泥质陶为大宗，其次是夹砂陶，纹饰以素面居多，绳纹占20%左右。陶器器型比较简单，以罐为主，还有盆、钵、器盖等；晚段以夹砂陶为主，还有泥质陶，绳纹约占65%，素面为20%左右。陶器器类丰富，有鬲、盆、碗、甗、斝、罐、甑、盘和陶环等。与雪山二期遗存相比，未见带把陶杯和鬼脸式鼎足。

镇江营四期遗存与雪山二期遗址在陶系和基本陶器组合上相同或相近。陶质以夹砂和泥质灰陶为主，磨光泥质黑陶比例较小。基本器物组合为罐、鬲、甗、盆、豆、盘、碗和器盖等。

新石器晚期的陶器，器型也比早期有所增多，如出现了甗、鼎、斝等。纹饰也增加了方格纹、篮纹、绳纹等，有的还装饰有附加堆纹。

综上所述，在新石器时期，北京地区的制陶技术是在不断进步的。早期和中期，陶器数量和种类较少，器型较为简单；均为手制，往往使用贴片法；温度较低，质地松脆，或素或只有一些工艺性纹饰；非工艺性纹饰较少，习见有压印凹点纹、划纹、乳钉纹等。到了晚期，制陶技术得到了较大发展，不但数量和器型急剧增加，出现了较多的灰陶，尤其是出现了黑陶；而且从原料准备到成型加工、表面装饰，都有了较大的进步。如原料方面，出现了高铝白陶。在成型工艺上，推广了泥条筑成法，此期还出现了慢轮制陶，轮制技术为后来瓷器的成型工艺奠定了基础；在装饰上，纹饰式样也有所增加。

值得注意的是，在手工成型技术上，北京地区新石器时期的陶器主要采用了捏塑法、泥片筑成法、泥条筑成法。

捏塑法，即用手直接捏制。主要用于小型器物及稍大器物的附件。其出现时间较早，延续时间较长。这类陶器表面常留有手指的痕迹。

泥片筑成法，又叫泥片贴筑法、泥片贴塑法。操作要点是将泥料先按成泥片，之后再经手捏和拍打使泥料互相黏合在一起。常见于一些年代较早的遗址，如北京转年、平谷上宅都曾看到。操作较为简单，具体操作是从器壁内侧往上接；在接口处，泥片贴在下块泥的内侧。平谷上宅一种早于红山文化的遗存，无论是泥质陶还是夹砂陶，往往用二至四层薄泥片相贴而成。其主要缺点是坯体易从泥片连接处产生纵向裂纹，并呈鳞片状大片脱落，故只能制作形制较为简单的器物。它与泥条盘筑法并存了相当长一个时期。

泥条筑成法，即先将坯泥搓成条状，后依一定方式堆筑成型，做出口沿，最后里外抹平。这类陶器表面常有明显的泥条堆筑痕迹。这是我国古代手工制陶的主要方式。

泥条筑成法的具体方法如下：泥条盘筑法，泥条一根接一根连续延长，盘旋上升；泥条圈筑法，泥条一圈又一圈落叠而上，每圈首尾衔接；倒筑法，先筑器壁后筑器底，见于尖底器等；正筑法，先筑器底后筑器壁，见于平底器，有的从器底中央至器口都用泥条盘筑；有的先拍打成圆饼底，再于底边缘上侧或外侧用泥条筑成器壁。由于泥条本身具有横向连续性，泥条筑成法的坯体不易产生纵向裂纹，可以制作形制复杂的器物。

（二）商周时期的制陶技术

大约从公元前2000年至公元前221年，北京地区进入我国历史上的夏商周时期。这一时期，北京地区的制陶已经成为独立的手工业部门，主要表现在已考古发掘的夏家店下层文化中。北京地区夏家店下层文化发现陶器的主要遗址有平谷刘家河，昌平雪山三期，密云燕落寨晚期遗存，房山大石河流域刘李店和拒马河流域塔照、镇江营、西营等处。

刘家河遗址分布于平谷区南独乐河乡刘家河村东、北和南部，发现于1977年。其中位于村东公路南侧水塘边一座墓葬（M1）出土铜、金、玉、陶等器物和饰品40余件，距该墓东南14米的另一座墓葬（M2）出土陶器20余件[①]。

M1墓中的陶器残片较小，器型不易辨识。由于出于墓葬填土中，可能是当时地表填入的，也可能是当时遗址的陶片填入的。

M2墓中出土陶器21件，其中折腹盆3件、折肩罐18件。

折腹盆均为手制，器内折腹处有接合痕，口沿经过慢轮修整。分二式。

Ⅰ式1件（M2∶2），泥质灰陶。大口平折沿。深筒腹，上腹部稍外侈。折腹下角度缓而宽。平底略小。折腹下部外施绳纹。口径24厘米、底径10厘米、折腹径16厘米、通高18厘米。

Ⅱ式1件（M2∶1），夹砂灰陶。平折沿、大敞口，上腹内敛，下

[①] 北京市文物工作队：《北京平谷刘家河遗址调查》，见北京市文物研究所编：《北京文物与考古（第三辑）》，北京密云华都印刷厂1992年版，第51页。

折腹。折腹下角度斜而窄。平底较大。折腹上绳纹磨光，折腹以下及底外施绳纹。口径21厘米、底径11.5厘米、折腹径16厘米、通高13.5厘米。还有一件残折腹盆，黑衣红陶，宽折沿，深腹，筒腹外有朱绘痕。口径约25.5厘米。

折肩罐均为泥条盘制，口沿经过慢轮修整，器内折肩及底部有接合痕。分三式。

Ⅰ式3件，泥质灰陶。圆唇小口微外侈。广肩、折腹较深，平底。其中两件底部有朱绘痕迹，一件素面磨光。M2：12，腹部施绳纹及不等距弦纹五周，折肩上有彩绘痕。口径13.8厘米、底径12厘米、肩径23.5厘米、通高24.6厘米。

Ⅱ式10件，泥质红褐陶4件，黑衣红陶及夹砂褐陶各3件。圆唇，口较大外侈。折沿略宽，束颈，深腹较肥胖，折肩较窄。M2：9，黑衣红陶件，肩部有一周朱绘痕，为平行斜线组成的重叠三角纹饰。腹部绳纹加弦纹四周。口径17厘米、底径11.7厘米、折肩径21厘米、通高21厘米。M2：5，泥质红褐陶，火候儿不匀。肩部磨光腹饰细绳纹，底部亦有绳纹。口径16.8厘米、底径12厘米、折肩径24厘米、通高24厘米。

Ⅲ式5件，黑衣灰陶3件，夹砂灰陶及泥质红褐陶各1件。方圆唇，宽沿外翻，窄肩深腹。M2：8，泥质红褐陶，肩部磨光，腹部绳纹加弦纹，小平底，底部亦施绳纹。口径16.8厘米、底径10.5厘米、折肩径21.5厘米、通高24.5厘米。M2：7，黑衣灰陶。肩部朱绘平行线组成的弦纹加三角形。腹饰排列整齐的绳纹加弦纹七周。口径14.8厘米、底径11.5厘米、肩径22厘米、通高24.5厘米。M2：11，夹砂灰陶。宽沿内凹，口沿外折。肩部微内曲，磨光。腹饰绳纹加弦纹五周，小平底，底部有交叉绳纹。口径15.2厘米、底径9厘米、肩径20厘米、通高20厘米。[1]

---

[1] 袁进京、张先得：《北京市平谷县发现商代墓葬》，载《文物》1977年第11期。北京市文物工作队：《北京平谷刘家河遗址调查》，见北京市文物研究所编：《北京文物与考古（第三辑）》，北京密云华都印刷厂1992年版，第51—64页。

刘李店遗址位于房山区琉璃河镇北1.5公里的刘李店村。1962年出土的陶器以红陶为主，其次是灰陶。这两种陶质中均羼杂有蚌壳碎屑及粗砂，由于烧造时窑内温度不同，所以呈现出红或灰两种颜色。加砂灰陶的数量较少，温度很高，陶质坚硬。泥质灰陶的陶土不太纯净，温度较低，陶质松软。细泥磨光灰陶的泥质纯净，温度极高，陶质极坚。陶器制法有泥条盘筑、模制及轮制三种。泥条盘筑法见于深腹盆，模制以鬲为最多。轮制有泥质灰陶及细泥磨光灰陶的簋、盆、罐等。陶器上以绳纹为主，其中粗绳纹较多。个别器物有附加堆纹，部分器物有用绳纹组成的回纹。细泥磨光灰陶罐的肩部有连续三角纹的空间印绳纹的；也有在竖绳纹之上抹成或划上弦纹的。器类主要有鬲、甗、盆、簋、罐、缸、纺轮等。这些器物的制作最早可追溯到商代。

1973年，在一座墓穴内发现鬲、簋、敛口罐等陶器5件。鬲分筒腹鬲和圆腹鬲。筒腹鬲，敞口直腹，矮裆实足。圆腹鬲，敞口短颈，圆腹袋足。敛口罐，敛口，边唇稍微外侈，短颈，肩腹无明显分界。该处墓葬出土的陶器属于夏家店下层文化晚期，或相当于商代晚期。[①]

在房山区西南的北拒马河流域的塔照、镇江营、西营都发现有商代陶器，按其文化特征分为三期。

一期陶器主要采集于塔照遗址，此外还有西营遗址。塔照遗址位于南尚乐乡塔照村南。遗址中的陶器以细砂黑皮红褐胎为主，胎质中羼杂云母粉末，泥质灰陶胎质中不羼云母粉。平底器的口、颈、肩、腹、底及三足器的足跟与袋足的结合部位可看出黏接痕迹，在接缝处的内壁或外表有一层薄泥片以盖住缝隙，器表加泥片的再用缠有细绳的制陶工具按实。器物成型后，通身滚印绳纹，罐的颈肩部绳纹被抹平磨光，盆的腹部绳纹被抹平，加划弦纹，平底器的底部保留交错绳纹。采集的陶片中可辨器型有筒形鬲、卷沿盆，可复原的器物有折肩

---

① 郭仁：《北京房山县考古调查简报》，载《考古》1963年第3期。北京市文物管理处琉璃河考古工作队：《北京琉璃河夏家店下层文化墓葬》，载《考古》1976年第1期。

罐和卷沿盆各一件。

西营遗址位于南尚乐乡尚乐村西北、西营之南。遗址中采集到一件残破的袋足鬲，与同遗址的其他采集物有明显区别。该鬲胎质中含细砂，羼有石母粉，胎红褐色，表皮灰褐色。鼓腹，袋足。器表印有不规整的浅细绳纹，裆与颈相接处附加短条堆纹，堆纹上留有绳纹，表明是用缠绳工具按在器身上的。

二期陶器均采集于塔照遗址。陶胎为细砂红褐色，羼少许云母粉和大砂粒，器表呈灰褐色。制法同于第一期，口沿多有附加堆纹加固，鬲足的制法很有特色，用泥片卷成圆锥状，黏接于袋足下，内壁塞入泥球抹平。器表通身滚印交错绳纹，连口沿的唇面、足跟的底部也不例外。

三期陶器全部采集于镇江营遗址。陶器的质地、颜色、制法与第二期完全相同，只是器物口沿变成折沿，沿下的泥条堆纹被按扁，成了一周泥片状堆纹。

经过1986年下半年的试掘，发现叠压在第三期遗存之上有方唇折沿袋足鬲、三角划纹内填线纹的簋片，年代应在殷墟四期的晚段，至迟不晚于西周早期。[1]

西周时期燕国的制陶业比较发达。琉璃河燕国墓地出土的陶器数量较多。1973—1977年发掘，在61座墓中，随葬陶器的墓葬有46座，占已发掘墓葬的73％左右，共出陶器241件。器型有鬲、簋、罐、壶、斝和陶拍等。与中原地区的陶器一样，纹饰也是以绳纹为主。在这些陶器中，一部分器表尚留有烟熏痕迹，为生活实用器，也有较多的是专门烧制的随葬明器。陶器的质地大多为夹砂灰陶，也有少量夹砂红陶和泥质灰陶。夹砂陶以北京农村称为"鱼骨盆"的原料制作。这种"鱼骨盆"的原料，不是人工掺入蚌壳和云母，而是一种自然的，夹杂有滑石颗粒的红黏土。这种红黏土在北京地区有较多的蕴藏，如良乡附近的料石岗即有。1973年在刘李店村南的遗址发掘

---

[1] 北京市文物研究所：《北京市拒马河流域考古调查》，载《考古》1989年第3期。

中，曾在一座烧制陶器的陶窑旁发现未经焙烧的用这种红黏土制成的陶坯。

昌平白浮墓地的陶器数量不多，种类有鬲和鼎。鬲2件，皆为绳纹灰陶。其造型特征为体高小于体宽，口径约等于腹径；折沿外缘向上起棱。鼎1件，已残，为红衣黑陶，器饰乳钉纹及附加堆纹[①]。

值得注意的是，西周燕地陶制品中已发现陶器施釉工艺。中国瓷器制造的历史，最早可追溯到商代。新中国成立以后，在河南郑州二里岗、安阳小屯以及江西清江县吴城等地的商代遗址中，出土了一批外施青绿色釉的器皿和碎片。经研究，这些器皿是用高岭土制坯，经过1200℃左右的高温焙烧而成，表面施釉，吸水性较弱，质地坚硬，其胎质和釉的化学成分，与宋明时期的瓷器已较接近，故称原始瓷器，或原始青瓷。

琉璃河52号墓曾出土4件器型完整的釉陶，其中罍1件、豆3件。这些釉陶胎质坚硬，釉色青绿或微黄，器表光洁，扣之有声。罍，侈口、短颈、折肩、敛腹、圈足。颈部有凸棱二道，肩部饰五道弦纹，并饰对称的半环形双系耳。口径14厘米，高27.5厘米。豆，直口，浅盘，盘壁外侧呈凹槽状，盘腹斜收，凹底，短柄，喇叭状圈足，器型不太规整，有变形。口径17.5厘米，高9.8厘米。原始青瓷四系罍和原始青瓷豆在北方首次发现，是北京古代陶瓷史上的一件大事，代表了北京地区早期陶瓷器的特点。

原始青瓷四系罍

---

① 北京市文物管理处：《北京地区又一重要考古收获——昌平白浮西周木椁墓的新启示》，载《考古》1976年第4期。

西周时期燕国的陶器主要是以绳纹为装饰的鬲、簋、罐等。到了东周时期，燕地生产的陶器，除建筑构件和生活用品如筒瓦、板瓦、瓦当、罐等之外，主要是仿青铜礼器的陶鼎、豆、壶、盘、匜、盨、簋等。此期陶窑时有发现，如1982年，在平谷县夏各庄东大地和刘店乡的胡店村先后发现战国陶窑7座，窑呈圆形，高不过2米，直径1米许，仅出土一些碎陶片[①]。

筒瓦、板瓦和瓦当是在烧制日用生活陶器的基础上发展起来的一种新兴手工业。我国西周初期就创制出了筒瓦、板瓦和瓦当等建筑陶器。筒瓦和板瓦的制法，是先采用泥条盘筑成一头粗一头细的圆筒形瓦坯，并经过轮修和在器表拍印绳纹之后，再从圆筒形瓦坯的内面，用切割工具把圆筒形瓦坯切割成两半，即成一头宽一头窄的两个半圆形筒瓦。用同样的制法，做成较粗大的圆筒形瓦坯，然后从内壁切割成三等份，即成3个一头宽一头窄的板瓦。瓦当是在筒瓦的窄端加上圆形或半圆形堵头，即成为全瓦当或半瓦当。东周时期北京地区的建筑陶器，主要出土于一些古窑址和古城址中。1960年，在房山县良乡镇南5公里处发现东周时期的砖瓦窑数座，这些窑址在数千年的地理变迁中大部分已毁，发掘时仅存底部，窑址及其附近遗址中出土不少板瓦、筒瓦和兽面瓦当等。板瓦长40厘米，宽30厘米。筒瓦宽18厘米[②]。东城区呼家楼遗址、房山区周口店蔡家庄古城址、房山区芦村城址和长沟城址也发现有战国时期建筑用的筒瓦、板瓦和瓦当。

北京地区春秋、战国时代的墓葬遗址中，以昌平松园村和怀柔城北出土的陶器为大宗。1956—1957年，昌平松园村两座战国墓出土了相同的成组陶礼器，组合关系均有鼎、豆、盘、盨、鬲、匜、壶、簋等，未见铜器。这些陶器的陶质分两种，一为泥质灰陶，一为加砂粗红陶。泥质灰陶，温度很高，陶胎呈深灰色，表面略黑。加砂粗红陶只有陶鬲一种，为实用炊器。陶器的制法有手制、模制和轮制。在

---

① 《平谷、密云等县发现的古代窑址》，见《中国考古学年鉴》1955年，文物出版社1956年版，第105页。

② 北京市文物工作队：《北京房山县考古调查简报》，载《考古》1963年第3期。

制作工序上有的很复杂，如陶鼎除手、模、轮等工序外，花纹是以特殊工具用压、印、划等方法刻画的。所制陶礼器，如匜、簋、豆、壶等，器型非常精美，有的远看和铜器一样。陶器纹饰主要有彩绘、暗纹、绳纹和旋纹4种。彩绘主要见于陶豆、陶簋和陶盘。绳纹多见于陶鬲外壁，线条非常粗，是战国时代常见的陶器纹饰。旋纹多见于器物的腹、足、盖等部位。暗纹是在轮制过程中用刀在陶器周身轧划成的。有些陶器，如陶匜，还带有朱绘图案，是用红颜料绘在陶器的周身。花纹大体分为两种，一种是流云纹，一种是变形的蟠螭纹。这些陶器的形制和纹饰风格，显系模仿铜器所为，所以这两座墓的陶礼器，又是一批仿铜陶礼器[①]。

1959—1960年，北京市文物工作队在怀柔城北发掘23座东周墓，随葬的陶器187件。出土的陶器中，有泥质灰陶与夹砂红陶两系。泥质灰陶器为大宗，共有15座墓葬出土器物159件，每墓皆有组合的陶礼器，如鼎、豆、壶、盘、匜等。泥质灰陶器以轮制为主，个别器物如陶匜或鼎耳、足、壶纽、支柱、铺首等为模制，而附件则为制好后安接于器身。器物上的纹饰有弦纹、螺旋纹、锯齿形暗纹、兽面纹、动物纹等。陶壶的肩部多用竖行锯齿纹、横行S纹、几何纹3种组成。鼎、匜之纽或塑成动物形。夹砂红陶器形有鬲和釜两种。陶鬲腹、壁为模制，锥形实足为手制，然后安接于器身。陶釜表面印有绳纹。底部有火烧痕迹，可能为实用器物[②]。

除昌平松园村和怀柔城北出土了成组的陶礼器外，1960年在昌平半截塔村、1971年在宣武区白纸坊崇效寺院内、1972年在宣武区崇效寺第二小学校、1973年在宣武区白广路枣林街二条、1992年在房山区琉璃河刘李店村等地也出土了一些东周（主要为战国时期）的陶礼器。

北京地区春秋、战国时期的陶器在器类和形制上有着各自的时代

---

① 苏天钧：《北京昌平区松园战国墓发掘记略》，载《文物》1959年第9期。
② 北京市文物工作队：《北京怀柔城北东周两汉墓葬》，载《考古》1962年第5期。

特征。春秋时期出土的陶器组合简单，多用两件夹砂（云母颗粒）红陶鬲或釜，也有的用一鬲一灰陶尊或两件灰陶罐。陶鬲的形制有两种，一种是抹角三角形平底鬲，另一种是圆底小型鬲。战国时期的随葬陶器以鼎、豆、壶、小口壶、盘、匜为其组合形式，间或出土夹砂红陶鬲或盘状豆。这一时期的陶器形制可分三个阶段的变化。比如陶鼎，早期鼎耳较小，鼎盖隆起较高。鼎足膝部有兽面纹。晚期鼎耳较大，鼎盖扁平，鼎足呈束腰之兽蹄形。中期的鼎正好介于两者之间，成为一种承前启后的形制。又如陶壶，早期的壶颈矮壮，溜肩，肩部有三组花纹。中期的壶颈部多刻画动物。晚期壶颈较高，口向外侈，耸肩，肩部的三组花纹已简化为四道弦纹。再如陶匜，早期多做鸡心形，腹深。中期出现桃形匜。晚期的做圆形，腹浅。战国时期的陶器表面，多施一层云母粉，陶器呈银灰色；或在陶器表面涂一层细泥，经过火烧陶器呈黑褐色[①]。

（三）汉代的制陶技术

汉代，制陶业成为蓟城地区一项重要的手工业部门。从考古发掘来看，有各个时期精细的陶制器物出土，如汉代的陶井圈、陶俑、陶制明楼和其他器物。有的器物上加绘一层朱漆或黑漆，也有的涂有绿釉。从燕蓟地区汉墓中发现的陶器来看，陶器制作工艺较以前亦更加精致。

解放以来，北京地区发现了大批的汉代陶井，其中大部分是西汉时期的。1956年北京市永定河引水工程中，发现了汉代陶井150余座，主要密集分布于复兴门外蔡公庄到宣武门豁口的一段地带内。井址最密集的在6平方米之内有4处之多。井的底部都发现有陶罐，多者达16个。1965年又在这一带发现了汉代陶井50余座。这些水井皆为陶土烧制的井圈叠砌成筒状，保持最高的有16节。井圈内外两壁皆有花纹，有的外壁是绳纹，内壁是云纹；有的外壁是席纹，内壁无

---

① 北京市文物工作队：《北京怀柔城北东周两汉墓葬》，载《考古》1962年第5期。

花纹。此外，在今琉璃厂、新华街、象来街、北线阁、广安门内大街、校场口、牛街、陶然亭、姚家井、白纸坊等地，直至西单的大木仓，也都发现有瓦井[1]。西汉陶井圈的工艺水平比战国时期有所提高。战国时期的陶井圈多直径小而较高，汉代的陶井圈多直径大而较矮。从生产工艺角度来看，显然后者的水平要高些。

西汉时期的制陶业比较繁荣。陶器的种类很多，工艺水平也很高。许多陶壶、陶罐不仅体势端庄，而且器表有彩绘花纹，远远看去和漆器制品差不多。还有一类陶器通体涂有黑色漆衣，油黑闪亮，是一种仿漆器的陶制品。例如，大葆台西汉墓出土的陶器有鼎、罐、壶、盘、盆、钫、瓮及耳杯等。陶质多为泥质灰陶、泥质红陶和釉陶。陶质细腻坚硬。陶器制作方法主要为轮制，间有模制或手制。纹饰有篮纹、弦纹、绳纹、龙纹、鱼纹、鹤纹和涡纹等。陶器表面多施一层黑漆衣，亦有里涂红漆外施黑漆。其中，黑漆衣博山炉式盖陶壶是这一时期的特色器物。器型规整匀称，黑衣色泽鲜亮厚重。据冶金部钢铁研究院对陶器表釉X光分析，黑衣成分主要是石英（SiO_2），此外尚有少量顽辉石（MgO、SiO_2）、铝板钛矿（Al_2TiO_5）和无定形玻璃相[2]等无机矿物涂料，并非漆树树脂。此期的陶窑遗址也有发现，1981年在房山区周口店乡娄子水村西坡地上发现西汉前后陶窑2座，圆形，高约2米，直径1.8米，出土有红色夹砂陶片和一些遗留的灰烬。1985年在该区张坊乡北白岱村亦发现汉代瓦窑1座，仅存窑炉残壁，附近地面上遗留一些战国及汉代陶片和残瓦[3]。

东汉时期，制陶业发展到了新的阶段，具有代表性的有釉陶器和彩绘陶器等。其中绿釉陶制的庄园明器使用普遍，类型繁多，显示了

---

[1] 北京市文物管理处：《北京外城东周晚期陶井群》，载《文物》1972年第1期。《北京地区古瓦井》，载《文物》1972年第2期。

[2] 北京市古墓发掘办公室：《大葆台西汉木椁墓发掘简报》，载《文物》1977年第6期。中国社会科学院考古研究所编：《北京大葆台汉墓》，文物出版社1989年版，第33、66、119页。

[3] 《北京地区古窑址》，见马希桂：《文博耕耘录·马希桂文集》，中国林业出版社2007年版，第336、342页。

制陶业的发展。庄园明器内塑有亭台楼榭、井亭、仓库、猪圈、禽舍等建筑，还有炉、灯、壶等用具，奴仆俑以及狗、猪、鸡、鸭等家畜。东汉陶器加施绿釉技术，是陶器制作上的一大进步，北京东南郊三台山和顺义临河东汉墓出土的大型绿釉陶楼，是这类陶器的代表作。

　　1975年，在顺义县平各庄乡临河村东汉墓出土的大量陶器中，有一件极为精致的彩绘陶灯。这座陶灯分为上、中、下3节，最上一节为平盘，中心突起尖状灯插。中间一节装饰着龙头与火焰花饰。最底下一节为喇叭形灯座，上面贴塑3层百戏杂技人物。上层是双人吹乐、倒立、跳丸、长袖舞俑各一；中层是双人吹乐、打击乐俑各一；下层有一组骑马俑。奏乐者、倒立者、长袖舞者服饰皆涂以红彩，造型生动，确为一件难得的艺术珍品。这件彩绘百戏杂技人物陶灯，不仅表明当时制陶技术的进步，而且对研究我国早期百戏杂技史提供了形象的资料。临河村东汉墓还出土了4座形状各异的绿釉或彩绘陶楼，不但体形高大，而且反映了当时的楼房和仓楼建筑形制，是研究古代建筑的重要实物[①]。

　　两汉各个时期北京地区出土的陶器也具有各自的时代特征[②]。西汉时期陶器的组合形式基本上有两种，一种是沿袭战国时期传统，以鼎、豆（或盒）、壶为其组合，另一种是以一罐和两个高领罐为其组合。这一时期陶器特征是：鼎多活耳，鼎盖扁平；豆向盒演变，其柄越来

绿釉陶楼

[①] 北京市文物管理处：《北京顺义临河村东汉墓发掘简报》，载《考古》1977年第6期。北京市社会科学研究所、北京电视台：《北京古今十讲》，北京日报出版社1985年版，第17页。

[②] 北京市文物工作队：《北京怀柔城北东周两汉墓葬》，载《考古》1962年第5期。

越矮；壶出现了盘口者；胆形壶也是这一时期很盛行的器物；陶壶上多加一博山炉盖式的盖；陶器表面多涂一层白粉或用黑红、黑兰等色绘成图案。以怀柔城北西汉墓葬群为例，110号墓中出土的I式陶鼎，腹中部的棱线纹饰及鼎足均绘有红、白色的图案。Ⅵ式陶壶，腹的上半部及颈、口分别用红、白、蓝、黑等色绘成图案，出土时彩绘保存完好。盖呈博山炉式。该墓出土的I式陶盒和63号、34号墓出土的Ⅲ式陶盒的底之上半部及盒盖表面皆有彩绘花纹。113号墓出土的Ⅶ式鼎，腹中部有一周白彩。61号墓出土的I式陶豆，盖、腹表面用黑、红两色绘成花纹[①]。这种加有彩绘的陶器显然比战国时期的只有各种刻纹、划纹的陶器更加优美。

新莽时期的陶器[②]多以鼎、罐、壶为其组合。鼎、罐制作粗糙，且器型很小，而陶壶则多系大件。这时的陶壶大抵有两种形制，一种是大喇叭口，其口与底足几乎相等；另一种是盘口，高颈，高足，鼓腹。这两种均多有博山炉式盖。陶器表面多涂一层云母粉。

到东汉中期，风气大变，出土陶器鼎、豆之类已不多见，陶壶退居到次要地位，代之而起的是圆头陶灶，或井、楼、仓、灯、猪圈等现实生活用具的仿制品。长方形盝顶式盖的陶方盒，在这时算是典型器物。东汉晚期的陶器种类繁杂，杯、盘、案、奁等是这一时期的典型器物。建筑模型及人俑、动物俑在这时已很盛行。值得注意的是，汉代北京地区出土的陶器也有一定程度的地方色彩，如西汉时期的活耳鼎，新莽时期陶器上涂一层云母粉等，都是其他地区不多见的。

二、辽金时期的制瓷技术

制瓷技术是在制陶技术不断发展的基础上发明的。瓷器用瓷土（含有高岭土、长石、石英等成分）做胎，表面施玻璃质釉，经

---

① 北京市文物工作队：《北京怀柔城北东周两汉墓葬》，载《考古》1962年第5期。
② 新莽时代的陶器以昌平白浮及史家桥所出者为代表。具体参见，北京市文物工作队：《北京昌平白浮村汉、唐、元墓葬发掘》，载《考古》1962年第3期。北京市文物工作队：《北京昌平史家桥汉墓发掘》，载《考古》1962年第3期。

1200℃以上的高温焙烧而成，质地坚硬，吸水率很低，敲击声脆。我国瓷器制作经历了从青瓷到白瓷，又从白瓷到彩瓷的发展阶段。隋唐以降，制瓷技术在南、北方普遍发展起来。由于原料条件等的差异，北方窑系以烧制白瓷为主，兼烧部分青釉瓷、黑釉瓷及黄釉瓷等。

早在西周时期，北京地区即已出现原始青瓷，其烧制工艺为后来瓷器的出现奠定了基础。到辽南京时期，制瓷业成为一个新兴的手工业部门，其重要标志是燕京地区瓷窑的兴起。据调查，现已发现辽代多处古窑遗址，如门头沟龙泉务村、房山区磁家务村、密云区小水峪村、平谷区寅洞村均有发现。[1]燕京瓷窑以烧制白瓷为主，并烧青釉瓷和绿、黑、褐色釉瓷，有的瓷窑还烧制琉璃制品。

龙泉务窑是北京地区首次发现的一座具有代表性的北方辽金（主要在辽代）瓷窑。窑址位于门头沟区龙泉镇西北约5公里龙泉务村北，以烧造白釉瓷为主。在考古发掘过程中出土了大量的陶瓷器物和窑具，为我们研究辽代瓷器的烧造工艺提供了丰富的实物资料。

截至1997年，龙泉务窑出土各类器物8000余件，其产品以盘、碗、碟、钵为主，其次有罐、壶、盂、盒、洗、炉、水盂、枕等生活用品。小型玩具类有狮、羊、猴、狗、铃及围棋子、象棋子、瓷砚等文玩。三彩器有碗、炉、碟、佛像及砖、瓦当、吻兽等琉璃建筑构件。釉色以白釉为主，酱釉、黑釉、茶叶末釉及三彩釉次之。[2]同时还出土大量的匣钵和不同类型的支烧具[3]。可见，当时南京的陶瓷生产规模相当大，制瓷工艺也达到了一定的水平。

龙泉务窑白釉钵

---

[1] 《北京考古四十年》第四编·第一章·第四节，北京燕山出版社1990年版。
[2] 黄秀纯：《北京龙泉务窑址简介》，载《北京文博》1997年第2期。
[3] 黄秀纯：《龙泉务窑窑具及装烧工艺》，载《文物春秋》1997年第38期。

龙泉务窑炉为北方常见的倒焰窑，平面系长方形或马蹄形，由火膛、窑床、烟囱等部分组成，大都长6米左右，宽2.5～3.5米。其中以Y13保存较好，平面呈马蹄形，全长5.44米。火膛经过二次修复、改造，呈不规则梯形，深0.95米。窑床长3.12米、宽3.12～3.3米，南北两侧保留的残窑壁高0.18米，窑床表面堆积厚18厘米的灰白色耐火渣土。烟道4条，已残。烟囱2个，略呈方形，底部烧结坚硬，呈灰褐色。为保持火膛及窑室温度，沿火膛及窑床南北砌弧形护窑墙。其结构为青石块及匣钵混砌。

龙泉务窑白釉渣斗
辽（907—1125年），高11.8厘米、口径18.6厘米

龙泉务窑烧造工艺自辽至金大多采用匣钵叠烧，器物之间以手捏支钉或垫饼相隔、少量为单件装烧，三彩器皿由三叉形支具烧制，只是到金代初用极少的涩圈支垫烧法。早期在匣钵内装烧5～7件。匣钵与匣钵之间用泥条密封，最上层匣钵用圆形匣钵盖封盖。中、晚期器皿胎壁较薄，装烧工艺随之改进。每件匣钵最多可装盘、碗7～9件之多。为了节省空间，在大罐内或钵的底部又放小器皿，或在碗、钵的空间处放小型玩具如猴、狗、围棋子、象棋子等以提高生产力。三彩器多采用二次烧成，先素烧成坯，再施黄、绿、赭等色釉低温烧成。烧窑时先用柴火预温，使窑内温度均衡再用煤火烧窑。当燃料在火膛内燃烧后，靠通风的抽力使火焰向上喷射至窑顶，然后，火焰向下倒向窑底。火焰在上行至窑顶的途中通过对流、辐射的方式把热量传给制品，同时从顶部对制品再次加热。而后火焰倒向窑底的途中，又一次对制品进行较全面的加热，这样可以使热能充分发挥作用。窑室内烟气由排烟孔进入烟囱排出，并延长了火焰在窑室内的停留时间，而且通过上下回旋，使热流均匀地散布在器物之间，有利于保持和提高窑室的温度。由于龙泉务窑炉的火膛低于窑床，而且没有炉栅及通风口，因此通风及除灰条件很差，火焰控制亦较困难，因此全凭

经验操作，用"试火棒"试查温度，并妥善控制还原。采用这样的方法，说明龙泉务窑的烧造不仅技术水平高，而且相当进步。①值得注意的是，在装烧工艺中以两件匣钵相扣，内装器物亦相扣的对烧方法是以往北方窑址中所未见的。②

辽三彩的釉色以黄、绿、白色为主，不同于唐三彩的黄、绿、蓝色。一般胎质细软，呈淡红色，施化妆土。经上海硅酸盐研究所化验分析，龙泉务出土的辽三彩中氧化硼含量占10%~12%，钾、钠氧化物含量为8%~12%，钙的含量为4%~6%，而氧化铅的含量极少，仅为0.4%~1.34%。这说明龙泉务窑的琉璃釉是含碱钙的硅酸盐釉。这一重要发现证实了早在1000年以前我国制瓷工匠就已开始使用硼釉，填补了中国陶瓷工艺发展史的空白。③

龙泉务窑的白瓷主要受五代时期定窑风格的影响，并融合了地方特色，形成了自己的风格。如定窑较流行芒口覆烧，以求提高产量和质量，而龙泉务窑是通过改进匣钵结构和装烧方法，采用叠烧、扣烧、套烧等以提高窑炉容量和产品质量。同时龙泉务窑还吸收了耀州窑唐宋时期以泥条封糊匣钵合口缝隙的方法，以提高匣钵使用次数，降低原材料成本。总之，龙泉务窑在装烧工艺方面诸多成功的探索和实践，在当时具有科学性和先进性，是值得我们今天借鉴和总结的。④

在北京考古发现的多处古窑址中，房山磁家务窑为烧造年代最早、规模最大，烧造年代最久和产品花色品种最多的一处。窑址位于房山区河北乡磁家务村北，遗址范围东西长200米，南北长300米。⑤

根据出土器物分析，磁家务窑烧造应始于辽代初期，金代有较大发展，元代末年停烧。在辽代主要烧民间粗器，以青釉碗居多。辽代

---

① 北京市文物研究所编：《北京龙泉务窑发掘报告》，文物出版社2002年版，第406页。

② 黄秀纯、齐鸿浩：《门头沟区龙泉务古瓷窑址》，见苏天钧主编：《北京考古集成5宋辽》，北京出版社2000年版，第255页。

③ 郭京宁：《当代北京考古史话》，当代中国出版社2012年版，第96页。

④ 黄秀纯：《龙泉务窑窑具及装烧工艺》，载《文物春秋》1997年第38期。

⑤ 赵光林：《北京最早的陶瓷窑址》，载《北京文物报》1989年第13期。

所烧制品胎质粗劣，一般不用化妆土，器外挂半釉，均叠烧，器内底有明显支钉痕，从某些平底和宽足碗看，还保留晚唐风格。

到了金代，磁家务窑无论在胎釉的用料和烧造技术上都有很大进步。例如胎釉中的杂质和铁的成分减少；烧成温度增高；生烧现象不见；胎上开始用化妆土；花纹装饰增多；个别器物出现芒口，说明已采用覆烧法。但烧成温度仍不如龙泉务瓷窑高，所以胎质细而不甚坚。

有些器物烧造方法已由支钉叠烧改进为涩圈叠烧，即器物入窑前，在内底用旋刀刮去一圈釉面，形成一露胎环。这种烧法减少了工序，提高了生产率，因此在我国北方各窑中普遍使用。在烧制方法上由覆烧法发展到涩圈叠烧，质量好，产量高，是金代烧瓷技术的重大发展。

小水峪窑位于密云区卸甲山乡小水峪村西高地上，从地面遗存瓷片观察，主要烧制白釉瓷，兼烧青釉瓷、褐釉瓷。

小水峪窑器物的造型、施釉和烧造工艺与龙泉务窑和磁家务窑基本相同。但成色稍好一些的细瓷，不如龙泉务窑器物胎质坚致、细腻和白润。一般粗瓷胎多含杂质，砂性较大，不施化妆土，并有生烧现象，是一座典型辽金民窑。[①]

---

① 赵光林：《近几年北京发现的几处古代瓷窑址》，见文物编辑委员会编：《中国古代窑址调查发掘报告集》，文物出版社1984年版，第408—409页。

第二节 冶铸技术

一、青铜冶铸技术

中国古代的冶铸是以铜矿开始,在商周时期,中国的青铜冶炼和铸造技术达到相当高的水平。因而,在考古学上称为青铜时代。这一时期,北京地区的先民也创造了独具特色的青铜文化,其鲜明的地域特色属于"夏家店下层文化"范畴内的"燕南型"[1]。

在夏家店下层文化遗址中,发现了大量的青铜器,以平谷刘家河遗址最为典型。刘家河遗址M1出土的青铜器堪称瑰宝,是迄今北京地区发现的年代最早、也是唯一一批商代中期的文物,具有重要的历史、学术、科学、工艺价值。

M1墓中出土青铜礼器16件,计弦纹鼎、鬲、甗、爵、斝、卣、三羊罍、饕餮纹瓿各1件,小方鼎、饕餮纹鼎、盉和盘各2件。此外,还有当卢、人面形饰等。16件青铜器中,以鸟柱龟鱼纹盘、三羊罍的工艺水平最高,堪称同时期青铜器中的杰作。[2]

鸟柱龟鱼纹盘,高20.5厘米、口径38.8厘米。宽沿外折,内壁凹圆,盘内中心有用涡纹及连珠纹组成的龟形图案,内壁有鱼纹三组,盘沿左右对立两鸟形柱,鸟首相背(复原时误为鸟首相向)。

三羊罍通高26.8厘米、口径19.9厘米、肩宽29.5厘米,敛口,方唇,短颈,折肩,深腹。颈饰弦纹。肩饰云雷纹,上附三羊头,腹饰饕餮纹及脊棱三组,圈足饰对角云雷纹,上有三个小方孔。推测其工艺是分两次铸造而成,即首先铸成罍体并在肩上相应的部位留出孔道,然后在孔道上安置陶范铸成的羊首。在羊首的边缘,可以清楚地看到不规则地掩盖在肩上的纹饰,在器内更可以看到孔道中溢出的连

---

[1] 李淑兰:《北京史稿》,学苑出版社1994年版,第19页。
[2] 袁进京、张先得:《北京市平谷县发现商代墓葬》,载《文物》1977年第11期。

接羊首的铜块。

西周时期，燕国的青铜制造业得到进一步的发展。燕地的工匠们铸造了很多青铜器。在房山、昌平、顺义、怀柔、通州、延庆等区和城近郊均有西周时期的青铜器出土，包括礼器、兵器、车马器和工具。

房山琉璃河遗址是1962年发现的，20世纪70年代初正式发掘。墓地出土了大量的青铜器。在出土的青铜礼器中，除未见青铜瓿外，几乎包括了西周时期的所有青铜礼器的器型。其中以鼎、簋、鬲、爵和尊为多。鼎可分圆形鼎、分裆鼎、方鼎和盆形扁足鼎等。簋有圈足簋和圈足带座簋等。纹饰以饕餮纹、夔纹、鸟纹、云雷纹为主。在铸造方面，西周青铜器多采用合范的通体浑铸法。这种浑铸方法，是先用模范，在造型翻模的工作中，器模作型不雕花，花纹是刻在范上的。铜器铸造是用一范一器法，而不是以一范多器的冶铸方法制成的。这在琉璃河燕国墓地出土的青铜器中可以找到实例，如伯矩鬲、攸簋等。这一时期的青铜器大都有记事铭文（金文），与商代青铜器多数无铭文相比，是一个很大的不同。

三羊铜罍　1977年平谷刘家河遗址出土

琉璃河燕国墓地出土的青铜器，无论是从造型之精美，还是从出土数量之大，都可反映出西周时期北京地区的青铜冶铸不仅技术水平较高，而且铸造规模也是很大的。其典型器物有堇鼎、伯矩鬲、攸簋、复尊和克罍等。

堇鼎，琉璃河253号墓出土。口径47厘米、高62厘米，重41.5千克，是北京地区发现最早、最大的一件青铜礼器。此鼎为三足圆腹双耳鼎，体态浑厚凝重，纹饰庄严古朴。鼎内壁刻有4行26字铭文"匽侯令堇饎太保于宗周，庚申，太保赏堇贝，用作太子癸宝尊彝彝"，记述了燕侯派遣堇前往宗周向太保奉献美食（宗周即西周，太

47

保即召公奭），受到赏赐的史实。堇用太保赏赐的贝币为太子癸做此宝鼎。它不仅是燕侯政治活动的见证，更是罕见的青铜艺术珍品。

伯矩鬲，口径22.8厘米、通高30.4厘米，重7.53千克。又称"牛纹鬲"，因器身、器足、器盖及器纽皆用牛头纹作装饰而得名。在雕刻技术上有浮雕也有立体雕刻。器纽是用两个立体雕刻的小牛头做成，器盖则是用两个高浮雕的牛头装饰，牛角稍翘出器耳的上方，使器盖的中部自然下陷，而两个小牛头组成的器纽，在凹陷处突起，使整个器盖组成一个完整和谐的整体。鬲的3个袋足，则因器型而各雕一个完整牛头，牛吻部内收而额头前倾，做斗牛状。两支粗壮的角向斜上方翘起，与相邻的牛角两两相对，两只如铜铃般的巨目，给整个器物增添了威严的气氛。全器7个牛头装饰，在艺术设计和铸造工艺上，都有独到之处，是西周青铜器中的精品，反映出燕国青铜冶铸的高超水平。盖内及颈部内壁各铸有相同的铭文，曰："才戊辰，匽侯赐伯矩贝，用作父戊尊彝"。盖内4行15字，器内壁5行15字。大意是：在戊辰这一天，匽侯赏赐伯矩一些贝，伯矩用此贝为死去的父亲戊做了这件宝器。

攸簋，琉璃河53号西周燕国墓出土。制器者"攸"因受到匽侯赏赐贝三朋，以显示荣耀而做此簋。该器造型奇特、纹饰华丽。盖顶有圆杯形提手。下腹外鼓，腹部两侧

堇鼎

伯矩鬲　西周　北京房山区琉璃河251号墓出土

有兽耳，下垂珥。圈足下有三虎悬托器身。盖和腹部满布鸟纹。腹部有两浮雕兽首。圈足饰斜角雷纹。盖和腹内底铸有相同铭文，曰："侯赏攸贝三朋，攸用作父戊宝尊彝箕，启作"，3行17字。3虎原雕足昂首直立，神态生动憨壮，背负重器，冶铸精良为前所少见。

复尊，口径20厘米、高24厘米，重2.45千克。喇叭形口，鼓腹，圈足外侈，颈下端饰两周平行的弦纹，腹部上下各饰一周双勾的夔龙纹，圈足上饰两道弦纹。尊内底刻有铭文曰："匽侯赏复冕、衣、臣、妾、贝，用作父乙宝尊彝箕"，三行17字。讲的是复为纪念燕侯赏赐，为死去的父亲乙制作了这件宝尊。铭文记载的臣、妾就是男女奴隶。臣、妾与冕、衣、贝等物品一样作为赏赐品进行赏赐，而且奴隶被列于冕、衣之后，可见当时他们社会地位的低下。

克罍，口径14厘米、通高32.7厘米。弇口，平沿，方唇，短颈，圆肩，鼓腹，圈足，有盖，盖上有圆形把手，肩部有兽首状半环形双耳衔环。下腹部有一兽首形鼻。颈部有凸弦纹两周，上腹部有凹槽一周。器盖与肩部各有对称的4或6个圆涡纹。盖内和器沿内壁有相同铭文，云："王曰：大保，惟乃明（盟）乃鬯，享于乃辟，余大对乃享，令克侯于匽。旂（使）羌、马、叡、雩、驭、微。克宝匽，入（纳）罙厥［有］司。用作宝尊彝"六行43字。这件宝贵的器物讲的是，周王任命克到燕地为君侯，克为了纪念此事而铸造的。过去虽然出土过不少带"匽侯"铭文的青铜器，而燕侯（太保、召公奭）自作之器，却为首见。

这些铜礼器，不仅标志了当时青铜制造的水平，而且许多铜器铭文又成为研究当时社会历史的重要资料。尤其是那些带有"匽侯"铭文的铜器，对北京史的研究更有极其珍贵的史料价值。

东周时期燕地的青铜业进一步发展，北京地区出土了很多有特色的战国时期青铜器，如怀柔的饕餮纹铜矛头、三角云雷纹铜豆、三牺纽铜鼎、错铜云纹环耳盖壶，延庆古城的铜剑、匕首，宣武的长杆铜镞、铜勺，昌平下苑的错金铜带钩，丰台的环耳铜鼎，延庆的鹈鹕鱼纹敦等。这些青铜器形制灵巧，花纹细致，图案纤细，反映了当时青铜冶铸技巧已达到较高水平。

与商和西周时期相比,东周(尤其战国)时期北京及其附近地区的青铜器在制作方面发生了明显的变化。这种变化主要表现在器物造型和制造技术等方面。

变化之一是,又出现了一些新型器物和新的工艺部门。

铜敦,这是战国时出现的形制,是用作盛黍稷的器物。北京地区在通州中赵甫出土铜敦一件,呈圆球形,通高21.5厘米、腹径16.5厘米,制作精细。器腹口两侧有二环耳,器和盖皆有3个鸟喙形的纽,可作器足。器与盖均饰有大三角纹和变化蟠虺纹,盖顶中心饰涡纹,花纹纤细清秀。

另一件铜敦是鹈鹕鱼纹敦,为拣选品,原器出土于延庆区河湾村,这一地区正处在战国时期的燕国境内。此器底盖相合呈球形,通高20厘米、口径15.8厘米、腹径18厘米,底和盖均有3个环形纽,纽上各附一突起类似鸟喙之形,底腹两侧有素环耳,盖顶部中央饰圆形涡纹,环绕其外是心形兽面纹。底和盖的口沿各饰一周鹈鹕捕鱼纹和心形兽面纹,鹈鹕作张嘴追逐捕鱼之状,两侧衬以有往有来之游鱼。形态生动活泼,镂铸精工挺秀,花纹别具巧思。

带钩,在通州中赵甫村、昌平下苑和怀柔等地均有出土。怀柔城北出土4件,其中有两件作琵琶形,一件在正面镂成蟠螭纹,背后有圆纽;另一件其座呈半龟盖形,正面有错金花纹,座背有圆纽。通州中赵甫村发现4件,一件为弧形,面上错金银勾连云纹,并嵌9颗绿松石;另一件是龙首素面,其余2件为四棱弧面形。此外在其他地区也发现少量带钩。

带钩是我国古代生活用品,一般是作为钩系束腰的革带之用,但在身戴佩饰或其他物品时,也用带钩钩挂在腰间[①]。带钩出现的时间较晚,一般认为是在春秋战国时期出现的。考古发现的带钩,在春秋时数量还是很少的,到战国时才逐渐增多,因此,在春秋战国时期,

---

① 王仁湘:《古代带钩用途考实》,载《文物》1982年第9期。

带钩应是当时新兴的器物。

车軎、辖。顺义龙湾屯村战国墓中的车軎、辖比以往所见新颖，辖孔浮雕兽身、兽尾，辖一端浮雕人面或兽面，在战国器中颇为罕见。

铜钫，也是战国时出现的一种新的器型。1977年在北京丰台贾家花园出土铜钫一件，方口、方圈足，通高41厘米、口宽11.5厘米、腹宽22.4厘米、方圈足宽13.5厘米。腹部两侧有铺首衔环，在器盖和圈足的一侧各有铭文一字，此字有的释作"胜"[1]，有的释作"朕"[2]，尚无确释。

异形铜鼎。亦为贾家花园战国墓出土。小直口、鼓腹、覆钵形盖，上附三环纽。腹两侧有对称鼻纽附环。三长蹄足，足肩突出，足根内收。其中一足的下半段有修补痕迹，且歪扭粗糙，与其他足不同。鼎外底部有烟炱痕。该鼎较为罕见，具有北方燕器的特点。

青铜削刀。玉皇庙、葫芦沟山戎墓地出土的样式繁多的青铜削刀，其形式演变有序。有数座年代偏晚的墓随葬尖首刀币，其形式可与年代偏晚一些墓葬中出土的青铜削刀相衔接，递变轨迹清楚明确，为此前北京和邻近地区考古资料中所罕见。

铜制铸币，北京地区出土了很多战国铸币。这些铸币的出现，虽主要是反映了当时社会经济的发展，但从铜器制造业的角度来看，也反映了制铜业的新发展，它是在原有制铜业的基础上，形成了新的工艺部门。

变化之二是，青铜器在制造技术上有很大的进步。

比较突出的是装饰工艺的兴起，出土的实物中有错金、错银、错红铜等工艺产品。作为装饰艺术，青铜器表面的图案花纹，一改商代以来端庄、威严的作风，而变得富有生气，形象生动、柔和，给人以清新的感觉。1982年在北京顺义县龙湾屯村发现一批铜器，其中有

---

[1] 张先得：《北京丰台区出土战国铜器》，载《文物》1978年第3期。
[2] 徐中舒主编：《殷周金文集录》，四川人民出版社1984年版，第358页。

青铜豆一件，通高38.5厘米、腹径20.5厘米，高柄圈足，器物的纹饰皆用红铜镶嵌而成。器柄饰云纹、三角纹，器盖饰菱形纹、蟠螭纹、锯齿纹等。此器物的形制、花纹与1952年在唐山贾各庄发现的铜豆（18：8号）相同，器物的纹饰也是用红铜镶嵌而成①，这是当时的一种新工艺。除红铜镶嵌外，当时还流行着错金、错银工艺。1981年在中赵甫村发现的4件带钩，其中一件长11.4厘米，弧形，面上饰错金银勾连云纹，还嵌有9颗绿松石②。1959年怀柔城北发现的4件铜带钩中，有一半龟盖形带钩，正面有错金花纹。1977年在北京丰台区贾家花园的一座墓葬中，出土一组圆漆盒错金银铜扣，共4件，一件为盖顶铜扣，上饰金银错卷云纹及草叶纹；一件为盖口铜扣，上饰金银错菱形纹，内填草叶纹；另一件为底口铜扣；还有一件为底圈足铜扣。这两件铜扣面都饰有与盖口相同的金银错花纹，这一组铜扣是属于一个圆漆盒的几个附件。

另一种突出反映战国时期青铜制造水平的是出现了一种器壁极薄的刻纹铜器③，又称用针刻纹作装饰的槌制铜器④。这种铜器是经过热加工之后锤打成器的，突出的特点是器壁极薄。铜器上的花纹，是用极尖细锐利的小刀刻出来的，线条细如毫发，但并不连贯，而是用小短线条接续成线。虽然若断若续，但刻工非常熟练，不失其流畅性。这种铜器在国内许多地区，如河北、河南、山东、山西、湖南、陕西、江苏等地都有发现，在北京附近的河北怀来、涞水永乐村等地，也发现了刻纹铜器。涞水永乐村发现的是铜匜残片⑤。怀来北辛堡发现的是战国早期的铜缶⑥，这是在一座墓葬中的随葬品，共2件（1：88、89），形制基本相同。口和底部有些残缺，高36厘米，侈口唇微

---

① 安志敏：《唐山市贾各庄发掘报告》，载《考古学报》第6册，1953年。
② 程长新：《北京市通县中赵甫出土一组战国青铜器》，载《考古》1985年第8期。
③ 叶小燕：《东周刻纹铜器》，载《考古》1983年第2期。
④ 李学勤：《东周与秦代文明》，文物出版社1991年版，第229页。
⑤ 孟昭林：《河北涞水县永乐村发现一批战国铜陶器》，载《文物参考资料》1955年第12期。
⑥ 敖承隆、李晓东：《河北怀来北辛堡出土的燕国铜器》载《文物》1961年第7期。

卷，圆肩，平底、深鼓腹。腹部饰一凸弦纹和4个绹索纹的吊环，花纹分几部分，颈部饰链索形纹和三角形纹，肩至上腹部饰蟠螭纹和链索形纹，下部饰链索形纹和三角形纹。器壁厚为1毫米左右，花纹的线条都是用短短的点线构成的，刻画极为精细[1]。

秦汉时的农具、手工业工具、兵器虽以铁器为主，但冶铜技术仍有进步。汉代铜器崇尚实用，更趋朴素轻巧，已广泛采用错金银、镏金、镶嵌等工艺。品种主要有镜、灯、炉、壶、洗等，铜镜成为铜器制造的重点之一。大葆台西汉墓出土的铜器尤能说明这一时期冶铜业的发展水平。

大葆台西汉墓出土铜器70余件。其中一号墓19件，器型主要是铜镜、镏金铜铺首、镏金铜龙头枕、镏金铜豹、八棱兵器和车马饰等；二号墓57件，器物有虎、长柄刷和一些漆器上的饰件。一号墓11件铜器和车马饰件，经冶金部有色金属研究院光谱和定量分析，得知这些铜器主要成分为铜锡合金，另外还有中量的铅和微量的镍、镁、铝、锌、钒、锰、钴、铋等金属[2]。

燕王（广阳王）墓出土星云纹铜镜1件，直径15.5厘米，连峰式纽，纽外凸起一周连弧纹，连弧纹外为四朵梅花，梅花之间有七颗乳钉。四螭纹铜镜1件，直径19厘米，有连珠纹座，座外四乳钉之间饰四螭纹，螭的两侧复饰有鸟兽纹。昭明铜镜2件，直径15厘米，圆纽，连弧纹座，座外环以8个内向连弧纹，连弧纹之间或填以斜"田"纹和涡纹。其中一件镌有"内清质以昭明，光辉象夫乎兮一日月，心忽而愿忠，然雍塞不泄"铭文，另一件也刻有"内清质以昭明，光辉象夫日月，心忽而扬愿忠，然雍塞而不泄"的铭文。星云纹铜镜和昭明铜镜所含金属成分的百分比如下：星云纹镜含铜66.6％，锡23.03％，铅6.0％；昭明镜含铜67.2％，锡23.32％，铅5.2％。

镏金铜铺首、镏金铜龙头枕、镏金铜豹等饰件，造型优美，装饰

---

[1] 河北省文化局文物工作队：《河北怀来北辛堡战国墓》，载《考古》1966年第5期。
[2] 中国社会科学院考古研究所编：《北京大葆台汉墓》，文物出版社1989年版。北京市古墓发掘办公室：《大葆台西汉木椁墓发掘简报》，载《文物》1977年第6期。

华丽。镏金铜铺首，圆面，宽鼻，阔口，鬃毛竖立，眼角上吊，形象雄壮威严，透露着凛然不可侵犯和杀气腾腾的威严色彩。镏金铜铺首是门环的配件，同时起装饰作用，但其最根本的意义则是门神，与我国新石器时代玉器上的"神徽"，商周青铜器上的"饕餮"具有源流关系。镏金铜龙头枕为玉衣的龙头枕的两侧部件。龙头用圆水晶为眼，青玉牙、舌和双角，作张口吐舌状，形态别致。

铜错银八棱棍，似为梲类兵器。长48.5厘米。铁芯外包铜，两端为银头，柄端嵌金箔一圈，金箔的两侧缠绕丝绳，周身错菱形银纹和红铜云纹。该器设计精巧，铸造技术高超，是汉代兵器中不可多得的珍品。

魏晋南北朝时期，由于军事和农业生产的需要，幽州蓟城及附近地区的冶铜业具有一定的规模。

1962年，北京西郊景王坟附近，发现两座西晋砖室墓。1号墓出土铜镜、铜铃各1件。铜镜已残，圆钮座，饰乳钉、飞鸟图案，直径10.2厘米。2号墓出土的钱币皆残，可看出的有战国"明"刀、东汉"五铢"和"直百五铢"各1枚。[①]

1965年，八宝山革命公墓迤西约500米，发现西晋永嘉元年王浚妻华芳墓一座。出土铜熏炉、铜炉盖、铜弩机各1件，铜钱200余枚。铜熏炉作圆形，腹下有三足，与托盘相连。高9厘米、盘径14.5厘米。盖面有透孔，作博山式，盖口和炉口之间，有鼻钮相连，其形制与东汉墓出土的炉相同。铜炉盖盖顶有钮及环，透孔呈柿蒂纹。高4.5厘米、直径9.5厘米。铜弩机高17.7厘米、长14.5厘米。铜钱大部分是东汉五铢，还有剪轮五铢和少数綖环钱[②]。

西城区王府仓北齐砖石墓出土铜器3件。其中，铜发钗1件，发钗双股平面呈U形，上圆下尖。长14厘米、宽3.5～4厘米。常平五铢钱1枚，面背有周郭，正方形穿，直径2.4厘米。铜戒指1件，圆

---

① 北京市文物工作队：《北京西郊发现两座西晋墓》，载《考古》1964年第4期。
② 北京市文物工作队：《北京西郊西晋王浚妻华芳墓清理简报》，载《文物》1965年第12期。

形，素面，铜质坚硬，直径1.9厘米。铸有"常平五铢"篆文4字[1]。据《北齐书·文宣帝纪》载，天保四年（553年）春正月"己丑，改铸新钱，文曰'常平五铢'"[2]。

顺义区大营村8座西晋墓中出土的铜器，以铜镜为多，此外，还有盆、熏炉、熨斗、带钩、发钗、发饰、手镯和四叶蒂形饰等。铜镜共8件。其中："位至三公"镜2件，标本M5：13，直径8.3厘米。直式铭纹，旁作双兽。连弧纹镜2件。标本M2：17，直径15.3厘米，宽素缘，连珠纹纽座，内区为八内向连弧纹，每个连弧纹之间加一乳钉纹，外区为弦纹加饰乳钉纹和一条篦齿纹带。标本M4：13，直径10厘米，宽素缘，乳钉纹纽座，内区为八内向连弧纹。四叶纹镜1件，标本M1：2，直径12厘米，内区为蝙蝠式四叶纹和篦齿纹带。规矩镜1件，标本M8：1，直径15.2厘米，柿蒂纹纽座，内区为八乳规矩，乳间做八个小鸟，外区为锯齿纹和篦齿纹带，中间有一条铭纹带，因残损，仅见"青同（铜）之竞（镜）明且好……"等字。鸟纹镜2件。标本M4：13，直径13.5厘米，连珠纹纽座，内区饰八乳鸟纹，外区为双线锯齿纹。另一件M7：8，直径9厘米，素宽缘，连珠纹纽座，内区为五乳和篦齿纹，乳间饰鸟纹。以上各镜均斜平缘，面微凸，半圆纽对穿孔[3]。这些铜镜为我们研究西晋晚期铜镜分期断代提供了标尺[4]。

1990年，房山区小十三里村西晋墓，出土有铜镜、铜簪、铜削器，以及一方私人小铜印和一把长约一寸的弩机模型[5]。

这一时期铜器出土不少。特别要提到的是前燕慕容儁，在蓟城建都以后，为了宣扬慕容氏家族的"显赫战功"，特在宫城东掖门铸造

---

[1] 北京市文物工作队：《北京王府仓北齐墓》，载《文物》1977年第11期。

[2] 《北齐书》卷四《帝纪第四·文宣》。

[3] 北京市文物工作队：《北京市顺义县大营村西晋墓葬发掘简报》，载《文物》1983年第10期。

[4] 黄秀纯：《顺义县大营村西晋古墓群》，载《北京考古信息》1989年第2期。

[5] 朱志刚：《房山区小十三里村西晋墓》，载《北京考古信息》1991年第1期。

了一座铜马像。它是仿慕容廆的坐骑"赭白"铸造的。这匹战马随慕容廆祖孙三代出入战场，屡立战功，当时已有"四十九岁"。可惜铜马铸成时这匹战马已死[①]。慕容儁亲自撰写赞铭，镌刻在铜马像上，这座铜马像形态逼真，栩栩如生，显示了蓟城工匠的精湛技艺。

隋唐五代时期，尤其是唐代，幽州地区采铜、铸钱等，具有相当的规模。

唐玄宗开元初年，张说检校幽州都督，命兵夫"采铜于黄（燕）山，使兴鼓铸之利"，说明幽州的冶铜业在继续发展之中。1972年，北京昌平唐墓中出土有铜镜、铜造像及铜钱各一件。铜镜直径10.5厘米，圆形，薄胎，凸沿，乳钉纽。铜造像高仅3.6厘米，形象已模糊不清，形体较小。铜钱直径3.6厘米，边缘有一圈凸起的周郭，正方形穿，钱的正面有楷书"开元通宝"4字。1974年，在石景山唐墓中发现铜勺一件。勺呈椭圆形，尾有曲形扁长柄，柄端呈圆角。勺长约9厘米、宽7厘米、深3.5厘米。柄长20.6厘米、宽0.7～10厘米[②]。1966年丰台林家坟唐墓，还出土有铜牛[③]。

唐代铸造业规模最大的是铸钱业，唐玄宗天宝年间，全国共有铸钱炉99处，每炉一年铸钱3300贯，用铜21220斤[④]，每炉用匠30人[⑤]。

幽州也设有铸钱的钱炉。天宝九年（750年），安禄山居幽州，于"上谷郡置五炉，许铸钱"[⑥]。幽州钱铸造精美，唐玄宗时期，安禄山曾以之作为贡品。

唐朝时，在冶铸技术方面又发明了蜡范制币新技术。这样，蜡范与过去的泥范和铁范，共同构成了我国著名的三大铸造技术。唐代铜钱"开元通宝"的钱样，就是用蜡模法铸造的。据《唐会要》记载，

---

① 《晋书》卷一百一十《载记第十·慕容儁》。
② 北京市文物工作队：《北京市发现的几座唐墓》，载《考古》1980年第6期。
③ 鲁琪、葛英会：《北京市出土文物展览巡礼》，载《文物》1978年第4期。
④ 《通典》卷九《食货志九》。
⑤ 《新唐书》卷五十四《志第四十四·食货四》。
⑥ 《新唐书》卷二百二十五上《列传第一百五十上·逆臣上》。

当时文德皇后看蜡模时，在样上掐了一指甲，因此铸出的钱上留有掐痕，这是文献中关于熔模铸造的最早记载。①

后唐建立政权之初仍使用唐旧钱"开元通宝"，后于天成元年（926年）铸"天成元宝"②，其"径九分，重三铢六参，文曰：'天成元宝'"③。后晋于天福三年（938年）铸"天福元宝"，"每一钱重二铢四参"④。这些铸币在当时基本上是以铜为原材料，而且制作技术相当高超，制作精良。

金代的铜主要用于铸钱。中都各铸钱监的生产情况因缺乏文字记载，还不清楚。但据张世南《游宦纪闻》记载北宋蕲春监的铸钱过程，得知要经历三道工序，即沙模作、磨钱作和排整作⑤。料例（钱的原料）除铜外还有铅、锡，金代铜钱还要加些白银。此外高温熔铸矿产品需炭。料例和炭均需从产地运到铸钱监。

金代铸铜业中，以铸造铜镜为多。据考古资料和著录研究，金代流行的镜类有：双鱼镜、历史人物故事镜、盘龙镜、瑞兽镜和瑞花镜。金代主题纹饰多样化，是唐镜以后各个时代所没有的。金代铜镜的图案可以概括为两类，一是仿照汉唐宋镜的图案。仿汉镜有星云纹镜、四乳家常富贵镜、昭明镜、瑞兽镜。其中以四乳家常富贵镜为多。仿唐镜中，以瑞兽葡萄镜为多。二是吸收了前者的纹样，创造出一些新的样式。新出现的形式和题材中，以双鱼镜和历史人物故事镜为多见。北京地区出土的金代铜镜，则有：通县三间房附近发现的葵瓣式素铜镜⑥；海淀区四季青乡南辛庄一座长方形竖穴土圹石椁墓中，

---

① 《唐会要》卷八九《泉货》："武德四年七月十日。废五铢钱。行开元通宝钱……[欧阳]询初进蜡样。自文德皇后掐一甲迹。故钱上有掐文。"
② 撰人不详：《钱币考》卷上，中华书局1985年版，第23页。
③ [宋]洪遵：《泉志》卷三，中华书局1985年版，第21页。
④ 撰人不详：《钱币考》卷上，中华书局1985年版，第23页。
⑤ [宋]张世南：《游宦纪闻》卷二。
⑥ 北京市文物管理处：《北京市通县金代墓葬发掘简报》，载《文物》1977年第11期。

出土有卍字纹铜镜①；等等。

金代铜镜的另一重要特征是，有的铜镜边缘錾刻官府验记文字和押记。刻记字体纤细清晰，北京地区考古发现的此类铜镜也较多。如"通州司使司官（押）"②、大兴县官（花押）③、良乡县官匠（押）、昌平县验记官（押）等。铜镜上的这些款识刻记或铭文，证实了史书关于金代铜禁极严、凡铸铜镜均需官方验校的记载。铜镜上必须加上官府的验记，方可使用和流通。④

明代的铸铜技术也达到了很高的水平。永乐初年（1403年或稍后）铸造的大铜钟，代表了明初北京金属铸造工艺的发展水平。明成祖取得政权后，在鼓楼西华严钟厂铸造大钟⑤，作为定鼎北京的标志。该钟铸成后，存放在汉经厂。明万历年间移置万寿寺。清乾隆年间又移到觉生寺（即大钟寺）。

据20世纪60年代的实际测量，钟身高5.84米（17.5尺），蒲牢高1.1米（3.3尺），钟底口外径3.3米（约10尺），内径2.9米（6.6尺），底边平均厚度220毫米（0.66尺）。⑥重量为46.5吨。

永乐大钟的特点，不仅是大，而且钟身内外乃至钟口底部及钟纽各处铸有22.7万余字的阳文楷书佛

永乐大钟

---

① 秦大树：《北京市海淀区南辛庄金墓清理简报》，载《文物》1988年第7期。

② 北京市文物管理处：《北京市通县金代墓葬发掘简报》，载《文物》1977年第11期。

③ 隆化县文物管理所：《河北隆化县发现金代窖藏铁器》，载《考古》1981年第4期。

④ 孔祥星：《中国古代铜镜》，文物出版社1984年版，第199—207页。

⑤ 夏明明、于淑芬：《铸钟厂与汉经厂》，见北京市社会科学研究所《北京史苑》编辑部：《北京史苑（第一辑）》，北京出版社1983年版，第357页。

⑥ 凌业勤、王炳仁：《北京明永乐大铜钟铸造技术的探讨》，见科学史集刊编辑委员会：《科学史集刊6》，科学出版社1963年版，第39页。

经。经文字迹端正、雄健有力，铸型雕刻技艺高超。这座铜钟的主要部位很少有缺陷，铜质乌亮美观，撞击声音洪亮而清脆。这座大钟的各部分厚度设计适当，合金纯净程度十分考究。钟的铸造原料是合金，以铜为主，加有锡、铅等金属。化学定量分析结果：铜80.54%、锡16.4%、铅1.12%。[1]

明代金属铸造手工业生产水平，已能对大型铸件采用多种铸造工艺，例如失蜡法铸造、砂型铸造及泥型铸造等。永乐铜钟系采用地坑造型陶范法铸造。造型的工艺过程主要可分为：①准备地坑；②塑造钟模（与实物一样）、分段制造外形；③安装芯骨，筑造型芯（内模）；④合型；⑤安装浇冒口系统，准备浇铸。[2]

铸造永乐大钟，须用数十座炉子同时开炉。在这种情况下，对于炉子的部署、铜液的运输和劳动者的组织等，都须事先予以周密规划，以免紊乱。具体做法如《天工开物》所述："四面泥作槽道，其道上口承接炉中，下口斜低以就钟鼎入铜孔，槽傍一齐红炭炽围洪炉，熔化时决开槽梗（先泥土为梗塞住），一齐如水横流，从槽道中笕注而下，钟鼎成矣"[3]。

采用这种四面敷设土槽的办法，不但省去了杠抬浇所需的大量劳动力，还避免了浇铸场地紊乱，从而保证了安全生产。如果槽道过长，铜液流经时，温度急降，流动性将会下降，采用炭火炽烧土槽的办法，则在一定程度上保证了铜液温度的缓降。

明代北京铸钱所需的铜材，很大程度上依赖于民矿供应。嘉靖三十四年（1555年），"兵科给事中殷正茂言，今财用不足，惟铸钱一事，可助国计。但两京所铸以铜价太高，得不偿费"[4]。万历年间，给

---

[1] 凌业勤、王炳仁：《北京明永乐大铜钟铸造技术的探讨》，见科学史集刊编辑委员会：《科学史集刊6》，科学出版社1963年版，第41页。

[2] 凌业勤、王炳仁：《北京明永乐大铜钟铸造技术的探讨》，见科学史集刊编辑委员会：《科学史集刊6》，科学出版社1963年版，第43页。

[3] ［明］宋应星：《天工开物》卷八《冶铸》，明崇祯刻本。

[4] 《明世宗实录》卷四百二十一《嘉靖三十四年·四月戊寅》。

事中郝敬《钱法议》谓："二百余年来，钱法不修，天下废铜在民间为供具什器者，不知几千万亿。其产于各处名山者，豪姓大贾负贩以擅厚利，又不知几千万亿。"①

明代铸钱主要采用范铸法，其具体方法如《天工开物》所载："凡铸钱模以木四条为空匡（木长一尺二寸，阔一寸二分）。土炭末筛令极细，填实匡中，微洒杉木炭灰或柳木炭灰于其面上，或熏模则用松香与清油，然后以母钱百文（用锡雕成）或字或背布置其上。又用一匡如前法填实，合盖之。既合之后，已成面、背两匡，随手覆转，则母钱尽落后匡之上。又用一匡填实，合上后匡，如是转覆，只合十余匡，然后以绳捆定。其木匡上弦原留入铜眼孔，铸工用鹰嘴钳，洪炉提出熔罐，一人以别钳扶抬罐底相助，逐一倾入孔中。冷定解绳开匡，则磊落百文，如花果附枝。模中原印空梗，走铜如树枝样，挟出逐一摘断，以待磨锉成钱。凡钱先锉边沿，以竹木条直贯数百文受锉，后锉平面则逐一为之。"②

二、冶铁与炼钢技术

北京地区最早利用铁可以追溯到刘家河遗址M1墓中发现的一件铁刃铜钺。刃部已锈蚀残损，残长8.4厘米、阑宽5厘米。直内（接柄之处称内），内上有一穿孔，孔径1厘米。钺身一面扁平，一面微凸。铁刃铜钺的制造技术并不简单，首先要将天然陨铁锻造成2毫米左右的薄刃，然后再将薄刃与铜浇铸成一体，说明当时的人们已掌握了一定的锻铁技术。

这种铁刃铜钺，在考古发掘中极为少见，至今全国只出土了三四

---

① ［清］孙承泽：《春明梦余录》卷四十七《铸钱则例》，北京古籍出版社1992年版，第1010页。

② ［明］宋应星：《天工开物》卷八《冶铸》，明崇祯刻本。

件①。铁刃铜钺的发现，说明早在3000多年前，北京地区的先人就已经认识到铁刃比铜刃更锋利，已经掌握了锻打陨铁并将其包入青铜器内的技术。若从使用陨铁的时间算起，当时的北京应是最早制造和使用铁器的地区之一。

东周时期，冶铁鼓风炉的使用和金属制造工具技术的改进，促使了冶铁业的发展。战国时代，燕国的铁器有锄、镰、镢等农具，也有斧、凿等手工工具。燕国的冶铁遗址，在今北京及其附近地区都有发现，比较重要的有两处：一是河北兴隆，另一处是河北易县的燕下都。

铁刃铜钺

1953年，河北兴隆寿王坟地区战国冶铁遗址中，出土铁质铸范87件、大量木炭屑、烧土。从性能和用途上区分，铁范主要为农业生产工具铸范，如锄、镰、镢、斧，其次有凿和车具范。斧、镢范占铁范总数的7/9②。铁范由含碳量达4.45%的白口铁铸成③。一些铁农具的形状和铁范极相近似，有人估计，可能是用这些铁范铸造的。铁范的出现，可以看作铸造工艺的一次革命。陶范一般只用一次，而铁范能够连续使用，铸成的器物也比较精细。兴隆出土的战国铁工具范，

---

① 除北京发现商代的铁刃铜钺外，其他地区发现的几件是：1972年在河北省藁城县台西村的商代遗址中，发现一件铁刃铜钺（河北省博物馆、文物管理处：《河北藁城台西村的商代遗址》，载《考古》1973年第5期）；1976年在山西灵石县旌介村的商代墓葬中，出土一件含铁铜钺（戴尊德：《山西灵石县旌介村商代墓和青铜器》，载《文物资料丛刊》第3辑）；又传称1931年在河南省浚县出土一批铜兵器，这批兵器已流落到美国，其中有铁刃铜钺一件和铁援铜戈一件，后经科学分析证明这两件铜兵器中的铁，也是陨铁制成的（《考古》1973年第5期《河北藁城台西村的商代遗址》一文及所附夏鼐：《读后记》）。

② 郑绍宗：《热河兴隆发现的战国生产工具铸范》，载《考古通讯》1956年第1期。

③ 杨根：《兴隆铁范的科学考查》，载《文物》1960年第2期。

说明当时燕地冶铁工艺又向前跨进了一步①。

1965年发现的燕下都44号墓出土的一批铁兵器,既有进攻性武器,也有防护性装备,体现了燕国军队的作战水平。铁兵器的出现,是冶铁工艺技术的改进和提高的结果。科学家对其中几件兵器进行金相考察分析,说明燕地当时(约公元前3世纪初叶)在冶铁技术方面,不仅创造了用块炼法得到的海绵铁增碳来制造高碳钢的技术,而且掌握了淬火技术。燕下都大批完整的淬火钢剑的发现,将我国已知的淬火技术年代提早了两个世纪②。

魏晋南北朝时期,铁范、生铁范铸术和铸铁柔化术等在汉代的基础上有新的发展,百炼钢已相当成熟,魏、蜀、吴三国都用之锻制刀剑。曹操曾令工师制作"百辟利器"③。曹丕《典论·剑铭》曰:"选兹良金,命彼国工,精而炼之,至于百辟",制成的刀剑有美丽的纹理,文似灵龟,"采似丹露","理似坚冰","曜似朝日"。历经战乱后,北魏冶铁业逐渐恢复,据史料记载:"其铸铁为农器、兵刃,在所有之"④。

此外,在制钢技术方面出现了新的突破。《重修政和经史证类备用本草》卷四十五"石部"引陶弘景语:"钢铁是杂炼生柔作刀镰者",这是最早明确记载用生铁和熟铁合炼成钢(即灌钢)的文献资料。北齐的綦母怀文曾用灌钢法造宿铁刀,"其法,烧生铁精以重柔铤,数宿则成钢。以柔铁为刀脊,浴以五牲之溺,淬以五牲之脂,斩甲过三十札"⑤。"生"指的是生铁,"柔"指的是熟铁。先把含碳量高的生铁熔化,浇灌到熟铁上,使碳渗入熟铁,增加熟铁的含碳量,然

---

① 华觉明等:《战国两汉铁器的金相学考查初步报告》,载《考古学报》1960年第1期。

② 北京钢铁学院压力加工专业:《易县燕下都44号墓葬铁器金相考察初步报告》,载《考古》1975年第4期。李众:《中国封建社会前期钢铁冶炼技术发展探讨》,载《考古学报》1975年第2期。

③ 《太平御览》卷三四五引《内诫令》。

④ 《魏书》卷一百一十《志第十五·食货六》。

⑤ 《北齐书》卷四十九《列传第四十一·綦母怀文》。

后分别用牲尿和牲脂淬火成钢。牲畜尿中含有盐分，用它做淬火冷却介质，冷却速度比水快，淬火后的钢较用水淬火的钢硬；用牲畜的脂肪冷却淬火，冷却速度比水慢，淬火后的钢比用水淬火的钢韧。由此可知，当时不但炼钢技术有较大的发展，淬火工艺也有了提高。灌钢法在坩埚炼钢法发明之前是一种先进的炼钢技术，对后世有重大的影响[1]。

魏晋南北朝时期北京地区的考古发现主要有：1963年，在怀柔县韦里村发现的北齐傅隆显墓，出土有铁器多件[2]。1973年，西城区王府仓北齐砖石墓中，出土铁斧1件。锻制，平头，长方孔。斧长9厘米、宽约5.5厘米[3]。1981年，顺义县大营村8座西晋墓葬中，出土铁镜和铁斧各1件。铁镜直径11.5厘米，已锈蚀。铁斧为平顶，两面刃。斧长12厘米、宽5.1～7厘米[4]。

密云区有铁矿，刘虞时有继续开采的记载。史书称他"开上谷胡市之利，通渔阳盐铁之饶，民悦而年登"[5]。

唐代，在炼钢方面，南北朝时出现的"灌钢"（又称"团钢"）冶炼法逐渐成为炼钢的主要方法。[6]同时发明了"铜合金铁"的铁合金冶炼法，以提高钢铁的品质和质量。

幽州是北方军事重镇，无论是出征作战，还是从事农业生产，都需要大量铁器。铁的开采和冶炼是幽州的重要手工业之一，蓟城附近

---

[1] 白寿彝：《中国通史》第五卷《中古时代·三国两晋南北朝时代》（上册），第五节《冶金》，上海人民出版社1995年版，第544—545页。

[2] 北京市文物工作队：《北京郊区出土一块北齐墓志》，载《文物》1964年第12期。

[3] 北京市文物工作队：《北京王府仓北齐墓》，载《文物》1977年第11期。

[4] 北京市文物工作队：《北京市顺义县大营村西晋墓葬发掘简报》，载《文物》1983年第10期。

[5] 《后汉书》卷七十三《刘虞公孙瓒陶谦列传第六十三》。

[6] 灌钢炼钢法的基本方法是：四周围以熟铁，中间放入生铁，进行封闭冶炼，利用生铁的含碳量高和熔点低的特点，在较低温度先熔化，使生铁液灌入四周盘绕的熟铁中，同存在熟铁内的氧化渣紧密地发生氧化作用，使熟铁中的渣滓得以除去，其所含的碳达到所需标准，使铁变成钢。因这种冶炼法的基本特点是生铁液灌注熟铁，故称"灌钢"。又因是生、熟铁"团结"而成，故亦称"团钢"。

有铁冶。据北京房山区云居寺唐代石经题记，当时幽州城北市开设有生铁行。从考古资料来看，20世纪70年代，在北京昌平、石景山的唐墓中出土了铁斧和铁匜各一件。铁斧长33厘米，做"8"形交股，保存较为完好。铁匜口径约21.5厘米，圆形，板沿。浅腹，壁微内斜，平底微外鼓，壁有直柄，口沿有短流，三足均残①。1966年在丰台林家坟发现一座唐墓，出土有嵌金铁马镫②。

辽代燕京地区的冶铁的方法，则由于铁矿石的特殊性而有其特色。开泰二年（1013年），王曾使辽时见到："七十里至柳州馆，河在馆旁……就河漉沙石，炼得成铁"③，这是说：河滩上有的砂石，是铁矿石被冲刷成为砂石状，把这些铁矿碎砂漉出炼成铁的。宋应星曾经指出，铁矿石"质有土锭、碎砂数种。凡土锭铁，土面浮出黑块，形似秤锤，遥望宛然如铁，捻之则碎土，若起冶煎炼，浮者拾之"。这种铁矿石，在"燕京遵化、山西平阳，则皆砂铁之薮也"；"凡砂铁，一抛土膜，即现其形，取来淘洗，入炉煎炼，熔化之后，与锭铁无二也"。除这一步骤与北宋统治地区冶炼上存在差别，至于杂生柔以炼钢则完全一样："铁分生熟，出炉未炒则生，既炒则熟，生熟相和，炼成则钢。"④

金代中都的铁器制造业发展很快，产品有生产工具、车马具、生活用具和民间制造兵器等。金政府规定，民间造车，"马鞍许用黑漆，以骨角、铁为饰，不得用玉较具及金、银、犀、象饰鞍辔"⑤。辽金墓葬中出土的铁器，在北京各地发现很多，如先农坛、天坛、清河镇、百万庄、东小营等地，就常有铁制的灯台、灯碗、锁等器物。最突出的是金代的土坑墓，差不多每座墓都有铁铧头4件随葬。

---

① 北京市文物工作队：《北京市发现的几座唐墓》，载《考古》1980年第6期。
② 鲁琪、葛英会：《北京市出土文物展览巡礼》，载《文物》1978年第4期。
③ ［宋］叶隆礼：《契丹国志》卷二十四《王沂公行程录》，上海古籍出版社1985年版，第231页。
④ ［明］宋应星：《天工开物》卷下《五金》，商务印书馆1933年版，第232页。
⑤ 《金史》卷四十三《志第二十四·舆服上》。

据推断，顺义大固现村发现的5件铁器和房山焦庄村出土的64件铁器，均为金代制品，主要包括生产工具和生活用具两种。这两处金墓出土的铁铧样式形如三角锥，两面皆有高脊，与辽墓出土的铁铧样式中间无脊或一面中间有高脊，存在差异。焦庄村出土的铁器中，铁镰的样式很多，除大小不同外，形状也不同，镰的尾部接柄之处，有环形的、卷筒形的、长方形的，推测是可接各种各样的柄。另有一种钩镰，长53厘米，尾部衔接双环，这种镰按其刃部的长大及尾部的双环，推测是安长柄，可以使其自由活动进行收割。铁叉样式有两种，一种是双叉，另一种是钩叉，钩叉除堆叠草垛外，还能用钩装卸禾物。焦庄出土的双耳三足釜，底平，釜壁较浅，如去其耳、足，与现在市面上所售之饼铛相仿，可能是当时农家常用制作面食的炊具。[①]

由于冶炼工具的改进和冶炼技术的提高，元代大都地区铁冶业发展很快。元代冶铁事业的发展，军事需要是一个主要的原则。元代保持着庞大的常备军，并且不断地进行开拓疆土的战争，这些军队所使用的武器，以铁器为主。所以武装这些军队和继续供应战争中的消耗，则需要大量的铁。此外，农业、手工业生产工具的制造，对铁的需要量也不小。从大都地区的铁冶生产来看，檀景地方设有双峰、暗峪、银崖、大峪、五峪、利贞和锥山等处铁冶7所，元初还在燕南、燕北总设铁冶17所，每年课铁1600余万斤，冶铁人匠达30000余户。这些地方的铁冶无疑为元代的军需和民用提供了一部分的来源。

此外，从元代的冶炼技术看，当时出现了镔铁（特种钢）。官府手工业中设有"镔铁局"，从事镔铁器具的生产。官府手工业中有，民间手工业中可能也有。叶子奇《草木子》卷三下《杂制篇》说镔铁刀"价贵于金，实为犀利，王公贵人皆佩之"。《朴事通》中也提到"着镔打"五体儿刀子。

明代中叶以后，冶铁业有较大的发展，全国生产铁的地区增加到100多处。特别是顺天府属的遵化，冶铁业的规模很大，技术水平也

---

① 北京市文物工作队：《北京出土的辽、金时代铁器》，载《考古》1963年第3期。

较先进。

  遵化炼铁炉形体巨大，"深一丈二尺，广前二尺五寸，后二尺七寸，左右各一尺六寸，前辟数丈为出铁之所，俱石砌"。冶炼时"用炭火置二韝煽之，得铁日可四次……生铁之炼凡三时而成，熟铁由生铁五六炼而成，钢铁由熟铁九炼而成，其炉由微而盛，由盛而衰，最多至九十日，则败矣"①。遵化铁炉不仅可以冶炼生铁，还可以冶炼熟铁和钢铁。这种长方形炼铁高炉，又叫大鉴炉，每3个时辰（6小时）出铁一次，每天可以出铁4次，可以连续使用90天，可见已具有相当高的生产能力。

  明代工匠还懂得把煤炼成礁（焦炭）。方以智《物理小识》卷七记："煤则各处产之，臭者烧熔而闭之，成石，再凿而入炉，曰礁，可五日不绝火，煎矿煮石，殊为省力"②。李诩《戒庵老人漫笔》载曰："北京诸处多出石炭，俗称为水和炭，可和水而烧也……或炼为焦炭，备冶铸之用。"③冶炼从木炭、石炭混合使用到全部使用煤和焦炭，提高了炼铁炉的温度，加速了冶铁进程。据《涌幢小品》记载，遵化铁炉中"以简千石为门，牛头石为心，黑沙（铁矿砂）为本，石子为佐，时时旋下……妙在石子产于水门口，色间红白，略似桃花，大者如斛，小者如拳，捣而碎之，以投于水，则化而为水。石心若燥，沙不能下，以此救之，则其沙始销成铁，不然，则心病而不销也"④。这种助铁砂销熔的红白相间的桃花石，显然就是萤石（即氟石，亦即氟化钙）。这种捣碎的熔剂，熔点很低，投入炉火中，便"化而为水"。以萤石作熔剂，是明代冶铁技术的一大进步。

---

① ［明］朱国祯：《涌幢小品》卷四《铁炉》，中华书局1959年版，第94页。
② ［明］方以智：《物理小识》卷七《金石类》，四库全书本。
③ 《畿辅通志》卷五十七《土产》，引《戒庵老人漫笔》，四库全书本。
④ ［明］朱国祯：《涌幢小品》卷四《铁炉》，中华书局1959年版，第94页。

第三节 兵器制作技术

一、冷兵器制作技术

通常所说的冷兵器，是指用人力和机械力操持的直接用于斩击或刺杀的武器，如刀、矛、剑、弓箭等。中国古代冷兵器，按材质可分为石、骨、蚌、竹、木、皮革、青铜、钢铁等类；按用途可分为进攻性兵器和防护装具，进攻性兵器又可分为格斗、远射和卫体三类；按作战使用可分为步战兵器、车战兵器、骑战兵器、水战兵器和攻守城器械等[1]。

在人类的发展进程中，最早使用的武器是矛和盾。追溯到更早形态，应该算是棍棒与石块。在旧石器时代，"北京人"使用的众多的石器中，就有一种"似镞石器"出现。于是人们把这种尖状石器，或者在磨尖的兽骨上装上一个木把组成的矛，就称为石矛或骨矛。用该种武器进行投掷，就成了最原始的标枪。

西周至战国时期，燕国的青铜兵器有了长足的发展，制作技术较高。1975年发掘的昌平白浮墓地出土的铜兵器有戈、戟、刀、短剑、匕首、斧、钺、矛和盔等，共60余件。值得注意的是，有些兵器器型是罕见的，有的还是首次发现。如M2出土的Ⅴ式戈（有銎戈）、Ⅵ式戈（宽胡斜刃戈）、Ⅱ式双钩戟、青铜短剑、Ⅱ式刀、异形铜盔、"护腿甲"，M3出土的带铃匕首、斧、钺、鹰首短剑、马首短剑等。其中，带铃匕首、鹰首短剑、马首短剑的形制和花纹颇具地方风格[2]。

1958年在十三陵水库淹没区，发现很多战国墓葬，其中一个人骨架的上肢骨里，发现一个铜镞，和唐山贾各庄战国墓出土的狭翼式

---

[1] 章人英主编：《中华文明荟萃·上》，上海人民出版社2013年版，第310页。
[2] 北京市文物管理处：《北京地区又一重要考古收获——昌平白浮西周木椁墓的新启示》，载《考古》1976年第4期。

铜镞相仿，铜镞射入骨内约1.5厘米，由此可见战国时铜镞的杀伤力是很大的，它不仅能射伤人的皮肉，而且可以射入骨内①。

延庆军都山3处墓地出土的兵器，以直刃匕首式青铜短剑和铜镞为大宗。其中，形式各异、装饰精致的近百件直刃匕首式青铜短剑集中出土，为我国古代兵器宝库增添了一批新内容②。

由于冶铁业的发展，到战国时期，各种铁制兵器已经在燕国普遍使用。1965年10月，燕下都44号墓出土的铁兵器，共6种52件，有剑、戟、矛、刀、匕首、胄等，还有铜铁合制的弩机、镞，以及铜兵器③。铁兵器的制造和使用，提高了燕国军队的装备水平。当时燕军使用的兵器不仅有剑、戟、矛等进攻性武器，而且有防护武器。燕下都44号墓出土的铁胄（盔），就是燕军的防护装备。

1975年在北京市丰台区大葆台发掘的西汉晚期墓中，有不少铁器出土。其中有铁斧、铁箭铤、铁笄、铁扒钉、铁环首削工具及铁戟等④。大葆台西汉墓出土铁器经过金相分析，箭铤、铁簪、铁扒钉、铁环首削系用生铁固态淬火脱碳成钢制成⑤。铸铁脱碳成钢是我国古代发明的独特的制钢技术，是铸铁热处理技术臻于成熟的产物。方法是将铸铁件退火脱碳，变为钢的组织，可根据不同的用途，在退火时适当掌握，以获得含碳量不同的高碳钢或低碳钢。经过脱碳热处理获得的钢件或白芯韧性铸铁，性能良好，适用于制作刀剪之类。大葆台西汉墓出土的铁簪等，是运用铸铁脱碳钢工艺的最早实物。这比燕下都44号战国时期墓中出土的由块炼法取得海绵铁，再加以锻冶、淬

---

① 苏天钧：《略谈北京出土的辽代以前的文物》，载《文物》1959年第9期。

② 文物编辑委员会编：《文物考古工作十年（1979—1989）》，文物出版社1991年版，第8页。

③ 河北省文物管理处：《河北易县燕下都44号墓发掘报告》，载《考古》1975年第4期。

④ 北京市古墓发掘办公室：《大葆台西汉木椁墓发掘简报》，载《文物》1977年第6期。

⑤ 北京钢铁学院《中国冶金史》编写组：《大葆台汉墓铁器金相检查报告》，见中国社会科学院考古研究所编：《北京大葆台汉墓》，文物出版社1989年版，第125—126页。

火的制钢技术更为先进。

魏晋南北朝时期，由于战争的需要，各种攻防器械和兵器制造都有不同程度的发展。兵器制造多属于官铁冶，规模庞大，人力物力雄厚，不计成本。如建武八年（342年），石季龙在青、冀、幽州穷兵征讨，仅造甲生产用工就多达50万人[1]。这在当时城邑丘墟、千里无烟的社会中，是一支相当可观的队伍，足见其时幽州一带军工生产规模之庞大。

1990年，房山区小十三里村西晋墓，出土一把长约一寸的弩机模型[2]。从考古和文献材料来看，魏晋南北朝时期的冶铜业中，比较常见兵器铜弩机。不过，铜弩机这种远射兵器在北京地区主要出现于西晋。这是因为，西晋灭亡之后，北方匈奴、鲜卑等少数民族先后进入中原，他们长于骑射，盛行弓箭，但不大使用弩，因此从大量发掘的北朝墓葬中，几乎见不到弩的踪迹[3]。此外，筋角是制造弓弩的重要材料，幽州的筋角，驰名天下。魏人陈琳的《武军赋》，对幽州筋角制成的弓弩倍加称道："铠则东胡阙巩，百炼精钢……弩则幽都筋骨。"[4]

在辽燕京地区，与铁冶同时并存的还有制造武器盔甲等军工作坊，可以考知的有打造部落馆。王曾使辽时，"过松亭岭（今喜峰口），甚险峻，七十里至打造部落馆。惟有蕃户百余，编荆为篱，锻铁为军器"[5]。又，《辽史·地理志》记载："河州、德化军，置军器坊。"[6]

制作的各类武器，"弓以皮为弦，箭削楳为竿"[7]，"燕北胶弓，坚

---

[1] 《晋书》卷一百六《载记第六·石季龙上》。
[2] 朱志刚：《房山区小十三里村西晋墓》，载《北京考古信息》1991年第1期。
[3] 陆敬严：《中国古代兵器》，西安交通大学出版社1993年版，第163页。
[4] ［清］严可均辑：《全上古三代秦汉三国六朝文》，《全后汉文》卷九十二。
[5] ［宋］叶隆礼：《契丹国志》卷二十四《王沂公行程录》，上海古籍出版社1985年版，第231页。
[6] 《辽史》卷三十八《志第八·地理志二》。
[7] ［宋］叶隆礼：《辽志·衣服制度》。

韧不易折"①，还有短刀、鸣镝之类，都制作良好。

金代中都地区的军器业尤为突出，军器制造主要由军器监和利器署经营管理。《大金国志》记载，海陵王迁都之后，"役诸路夫匠造诸军器于燕京，令左丞相李通董其事，又令户部尚书苏保衡、侍郎韩锡造战船于潞河"。②张棣《正隆事迹》也说："再役下天军民夫匠，不限丁而尽起之，委左丞李通提控，造军器于燕山西北隅。"据此清楚地知道，金中都的军器生产在京城西北隅。

元代军器制造业发达，并有许多新发明。孙威发明的"蹄筋翎根铠"③，成吉思汗亲自开弓射击而未射穿。孙威的儿子孙拱还发明了能张能合的"叠盾"④。

二、火器制作技术

（一）金元时期的火器制作技术

金朝不仅能够制造刀矛、弓箭等冷兵器，中都地区由于汴京工匠的大量迁入，还能够制造火药和火器。金代制造的火器见之于记载的有铁火炮、震天雷及飞火枪等，其中铁火炮在攻打南宋蕲州时曾使用过。铁火炮"状如合碗，顶一孔，仅容指"⑤。震天雷是一种威力很大的武器，系以"铁罐盛药，以火点之，炮起火发，其声如雷，闻百里外，所爇围半亩以上，火点著甲铁皆透"⑥。飞火枪是管状火器，制造技术水平非常先进。其制法："以敕黄纸十六重为筒，长二尺许，实以柳炭、铁滓、磁末、硫黄、砒霜之属，以绳系枪端，军士各悬小铁

---

① 杨复吉辑：《辽史拾遗补》卷五引《燕北杂记》，中华书局1985年版，第133页。
② ［宋］宇文懋昭：《大金国志校证》卷十四《纪年十四·海陵炀王中》，中华书局1986年版，第197页。
③ 《元史》卷二百三《列传第九十·方技·工艺》。
④ 《元史》卷二百三《列传第九十·方技·工艺》。
⑤ 何孟春：《余冬序录》卷五《外篇》。
⑥ 《金史》卷一百十三《列传第五十一·赤盏合喜》。

罐藏火，临阵烧之，焰出枪前丈余，药尽而筒不损"[1]。金代火器以铁为外壳装制而口小，说明当时已掌握火药性能的转化作用来发挥火炮发射的威力，标志着火药利用技能的成熟。

元代官营铸造厂不仅能够制造常规冷兵器，而且大量制造域外传来的回回炮和火炮。至元八年（1271年），回回人阿老瓦丁与亦思马因二人被推荐至京师大都，"首造大炮，竖于五门（当为午门）前，帝命试之，各赐衣段"[2]。至元十六年（1279年），元政府又"括两淮造回回炮新附军匠六百人，及蒙古、回回、汉人、新附人能造炮者，至京师"[3]。这时已有许多人学会了制炮技术。

所谓回回炮，乃是一种抛石攻城机械，当时人描述说："其回回炮，本出回回国，甚猛于常炮，至大之木，就地立穿。炮石大数尺，坠地陷入三四尺。欲击远，则退后增重发之。欲近，反近前"[4]。这种炮，在元前期曾大量制造。在至元十年（1273年）元军攻占襄阳时发挥过巨大的威力。当时，"亦思马因相地势，置炮于城东南隅，重一百五十斤，机发，声震天地，所击无不摧陷，入地七尺"[5]。

元代后期，火炮技术有了新的突破，出现了金属火炮——火铳，它是利用火药在金属管内爆炸产生的气体压力来发射弹丸，同现代的枪炮原理一致。

这种火炮，射程远、威力更大。据张宪《玉笥集》卷三《铁炮行》诗中所述："黑龙随卵大如斗，卵破龙飞雷鬼走。火腾阳燧电火红，霹雳一声混沌剖"[6]。黑龙指铁炮，由抛石机发射出去，到空中时，引线即发出来一股烟。卵即铁弹，当引线烧到炮壳的一刹那，烟忽然停止，火光一闪，轰然一声，铁炮炸裂。

---

[1] 《金史》卷一百十六《列传第五十四·蒲察官奴》。
[2] 《元史》卷二百三《列传第九十·方技（工艺附）》。
[3] 《元史》卷九十八《志第四十六·兵一》。
[4] ［宋］郑所南：《心史》，民国据明刻本校印，第155页。
[5] 《元史》卷二百三《列传第九十·方技（工艺附）》。
[6] ［元］张宪：《玉笥集》卷三《古乐府·铁炮行》，四库全书本。

至正二十四年（1364年），"时孛罗帖木儿拥兵京师……（达礼麻识理）纠集丁壮苗军，火铳什伍相联，一旦，布列铁幡竿山下，扬言四方勤王之师皆至，帖木儿等大骇，一夕东走，其所将兵尽溃"。①孛罗帖木儿拥兵自重，企图谋反，被达礼麻识理的火炮所震慑溃退。

世界上现存最早的铜火炮（铳），一门是至顺三年（1332年）铸造的，重6.94千克，长35.3厘米，铳口直径10.5厘米，铳筒中部盖面镌有"至顺三年二月十四日，绥边讨寇军，第三百号马山"的铭文，现存于中国国家博物馆。另一门是至正十一年（1351年）铸造的，重4.75千克，长43.5厘米，铳口直径3厘米，前端镌"射穿百札，声动九天"，中部镌"神飞"，尾部镌有"至正辛卯"和"天山"等铭文，现藏于中国人民革命军事博物馆。②人们利用火药的燃烧性能和爆炸性能，使火器成为战争中最凶猛的武器。

（二）明代火器制作技术

明代军器制造较之前代有一定的进步。《明史·兵志》记载："古所谓炮，皆以机发石。元初得西域炮，攻金蔡州城，始用火。然造法不传，后亦罕用。至明成祖平交阯，得神机枪炮法……制用生、熟赤铜相间，其用铁者，建铁柔为最，西铁次之。大小不等，大者发用车，次及小者用架、用桩、用托。大利于守，小利于战。随宜而用，为行军要器。"③永乐八年（1410年）明成祖征交阯时，得其神机枪炮法，在禁军内设神机营，"其兵卒皆造火药之人也，当时以为古今神技，无可复加"④。神机火枪系"用铁为矢镞，以火发之，可至百步之外，捷妙如神，声闻而矢即至矣"⑤，而且"箭下有木送子，并置铅弹

---

① 《元史》卷一百四十五《列传第三十二·达礼麻识理》。
② 王荣：《元明火铳的装置复原》，载《文物》1962年第3期。
③ 《明史》卷九十二《志第六十八·兵四》。
④ ［明］沈德符：《万历野获编》卷十七《兵部》，中华书局1959年版，第433页。
⑤ ［明］邱濬：《大学衍义补》卷一百二十二《器械之利下》，京华出版社1999年版，第1058页。

等物，其妙处在用铁力木，重而有力，一发可以三百步"①。可见，所谓神机火器是一种从投石车发展过来的火炮。其制造方法在元代就已经失传了，明代从越南传来，所用材料主要是铜和铁。管状火器制造在明代普遍推广。

明代火器的形制与性能有了很大改进。正统年间发明了两头铜铳、十眼铳等火炮火铳。据《明英宗实录》记载："左副都御史杨善请铸两头铜铳，每头置铁弹十枚，以继短枪……命兵仗局铸造式样，试验之"②。这种改进的两头铜铳，提高了发射速度。另外，还有十眼铳，据《武备志》记载，此铳两头一次共计可装填十眼，"十眼装完，自口挨眼，番转点放"③，能连续施放十铳。此外，还有三捷神机、五雷神机铳、八斗铳等，都类似这种铳。如五雷神机铳，其柄上安装有五个铳管，"一铳放后，轮对星门再放"，可以连续施放五铳。④

弘治年间，明政府在北京城内建立盔甲厂和王恭厂，隶属于军器局。王恭厂是主要制造火器的大型军工厂。至嘉靖四十三年（1564年），两厂各类工匠达9200余人，根据不同季节，工匠分两班制造火器和其他军器。⑤由此可见明代北京火器、兵器制造之盛况。

正德末年，佛郎机传入中国。嘉靖八年（1529年），明朝开始仿制佛郎机炮，此炮"以铜为之。长五六尺，大者重千余斤，小者百五十斤，巨腹长颈，腹有修孔。以子铳五枚，贮药置腹中，发及百余丈，最利水战"⑥。此乃当时世界上最先进的火炮。

这种使用子铳和提心后装火铳火炮，是火器发展史上的一个极大进步。⑦例如百出先锋炮，"仿佛郎机炮而损益之也。火器莫利于佛郎

---

① ［明］茅元仪：《武备志》卷一百二十六《火器图说五》，华世出版社1984年版，第5177页。
② 《明英宗实录》卷一百八十五《正统十四年·十一月壬辰》。
③ ［明］茅元仪：《武备志》卷一百二十五，华世出版社1984年版，第5150页。
④ ［明］茅元仪：《武备志》卷一百二十五，华世出版社1984年版，第5151页。
⑤ 万历《大明会典》卷一百九十二《军器、军装一》。
⑥ 《明史》卷九十二《志第六十八·兵四》。
⑦ 刘旭：《中国火药火器史》，大象出版社2004年版，第79页。

机，大率筒长三尺有奇，而小炮则止于五。夫筒之长以局其气，使发之迅也。小炮五，以错其用，使迭而居也。先锋之制，则损其筒十分之六，状若神机而加小炮以至于十，曰气可局而用不使有余也；炮可错而用不使不足也。用则系火绳于筒外，而纳火炮于筒内，毕即倾出之，连发连纳，十炮尽则更为之循环无间断也"[1]。

明朝末年，徐光启和德国传教士汤若望（Johann Adam Schall von Bell，1592—1666）受命在皇城设置炮场，研制新式西洋火炮。崇祯末年，汤若望造就可装40磅炮弹的重炮20余门，小炮500余门。除了这些西式火炮外，明朝还创制了火妖、火弹、火砖、毒龙喷火神筒、神行破阵猛火刀牌等燃烧火器，水雷、地雷、炸弹等爆炸火器，以及各种管形火器和火箭。崇祯十六年（1643年），由汤若望口述、焦勖整理的《火攻挈要》写成，此书对火炮的冶铸制造、保管运输、演放及火药配制、炮弹制造均有详细阐述，它反映了明代火器技术已经达到了相当高的水平。

（三）清代火器制作技术

1. 发展状况

清前期京师的军器火药制造业很繁荣，除还少量制造传统冷兵器，如刀、矛、弓、盔、甲之外，集中制造火炮、鸟枪等新式火器。其中造炮业的规模最大。

顺治初年，驻京八旗均设炮厂、火药厂制造火器。当时的炮厂，镶黄、正白、镶白、正蓝旗各有房35间，设于镶黄旗教场空地。正黄、正红旗各有房30间，设在德胜门外。镶红、镶蓝旗各有房23间，设在阜成门内。火药厂，镶黄、正黄旗在安民厂有房12间，余六旗共20间，设于天坛后。安民厂缘儿胡同局和安定门局为收储炮位的场所。

顺治初年，工部设濯灵厂，"委官制火药，特命大臣督之"[2]。年

---

[1] ［明］陈子龙等：《明经世文编》卷二百二十三《置造火器疏》，中华书局1962年版，第2343页。

[2] 《清朝文献通考》卷一百九十四《兵十六》。

产量在50万斤以上，其中军需生产火药30万斤，烘药4000斤，演放火药20余万斤，烘药二三千斤。[①]灌灵厂"设石碾二百盘，每盘置药三十斤为一台，每台碾三日者以备军需，碾一日者以备演放枪炮。豫贮军需火药，以三十万斤为率，随用随备"[②]。康熙三十一年题准："八旗试演枪炮火药，移灌灵厂收贮取用。"[③]雍正二年奏准："军需火药存贮已过十年者，许改作演放火药，陆续取用，其额贮之数，即行补造。"[④]清代火药的配方日趋标准化，接近现代火药水平。

明清火药配方表

名称	硝酸钾(%)	硫黄(%)	木炭(%)
明初鸟铳药	71.4	14.3	14.3
明初大炮药	78.7	7.9	13.4
明中叶火药	75.8	10.6	13.6
乾隆十八年火药	80	10.51	9.88
乾隆十八年烘药	83.18	14.75	2.07
嘉庆二十三年火药	77.8	9.7	12.5
嘉庆二十三年烘药	78.4	9.8	11.76
道光十九年火药	74	11	15
现代标准火药	75	10	15

资料来源：胡建中：《清代火炮》，载《故宫博物院院刊》1986年第4期。

康熙朝在京师设立了3个造炮地点，一是养心殿造办处，一设于景山，两处所造均称"御制炮"，主要供京城和八旗兵使用。再一处

---

① 胡建中：《清代火炮》，载《故宫博物院院刊》1986年第4期。
② 《嘉庆大清会典事例》卷六百八十六。
③ 《嘉庆大清会典事例》卷六百八十六。
④ 《嘉庆大清会典事例》卷六百八十六。

设于铁匠营，制造铁炮，供绿营兵用。养心殿造办处是清代最大的中央造炮所，较重要的炮位，由皇帝亲自指定官员前往监造，一般则由工部委派，但每年造多少炮，视情况而定，并无常制。

清前期火炮制作以康熙时期所造质量最好，数量也最多，而且有统一的标准和要求。从康熙十四年至六十年（1675—1721年）的40余年间，有明文记载的各种火炮近千门之多，不仅有威力巨大的"神威将军"炮，口径达210毫米的"威远将军"炮，而且也有携带使用方便轻巧的子母炮、奇炮等。清代火炮生产在17世纪末叶，趋于自产化、制式化，并明显向"轻利便涉"的方向发展。①

康熙朝后，火炮铸造业开始走下坡路。雍正朝仅造炮30位，乾隆朝，八旗汉军共储炮559位，很少新造。嘉庆四年（1799年），曾改造160门前朝铸造的"神枢炮"，改后美其名曰"得胜炮"，施放结果反而是"以多易少"。本来，"神枢炮"配足火药，射程可达百步，改造以后的"得胜炮"火炮配量更多，射程反而不及百步。道光二十一年（1841年），清政府居然搬出康熙帝在1718年制定的炮样和1667年宫中旧存西洋制造的二门火炮为模式，命令造办处"照样铸造"。所铸之炮命名"神捷将军"，但此炮经僧格林沁施放，其功能与康熙五十年（1711年）所造的威远炮一般，毫无改进。以至于1840年，英舰来犯时，清军能拿出应战的还是清初制造的陈朽火炮，制炮业之衰落可想而知。

咸丰年间，清政府在军火业方面，首先是加紧军需火药的生产。制造火药需用大量的原料——硝磺。为此，清政府一再谕令禁止私自贩卖硝磺。咸丰三年（1853年），又谕："给事中雷维翰奏请饬严拏私贩硝磺，以防影射而杜接济一折。私贩硝磺，久干例禁，若如该给事中所奏，官役以采办为词，恃有印文影射，即拏获到官，亦可藉词狡脱，甚至沿途售卖，各处土棍辗转兴贩，接济奸徒，弊端百出，关津渡口官役人等，得规包庇，是官役私贩，较之民间尤难破案，亟应明

---

① 胡建中：《清代火炮》，载《故宫博物院院刊》1986年第2期。

定章程，严行惩办，著直隶山西各督抚、顺天府府尹，于出产硝磺之处，认真查核，严辑究办，并著各直省一体查拏，毋稍徇隐。"①

军需火药的生产过程，《光绪大清会典事例》上有详细记载："配造军需火药，先期熬硝，每锅一百二十斤，去其矾碱，入小铁锅内，候冷扣成硝砣（演放火药，不扣硝砣），又将净磺块碾干，用细绢罗筛成细磺面，又将柳木炭入窑烧红，以无烟为度。窑口复大铁锅，闭封三日，取出入大铁槽碾轧，用极细绢罗筛成极细炭面。凡配药百斤，计用熬过净硝八十斤（仍熬化成水），炭面十二斤八两，磺面十斤，共一百二斤八两（二斤八两，预备抛洒），先以炭面磺面搅匀，入会药库缸内，倾入硝水，以木橛搅匀如稀泥，晾冷定干，用小匚罗盛三十五斤，放石碾上碾轧，不时泼水，俟碾轧三次（演放火药，碾轧一次）。每夫一名，发给二十五斤（演放火药，发给三十五六斤），分五六次做。入大筥箩内，用木棒打过，手搓成珠，粗筛筛下细珠，又用马尾箩筛去其面（演放火药，用马尾箩）。然后方成火药，用布袋装储……其筛上粗渣，箩下细面，另行改做。每夫一名，计丸晒二十斤（演放火药丸晒三十斤），配造烘药，熬硝去其矾碱，入铁锅内，候冷捞出马牙净硝，将净磺块砸碎，以麻秸入窑烧，闷成熟炭，每包用西纸一张，计硝一两二钱八分，磺一钱六分，麻秸炭一钱九分二厘，共一两六钱三分二厘（三分二厘，预备抛洒），以铁手碾碾砑成药，每日逐包点试，有力者收存丸做，无力者再碾。碾成后每夫一名，发给二十五六斤，分五六次做。入筥箩用木棒打过，手搓小珠，置布宣单上，下垫席晒干，用马尾箩筛下细珠，复用绢箩筛去其面，其马尾箩上粗渣，绢箩下细面，俱另改做，计夫一名，做净药二十斤，做成盛口袋，入库内木箱存储。"②

煮炼硝斤的方法："加工火药，全在煮炼硝斤……其法大锅盛硝四十斤，清水十五斤，细火煮半炷香时，入牛皮胶水一茶钟。渣滓浮

---

① 《光绪大清会典事例》卷八百九十七《工部·军火》。
② 《光绪大清会典事例》卷八百九十五《工部·军火》。

起，以笊篱捞去，用铁铲不住铲和，以防滞底。另用瓦钵白布幪盖，将煮成硝水滤入钵内，凝结成饼，簪牙玲珑半尺许，洁白如冰雪，以舌试之，绝无卤气为率。然后将硫磺拣净渣滓石性，捣末细研，重箩成粉。造药万斤，用石臼二十个，外方内圆，深一尺四寸，径宽一尺三寸，厚五寸。杵用槐榆坚木，长六尺，杵嘴长一尺六寸，杵尾挖土深一尺，俾扬高有力。每臼用牙硝八斤，磺粉一斤二两，炭粉一斤六两，掺和入臼，三人轮替换舂不辍，以三万杵为度。每日每臼造药十斤，舂成筛晾成珠，然之掌中不伤手，乃为尽善。至提炼硝磺，宜于春季，造药必在夏初，取其昼长功倍。晒晾亦复得力，硝斤提煮三次，断不可少。"①

为了弥补京师硝磺原料的不足，咸丰五年（1855年）奏准："试行提煮土硝，可得净硝四五成不等。其提煮之法，于常例火工外，按斤多加火工一次。刨挖土硝每千斤，计用壮夫五名，赁用布袋制线四百文，车脚制钱一串，逐一核算，共需银六十六两五钱，钱一百三十一串八百七十五文。俟外省解京硝斤数多，即奏明停止。"②

清代后期，工部铸造了一批重大铜铁炮位，重者达万斤，轻者有200斤重。咸丰六年（1856年），"铸造万斤重大铜炮四位，九千斤重大铜炮四位，八千斤重大铜炮二位，钦定名号为威武制胜大将军。又铸三千斤重铁喷炮二十位，六百斤重铁炮五位，二百斤重铁炮七位。万斤重铜炮，长一丈一尺，口径一尺四寸，膛口五寸七分，用火药十斤，铅子三十一斤。九千斤重铜炮，长一丈一尺，口径一尺二寸五分，膛口五寸一分，用火药八斤，铅子二十二斤。三千斤重铁喷炮，长五尺七寸，口径一尺一寸，膛口六寸，用火药三斤八两，铅子十五斤。六百斤重铁炮，长四尺六寸五分，口径五寸九分，膛口二寸三分，用药十二两，铅子二十八两。二百斤重铁炮，长三尺七寸，口径三寸四分，膛口二寸，用火药十两，铅子二十四两。炮车全"。③

---

① 《光绪大清会典事例》卷八百九十六《工部·军火》。
② 《光绪大清会典事例》卷八百九十七《工部·军火》。
③ 《光绪大清会典事例》卷八百九十四《工部·军火》。

同治四年（1865年），清政府奏准，"巡捕五营，调取马兰镇子母炮一位，仿照铸造五十尊"①。

19世纪60年代以后，清军中使用冷武器大刀、长矛和热武器前膛枪的越来越少，逐渐被西方国家传入的后膛毛瑟枪等新式武器所代替。据《民国贵县志》记载，"清代营兵军械，为弓、箭、腰刀、藤牌、牌刀、刀、长枪、双手带刀、挑刀、抬枪、鸟枪之属，至大炮则有三百斤大炮、二百斤大炮、一百五十斤大炮、一百斤大炮，并有子母炮、鸟机枪，弹子则为大小生铁弹子及小铅弹子。迨清季编练新军，刀矛遂废"②。以枪炮取代刀矛，随之而来的是生产刀矛的手工工场被逐渐废止。

光绪二十八年（1902年），管理北京火药局的松溎等奏请估修"多经拆毁"的火药局，光绪帝命陈璧"察看情形，择要核实估修"。陈璧经过"详细察看"后上奏说："所有官厅堆拨库座弯桥，均已拆毁，尽成瓦砾之场，即柱顶石片地基，亦难辨识，仅存西南围墙数十丈，大半臜闪碾盘臼子二十余座，亦多残失，与松溎等原奏大略相同……从前屡次修理，糜费虽多，卒难持久，今欲从新建造，事同创始……该局向用土法，人力制造土药，以供京营，及密云、察哈尔、热河、绥远城等处操防之用，然但施诸前膛各枪，一遇雨淋潮湿，便不适用，当日火器至此而止。至于今日，则人人目为钝货，各国嗤为弃物。若新式后膛毛瑟等枪弹，则用铜壳铅子中装洋火药，江鄂各局，皆能自制，北洋现将重新制造……今方议改新军，悉用后膛，而犹亟亟焉修此制造土药之局，以供前膛各枪之用，臣愚窃以为无此办法。或谓该局能制夯药，即仿制洋法制造后膛药，旧有局座岂宜废置不修？不知制造洋火药，必用各项机器，安设机器，必须展拓房间，自非统筹全局，未易举办。今若照旧兴修，必不适用，仍须从新拆改，糜费转多，则此次工程不可不从缓议矣。"③可见，随着近代军火

---

① 《光绪大清会典事例》卷八百九十四《工部·军火》。
② 梁崇鼎等：《民国贵县志》卷四。
③ ［清］陈璧：《望嵒堂奏稿》卷三《遵旨察看火药局情形敬陈管见折》。

工业的建立和发展，旧式制造武器弹药的手工工场趋于衰落，并最终消失。北京火药局的倒闭，即是典型的例证。

2. 火炮的类型与制造技术

清代火炮按其结构和装填弹药方式，大致分为两种类型：一为前装式，即火药和球形弹丸由炮口直接装入的火炮；二为后装式，由一门母炮和若干子炮（即雏形长体炮弹）组成，这种火炮的子炮从母腹后部装入。

两类火炮虽口径各异，长短、大小不一，但均系火绳点火，发射铅丸和铁弹，身管内无膛线，全都为滑膛火炮。炮体一般用铜或铁铸就，外镶加强箍数道，以增抗压力，中部稍后两旁置耳轴，用以支撑、平衡炮体和调整俯仰角度，增大火炮杀伤范围及火力机动性。前有准星（亦称"照星"），其中部或尾部安照门（俗称"缺口"）。清文献上常将两者省称"星、斗"，"乃炮位之高下，偏正之准绳，不可稍有参差"[1]，是供射击瞄准，提高命中率的重要装置。火门（装填烘药和点火用的小孔）开在炮膛极底部，如靠前易炸膛，靠后则燃速慢。大多炮位还配有相应的炮车、炮架、下施轮，这样前后"左右推挽惟所宜"，但有些火炮则只以炮车等作为承载运行的工具，在现场演放或实战中，则弃之不用。[2]

前装式火炮主要有神威大将军炮、神威无敌大将军炮、神威将军铜炮、四环铁炮、木镶铜铁芯炮、威远将军铜炮、龚振麟铁炮、威远将军铜炮（臼炮）、信炮。前装式火炮射程远，威力大，身管较长，约为口径的20倍。这类火炮工艺精湛，造型威严、美观，铜质细腻。尤以神威将军铜炮为最，它代表了当时的铸造技术最高水平。前装式火炮的主要缺点在于发炮费时费力，往往贻误战机，而且火力有间隙，给敌方以可乘之机。

后装式火炮则较好地解决了再次装填的困难，从而赢得了时间和

---

[1] 《清官内务府造办处各作成做活计清档·枪炮处》，乾隆三十二年九月十六日。
[2] 胡建中：《清代火炮》，载《故宫博物院院刊》1986年第2期。

战争的主动权。一弹发出，立即再装一弹，"递发之相续而速"[1]，故亦称为初级速射炮。后装式火炮主要是属于佛郎机系统的子母炮、木把子母炮、奇炮等。清代制作的后装式火炮，形成了自己的特色，从身管外形来看，已经不再是前部突然收缩成细管状，而是同炮膛一样，从尾底到炮口逐渐地有一定比例地形成圆锥体。这种火炮，尽管威力有限（因所装的火药量较少），但它具备了近代火炮的许多优点，在有清一代的历次战争中使用的时间最久、范围最广。它们亦是最后一批退役的古代火炮。[2]

3. 军器、军装制造及其技术分工

清代对于各种军器、军装的制造皆有相应的成例规定。对此，《嘉庆十七年钦定工部军器则例》备有详细记载。军器方面，如打造熟铁炮位、每锉炮位、铸造生铁炮位、铸造生铜炮位、制造各项鸟枪、打造鸟枪筒、铸造生铁炮子，在每净重××斤、用荒铁××斤以及所用工匠等方面都有具体要求。军装方面，如"成造炮盖、车驾、虎凳、炮枪木壳、橱柜、箱桶、一切木器并铜铁什件，及各项油饰锭铰等作"，应用工料也有许多细致的规定。

例如铸造生铁炮位："每净重一百斤用荒铁一百三十斤。每荒铁一百斤用煤渣二百斤，苘麻二斤，木炭三十斤，松香三斤，烟子三斤，磁末三十六斤，青坩土五十斤，黄土一百斤。每净重一百斤用铸匠四工，模匠二工。每铸匠十工用壮夫二名。"

又如打造鸟枪筒："每净重一斤用荒铁三斤，铜三钱，油一两。每荒铁壹斤用煤渣六斤，木炭二两。每净重一斤用铁匠八分工……各项鸟枪打眼，应照炮位分别厚薄核算，匠工锉枪筒并火漆，与炮位例同。"[3]

军装、军器在制造过程中，需要诸多工匠的技术分工与合作。具体分工情况见下表。

---

[1]《光绪大清会典图》卷一百《武备十》。
[2] 胡建中：《清代火炮》，载《故宫博物院院刊》1986年第2期。
[3]《嘉庆十七年钦定工部军器则例》卷二十五。

军装军器制造的技术分工情况

制造种类	需用协作工匠
马兵、步兵绣蟒铁盔	
盔碗、盔钟、盔管、无情、遮眉、盔梁、衬梁、枪盘、葫芦盔枪、黑铁叶	铁匠、铮磨匠、锭铰匠、拈焊匠
牛皮托筒	扎缨匠
盔尾、护耳、圆领、色布、镶边、布带、纽襻	裁缝匠
鞔黑铁叶布、挂左右线彩绣花蟒	画匠、绣匠
铁虎头盔	
铁盔碗、耳鼻眼牙	铁匠、锭铰匠
盔尾、护耳、圆领、布带、纽襻	裁缝匠
彩画虎形	画匠
马兵、步兵有裙袖绣花蟒铁甲	
甲身、护肩、甲袖、遮窝、遮挡、左挡、甲裙、色布镶边、沿领条、纽襻、勒甲带、夹裙腰、布带、鞔黑铁叶布、挂左右线	裁缝匠
彩绣花蟒	画匠、绣匠
甲身亮铁大甲叶、甲裙亮铁甲叶、黑铁小甲叶	铁匠、锉磨匠、锭铰匠
锭铁护心镜实行棉甲	
甲身、护肩、遮窝、挡胸、沿领条、纽襻	裁缝匠
铁护心镜	铁匠、铮磨匠、锭铰匠
	（以上盔甲）
衬甲	
甲身、衬裙、沿领条、纽襻	裁缝匠
亮铁大甲叶	铁匠、锉磨匠、锭铰匠
夹布虎衣一套	

续表

制造种类	需用协作工匠
帽胎、帽尾、包腮、圆项、虎衣、圆腰、虎掌、虎裤布腰	裁缝匠、描画匠
（以上衣帽）	

夹中军帐	
头停脊、雨上坡、包梁、周围小绊、布带、头停如意云、雨山如意云、前后边云、正脊跨梁压条、夹腰栏、重檐沥水、单布围墙、布绊	裁缝匠
麻辫	编匠
皮云、包裹风绳皮	皮匠
丝线绦穗	绦匠
正梁、脊柱、檐柱	木匠
油饰梁柱等	油匠
梁柱上铁什件	铁匠、锭铰匠
布屏、周围镶边	裁缝匠
布屏彩画麒麟八宝	画匠
（帐篷）	

头号战被	
战被（中絮棉花）	裁缝匠
正面彩画	画匠
皮钱、皮绊	皮匠
（器械）	

镶火焰边贴金云蟒缎纛	
纛页、火焰边、火焰飘带、夹布纛	裁缝匠
纛页两面贴金云蟒火焰	贴金匠、开描画匠

83

续表

制造种类	需用协作工匠
油饰纛杆	油匠
纛杆缠扎藤箍	藤匠
扁式挖云铁葫芦、空心铁毯、铁盘、铁捎钉、铁钻、铁、铁圈	铁匠、挖云匠、锉磨匠
铁葫芦顶铁毯铁盘正面摆锡	摆锡匠
皮盘、皮条	皮匠、扎缨匠
皮旱套	裁缝匠
布雨套	油匠、裁缝匠
贴金字长方式缎督阵旗	
旗页、夹布旗	裁缝匠
旗页两面各贴金督阵金字	贴金匠
铁旗杆连枪顶通	铁匠、锉磨匠
包鞔铁杆	鞔靴皮匠
皮盘、皮花瓶扣	皮匠、扎缨匠
布旱套	裁缝匠
布雨套	油匠、裁缝匠
长式镶火焰边缎帅旗	
旗页、镶心焰边、夹布旗腰、旗页里面缀夹布绊	裁缝匠
旗心缀绣沙红皮金字	拨沙匠、绣匠
油饰旗杆	油匠
旗杆缠扎藤箍	藤匠
铜盘、铜管	铜匠
铁钻、铁、铁圈、铁捎钉	铁匠

续表

制造种类	需用协作工匠
皮盘、皮条	皮匠、扎缨匠
（旗帜）	
背刀	
刀刃、火漆铁什件（护手盘、僧官帽、靶箍、刀梁、鞘口箍、刀底箍、拴背带铁圈）	铁匠、起线匠、淬水匠、焊匠、铮磨匠、火漆匠、装锭匠
木靶、木刀鞘	木匠
油饰木鞘	油匠
刀鞘缠扎棉线辫、挽手绦	绦匠
长片刀	
刀刃、刀盘、口箍、铁钻、铁捎钉	铁匠、起线匠、淬水匠、焊匠、铮磨匠、锉白匠、装锭匠
木柄	木匠
油饰木柄	油匠
皮套	皮匠
漆饰皮套	油匠
长枪	
枪头、铁钻、铁捎钉	铁匠、淬水匠、焊匠、铮磨匠、锉匠、装锭匠
木杆	木匠
油饰木杆	油匠
皮钱皮套	皮匠、扎缨匠
漆饰皮套	漆匠
长矛	

85

续表

制造种类	需用协作工匠
枪头、铁钻、铁捎钉	铁匠、淬水匠、焊匠、铮磨匠、锉匠、装锭匠
木杆	木匠
油饰木杆	油匠
皮套	皮匠
漆饰皮套	漆匠
拈竹手枪	
枪头	铁匠、淬水匠、铮磨匠
枪杆	劈刮竹匠、拈竹匠、锤筋匠、撕筋匠、缠筋匠
枪杆下用白骨束子	鞭靴皮匠、装束匠
皮套	皮匠
漆饰皮套	漆匠
藤牌	
藤箍、挽手木	藤匠、扎缨匠
外面彩画虎头	画匠
里面红土油饰	油匠
挨牌	
牌身、穿带、口枋	木匠、锯匠、安装木匠、锭铰匠、随匠夫
外面彩画虎头	画匠
里面并四边红土油饰	油匠
	（以上器械）

资料来源：据《嘉庆十七年钦定工部军器则例》卷一、二、三、五、九、十、十二、十三、十六、十七、二十六、二十八、三十编成，引自彭泽益：《中国近代手工业史资料》第一卷，中华书局1962年版，第135—138页。

86

第四节　纺织技术

　　1933年，我国考古学家在北京周口店龙骨山，发现了山顶洞人的居住遗址，这是生存在距今18000年前的人类。在他们生活过的山洞里，发掘出了一枚磨过的骨针，其制作技术已达到相当水平。骨针残长82毫米，针孔残缺，针眼用尖状器对刮而成。针身直径最粗处是3.3毫米，针眼最大直径为3.1毫米。针尖圆锐，针身刮磨得通体光滑、略有弯曲。这枚骨针的发现，在我国纺织工艺史上具有非常重要的意义，它表明我们的祖先在旧石器时代晚期就已创造了原始的缝纫工具，能够缝缀简单的衣着[①]。

　　20世纪70年代发掘的西汉大葆台广阳王墓，发现有漆纱冠的若干残片，这是一种用丝线编结的手工艺品。实物有粗细两种：编号851，每平方厘米18×18目，厚0.11毫米；编号852，每平方厘米20×20目，厚0.16毫米。外观皆呈棕黑色，浸涂有漆膜，富有光泽，乍一看似乎是在角质薄片上精工打孔做成的，又很像是平纹织物制成的，但据显微切片观察，漆膜中包埋着的织物组织，为篡组结构，其编结方法是以两组合股（双头）的经线，相互垂直交穿编结而成的。由于这种组织结构具有极好的格眼变形性能。如把编好的成品，蒙贴到制冠模具（盔头）上，可通过织物变形与冠膜完全服帖而无皱褶。然后再经特别的涂漆处理，孔眼不堵不糊、光洁均匀，等漆膜干燥适当，再碾压平整，最后定型制成漆纱冠。这种编织物在武威磨咀子、长沙马王堆汉墓中也见到过完整的实物[②]。但就漆纱的细密程度而言，皆不及大葆台所出者。这种漆纱冠的编织加工难度大，工艺水平高，

[①] 路甬祥总主编，田小杭著：《中国传统工艺全集·民间手工艺》，大象出版社2007年版，第126页。

[②] 湖南省博物馆、中国科学院考古研究所：《长沙马王堆二、三号汉墓发掘简报》，载《文物》1974年第7期。甘肃省博物馆：《武威磨咀子三座汉墓发掘简报》，载《文物》1972年第12期。

是当时具有代表性的产品①。

这种丝线编结物,实非织机上织造的方目纱或罗纱,而是最基本的组编织物,当时又称为缅、纵,以示与经纬纺织物的区别。与漆纱冠同出的还有经编的组带残段。丝质纤维已呈炭化状态,外观呈铁锈色,仅一小段保存稍好。组带宽约1.1厘米,残长5厘米。通体编作斜格,格眼为正八边形,孔径1.3～1.5毫米。每根丝线为Z向(反手)捻的合股线,直径0.15毫米左右。其格眼组织结构为双层,十分清晰,是一般纂组的复合形式②。

这段双层结构的组带,编制得非常匀净工致,在古代叫"组缨"或"冠缨"。所谓缨,就是系冠的带子,这在战国秦汉出土人物绘塑形象中多有反映,史籍中不乏与之有关服饰制度、社会生活的描述。许慎《说文》曰:"组,绶属。其小者以为冕缨。"又《礼记·玉藻》说:"玄冠朱组缨,天子之冠也。……玄冠丹组缨,诸侯之齐冠也。玄冠綦组缨,士之齐冠也"。汉代大体本于旧制,这种冠缨的使用与墓主身份是相当的③。

丝织业是纺织业的重要内容之一,也是幽州地区传统的手工业部门。唐代,幽州地区是丝织品的重要产地,盛产绫、绢、锦、帛等,"范阳绫""幽州绢"相当有名。绫、绵、绢是幽州向朝廷贡献的土产④。《唐六典》记载,充作赋调的绢布按精粗分类,绢分八等,布分九等。幽州绢为第五等,属中等水平。⑤房山石经题记中载丝织品生产行业数量最多,生产规模及分工都有相当的发展。当时幽州诸行业

---

① 中国社会科学院考古研究所编:《北京大葆台汉墓》,文物出版社1989年版,第58页。

② 中国社会科学院考古研究所编:《北京大葆台汉墓》,文物出版社1989年版,第128页。

③ 中国社会科学院考古研究所编:《北京大葆台汉墓》,文物出版社1989年版,第135页。

④ 《新唐书》卷三十九《志第二十九·地理三》,又见《日下旧闻考》卷一四九《物产》。

⑤ 《唐六典》卷二十《太府寺》。

中，丝织行业分工很细，有绢行、小绢行、大绢行、新绢行、彩帛行、绵行等等。

唐玄宗开元中（718—720年）张说为幽州都督时，"每岁入关，辄长辕轪辐车，輂河间、蓟州佣调缯布，驾辖连轨，叠入关门，输于王府"①。由此种场面，我们不难推断当时幽州地区的丝织业是相当普遍的。唐代，河北道丝织业最为发达的是定州、深州，定州则是当时北方丝织业的中心。朱滔为幽州卢龙节度使时，"苦无丝纩，冀得深州以佐调率"②。定州、深州绢皆为第四等。

丝织业在唐末五代初幽州丝织业曾一度中衰，辽南京时期的丝织业生产有了进一步恢复和发展。

辽天赞二年（923年），后唐将领卢文进、王郁投辽，"皆驱率数州士女……教其织纴工作。中国所为，房中悉备"③。这一契机带动了辽地丝织业的迅速发展，技术也日益改进。

辽南京本就是重要的农业生产区，富产桑麻，正如北宋使臣许亢宗所谓"锦绣组绮，精绝天下"，"桑、柘、麻、麦……不问可知"④。在据有幽蓟之后，辽南京的丝织业发展更上一个台阶，尤其是在质量上的提高达到惊人的地步。一些高质量丝织品，辽国皇帝用来给臣下的赏赐，而且还作为馈赠宋朝皇帝和外国的礼品。一次回赠新罗国的礼品有"细绵绮罗绫二百匹，衣著绢一千匹"⑤。

景德二年（1005年），宋真宗把辽所赠送的精美丝织品分送给近臣，同时又取前朝所献礼物进行比较，指出过去的产品明显的质地粗

---

① 《太平广记》卷四百八十五《东城老父传》。
② 《新唐书》卷二百一十二《列传第一百三十七·藩镇卢龙》。
③ 厉鹗：《辽史拾遗》卷一引《唐明宗实录》，中华书局1985年版，第11页。
④ [宋]叶隆礼：《契丹国志》卷二十二《四京本末·南京》，上海古籍出版社1985年版，第217页。
⑤ [宋]叶隆礼：《契丹国志》卷二十一《外国贡进礼物》，上海古籍出版社1985年版，第204页。

朴，而现在则工巧细致，不禁为之惊叹："盖幽州有织工耳！"[①]宋真宗叹为观止，许亢宗《行程录》"精绝天下"的评论，都证明了辽南京丝织品质量的突出进步。

1955年，北京市在拆除双塔寺时发现一批辽金时期的丝织品，既有赭黄质地，上绣有张牙舞爪的吐舌戏珠黄龙、彩云，并且缀满荷花、牡丹、芍药、菊花、牵牛花、野菊串枝杂花并枝叶的绸质绣花包袱；酱色地，绣有四叶萼构成不知名图案的织花朵绸和素绸；而且有紫色地，绣有黄绿颜色相间的小波纹、卧莲、小鹅戏游等图案的缂丝；绣满唐草花纹，金光耀眼的丝金绖线等。[②]这些出土物表明当时的染色和纺织技术已经十分成熟，达到了很高的水平。南京市民还大量织造彩缎，以至于辽朝政府不得不多次严令禁止。[③]

丝织业之外，麻纺织业在辽南京依然占主导地位。南京道不仅以"桑柘麻麦"著称，而且麻布更是广大劳动生产者的最基本的需要，麻布生产量大也就不足为怪了。

至元代，丝织业发展规模更为庞大。马可·波罗曾说，大都"仅丝一项，每日入城者计有千车"，以每车500千克计，则每日入城之丝平均有50万千克，每年共有18万吨。[④]"用此丝制作不少金锦绸绢，及其他数种物品"[⑤]。涿州居民能"织造金锦丝绢及最美之罗"[⑥]。在丝织物中采用加金技术，这是元代丝织品的特色。

元代的丝织品中，织金锦最为有名，称为"纳失失"，或称"纳石失""纳失思""纳克实"等。织金锦中的纳失失（原产波斯）、撒答剌欺（原产中亚的一种丝织品），是元代手工业中出现的新技术和

---

① ［清］徐松：《宋会要辑稿》第一百九十六册《蕃夷一》，中华书局1957年版，第7690页。

② 北京市文化局文物调查研究组：《北京市双塔庆寿寺出土的丝、棉织品及绣花》，载《文物参考资料》1958年第9期。

③ 《辽史》卷二十二《本纪第二十二·道宗纪二》。

④ 冯承钧译：《马可·波罗行纪》，中华书局1954年版，第379、381页。

⑤ 冯承钧译：《马可·波罗行纪》，中华书局1954年版，第380页。

⑥ 冯承钧译：《马可·波罗行纪》，中华书局1954年版，第421页。

新产品。

元代的加金织物，可分金线织出和织后加金两种制作方法。用金线织出的，《元典章》称为金缎匹。金缎匹又分金锦和金绮两种。金锦称为金织文锦、金织文缎、金缎、纳失失缎。全部用金线织成的称为浑金缎。

拍金又称箔金，与现在的贴金相似。是先用凸板花纹用黏合剂印在织物上，然后贴以金箔。元代称为"金答子"，就是指用拍金的制作方法使呈块状纹样的一种金锦。

销金的方法很多，有印金、描金、点金等种。印金是用凸板花纹涂上黏合剂先印花纹，再撒上金粉；或是用黏合剂调以金粉，直接印在织物上。描金是用金粉描绘出金色花纹。点金又称撒金，是在织物上用金粉撒出点子。

据《南村辍耕录》记载，元代织锦的花纹名目有：紫大花、五色簟文、紫小滴珠方胜鸾鹊、青绿簟文、紫鸾鹊、紫百花龙、紫龟纹、紫珠焰、紫曲水、紫汤荷花、红霞云鸾、黄霞云鸾（俗称绛霄）、青楼阁、青大落花、紫滴珠龙团、青樱桃、皂方团白花、褐方团白花、方胜盘象、毬路、衲、柿红龟背、樗蒲、宜男、宝照、龟莲、天下乐、练鹊、方胜练鹊、绶带、瑞草、八花晕、银钩晕、红细花盘雕、翠色狮子、盘毬、水藻戏鱼、红遍地杂花、红遍地翔鸾、红遍地芙蓉、红七宝金龙、倒仙牡丹、白蛇龟纹、黄地碧牡丹方胜、皂木。绫的花色也很丰富，有云鸾、樗蒲、盘绦、涛头水波纹、仙纹、重莲、双雁、方棋、龟子、方縠纹、鸂鶒、枣花、鉴花、叠胜、白鹭等。此外还有辽代生产的白毛绫，金代生产的回文绫。[①]元代丝织业在宋代的基础上普遍得到发展，织物品种和精美程度都达到了新的高度。各种加金技术的运用更是达到炉火纯青的地步，织金缎匹深受蒙古贵族的喜爱，成为元代丝织品的代表之作。

---

① ［元］陶宗仪：《南村辍耕录》卷二十三《书画裱轴》，文化艺术出版社1998年版，第314—315页。

元代金锦生产的兴盛，有其社会原因。首先，是由于贵族统治者的享受挥霍，"衣金锦"以显示其华贵和权威。其次，是用金锦作为赏赐物品。元代皇帝每年大庆节日，都要给一万二千多名大臣颁赐金袍，以示恩典。此外，也与喇嘛教的盛行有关，所用袈裟、帐幕，无一不为金锦所制。

纳失失是元代皇帝与百官臣僚质孙宴服（质孙宴，又作只孙宴。质孙，蒙古语，意为颜色。元朝宫廷设宴，与宴者着一色服饰，称质孙宴）的主要原料。据《元史·舆服志》记载："天子质孙，冬之服凡十有一等，服纳石失、怯绵里，则冠金锦暖帽……夏之服凡十有五等，服答纳都纳石失……百官质孙，冬之服凡九等，大红纳石失一……夏之服凡十有四等，素纳石失一，聚线宝里纳石失一。"[①]文中不同名目的"纳石失"，表明了不同颜色和不同织造方法。皇帝质孙冬服分十一等，用纳失失做衣帽的就有好几种。百官冬服分九种，有很多使用纳失失。此外，三品以上官吏的帐幕也用织金锦。说明当时织金锦的生产量相当之大。

纳失失还是贵族妇女的时尚服饰的主要衣料。《析津志辑佚》对此有详细描述："又有速霞真，以等西蕃纳失今为之。夏则单红梅花罗，冬以银鼠表纳失，今取其暖而贵重。然后以大长帛御罗手帕重系于额，像之以红罗束发，袅袅然者名罟罟。以金色罗拢髻，上缀大珠者，名脱木华。以红罗抹额中现花纹者，名速霞真也。袍多是用大红织金缠身云龙，袍间有珠翠云龙者，有浑然纳失失者，有金翠描绣者，有想其于春夏秋冬绣轻重单夹不等，其制极宽阔，袖口窄以紫织金爪，袖口才五寸许，窄即大，其袖两腋折下，有紫罗带拴合于背，腰上有紫枞系，但行时有女提袍，此袍谓之礼服。"[②]文中描述的贵族妇女的时尚礼服，便是主要以纳失失为材料做成的。

为了满足统治阶级对织金锦的需要，当时在大都设有专局制造。

---

① 《元史》卷七十八《志第二十八·舆服一》。
② ［元］熊梦祥：《析津志辑佚》，北京古籍出版社1983年版，第206页。

值得注意的是，大都的民间工匠也发展了丝织物加金的技术。他们能在缎子上绣上人物肖像和美丽的图案，"街下织缎子的匠人每织着佛像并西天字缎子货卖有，那般织着佛像并西天字的缎子卖与人穿着呵"[①]。织金的锦缎，曾大量地制造，并在"街市"上"货卖"。丝织技艺的提高显示出民间手工工匠卓越的才能。在大都农民的科差中，有一项丝料负担，政府赋税允许民间折绢缴纳，这说明大都农村地区的丝织业已相当发达。

由于民间丝织用金过多，以至于元政府多次明令禁止。中统二年（1261年）九月，中书省钦奉圣旨："今后应有织造毛缎子，休织金的，止织素的或绣的者，并但有成造箭合刺，于上休得使金者。"[②]《元典章》卷五十八《工部·禁治诸色销金》条下载有："其余诸色人等不得织造有金缎匹货卖"，"开张铺席人等，不得买卖有金缎匹、销金绫罗、金纱等物，及诸人不得拍金、销金、裁捻金线"。

元代的织金锦，在北京西长安街庆寿寺等地均有出土。庆寿寺海云、可庵两塔内出土的纺织品，其中有赭黄地的绣花龙袱，有酱色地的织花残绸。还发现四片丝金纻线即纳失失锦，织出唐草图案，出土时"金光耀目"[③]。纳失失盛行于元代，和当时蒙古民族文化水准、装饰爱好、艺术理解有关系。同时，也要有提供大量黄金的手工业作基础。若从丝织物加金工艺史及纺织艺术的发展而言，则纳失失金锦，可以说是创新的工艺。

丝织和麻织业是明代重要的手工业部门。产品有红纹绮、纹绮绫罗、红罗纱、纹绮绢、玄纁束帛、青纹绮、绢、锦、大红罗、绸、红绢、彩绢等。丝织物缂丝技术更是京畿名产。丝织物缂丝，"不用大

[①] 郭成伟点校：《大元通制条格》卷二十八《佛像西天字段子》，法律出版社2000年版，第306页。

[②] 郭成伟点校：《大元通制条格》卷二十七《毛段织金》，法律出版社2000年版，第304页。

[③] 北京市文化局文物调查研究组：《北京市双塔庆寿寺出土的丝、棉织品及绣花》，载《文物参考资料》1958年第9期。

机,以熟色轻于本桱上,随所欲作花草、禽兽状,以小梭布纬时,先留其处,以杂色线缀于经纬之上,合以成文(纹),不相连承,空视之如雕镂之象"。①

① 《畿辅通志》卷五十七《土产》,四库全书本。

第三章

北京手工业生产管理

手工业生产管理是北京手工业文化的重要内容。辽金至明清时期，北京手工业生产管理机构、政策、措施以及工匠身份的演变，反映了北京手工业文化的发展特征。例如元明两朝，从生产物料的来源及生产过程中的产品质量等环节的监管、管理人员的职责要求、有关行业的管理与规定及由铺行来管理，可以看出北京手工业生产管理和控制的加强。

第一节　辽南京的手工业管理

一、官营手工业的生产管理

辽代共设5座都城，其中南京是当时经济比较发达的地区，辽在燕京管理经济的南面官也较多。《辽史·百官志》记载："辽有五京……大抵西京多边防官，南京、中京多财赋官"[1]。南京三司使司与南京转运使司即是掌管辽南京经济（包括手工业在内）的重要管理机构。

在南京地区，铁、铜的冶铸及钱币的铸造权由政府掌握，官营手工业鼓铸。私人铸造铜、铁则是严禁的。开泰年间，曾"诏禁诸路不得货铜铁，以防私铸"[2]。清宁十年（1064年），"诏南京不得私造御用彩缎，私货铁"[3]。有关禁止钱币出境和销毁的立法就更严酷。《辽史·刑法志》记载，重熙元年（1032年），"先是，南京三司销钱作器皿三斤，持钱出南京十贯，及盗遗火家物五贯者处死；至是，铜逾三斤，持钱（出南京）及所盗物二十贯以上处死"。[4]《辽史·道宗纪》载，大康十年（1084年）六月，又"禁毁铜钱为器"[5]。大安四年（1088年）七月，复"禁钱出境"[6]。

盐业也是由官府经营的。盐税是辽财政收入的重要来源，辽太宗占领燕云后，即"置榷盐院于香河县"[7]。

此外，制瓷、刻经等行业也由官府参与管理。南京西郊的龙泉务有瓷窑，它的产品主要是白瓷，釉色莹白而微泛青，呈半透明状。辽

---

[1]《辽史》卷四十八《志第十七下·百官志四》。
[2]《辽史》卷六十《志第二十九·食货志下》。
[3]《辽史》卷二十二《本纪第二十二·道宗纪二》。
[4]《辽史》卷六十二《志第三十一·刑法志下》。
[5]《辽史》卷二十四《本纪第二十四·道宗四》。
[6]《辽史》卷二十五《本纪第二十五·道宗五》。
[7]《辽史》卷六十《志第二十九·食货志下》。

政府设置了瓷窑官来进行管理。1961年，北京市发掘的辽代赵德钧墓，出土的瓷器底有"官"和"新官"字样，这是官窑产品。①另据《宋会要辑稿·蕃夷一》记载，太平兴国四年（979年）六月二十六日，宋军攻临南京城下时，"幽州神武厅直卿（乡）兵四百余人来归，山后八军、伪瓷窑官三人，以所授处牌印来献"。②据研究，其中提到的"伪瓷窑官"很可能就是龙泉务瓷窑的窑官③。

辽代燕京设有印经院，专门负责刻板印经，并设有"判官"等职官管理具体的印经工作。山西应县出土的《释摩诃衍论通赞疏卷第十》和《释摩诃衍论通赞疏科卷下》题记提道："……燕京弘法寺奉宣校勘雕印流通，殿主讲经觉慧大德臣沙门行安勾当，都勾当讲经诠法大德臣沙门方距校勘，右街天王寺讲经论文英大德赐紫臣沙门志远校勘，印经院判官朝散郎守太子中舍骁骑尉赐绯鱼袋臣韩资睦提点。"④可见，燕京的刻经组织十分庞大而缜密。从朝廷的刻经管理机构，到每个寺院的具体负责僧职，都非常具体。

此期燕京官刻佛经的活动，规模最大的有两项：一是以今房山云居寺为中心，镌刻石经。二是在燕京城内，以悯忠寺、昊天寺、竹林寺、弘业寺、弘法寺、天王寺、仰山寺、圣寿寺等为中心，刻印《契丹藏》和其他佛经。这些寺院奉朝廷之旨刻印经文，所刻经卷的题记中常有"奉宣校勘雕印流通"字样，有的还盖有楷书"宣赐燕京"的朱印，表明这为官刻。⑤

---

① 文物编辑委员会：《文物考古工作三十年（1949—1979）》，文物出版社1979年版，第7页。

② [清]徐松：《宋会要辑稿》第一百九十六册《蕃夷一》，中华书局1957年版，第7675页。

③ 彭善国：《辽代陶瓷的考古学研究》，吉林大学出版社2003年版，第42—44页。

④ 阎文儒等：《山西应县佛宫寺释迦塔发现的〈契丹藏〉和辽代刻经》，载《文物》1982年第6期。

⑤ 《北京工业志》编委会编：《北京工业志·印刷志》，中国科学技术出版社2001年版，第40页。

二、民间手工业的发展

除上面说的官办手工业外，很多行业在民间也有发展，如印刷、刻经、纺织、陶瓷，主要是民间自己的需要或为交换自己需要商品而进行生产。

燕京民间的印刷、刻经业很发达，有坊刻和家刻等形式。街坊上的书肆不仅贩书，也刻印书出售，当时燕京地区曾经出过宋苏轼的诗集，"张芸叟奉使大辽，宿幽州馆中……闻范阳书肆亦刻子瞻诗数十篇，谓《大苏小集》"[①]。应县木塔刻经中有"燕京檀州街显忠坊门南颊住冯家印造""燕京仰山寺前杨家印造""穆咸宁、赵守俊、李存让、樊遵四人同雕""燕京雕历日赵守俊并长男次第同雕记""樊绍筠雕"等字样。《法华经玄赞会古通今新抄》卷第二、卷第六，参加的刻工各有47人、45人之多[②]，由此可见燕京坊刻与家刻之盛况。道宗清宁十年（1064年），"禁民私刊印文字"[③]，这实际也表明清宁以前民间刻书是没有限制的。

纺织、陶瓷是与庶民百姓息息相关的行业。除官府组织生产外，民间经营应当不少。纺织业中的丝织品，主要通过官营提供给皇室和官僚贵族；而广大劳动生产者必需的麻布，则大多由传统的家庭手工业完成。制造陶瓷的窑址有官窑与民窑之别。龙泉务窑产品的底部有"官"或"新官"的款识，我们可以确证它们来自官窑。还有许多没有名款的陶瓷估计出自民窑的不少。从龙泉务窑采集的标本看，多数属于民间粗器[④]。此外，密云小水峪窑是一座典型的辽金时代的民间窑，房山磁家务窑在辽代也主要烧民间粗器[⑤]。

---

① ［宋］王辟之：《渑水燕谈录》卷七《歌咏》。
② 陈述：《辽金史论集·第一辑》，上海古籍出版社1987年版，第151、218—219页。
③ 《辽史》卷二十二《本纪第二十二·道宗纪二》。
④ 鲁琪：《北京门头沟区龙泉务发现辽代瓷窑》，载《文物》1978年第5期。
⑤ 赵光林：《近几年北京发现的几处古代瓷窑址》，见文物编辑委员会编：《中国古代窑址调查发掘报告集》，文物出版社1984年版，第409、413页。

第二节　金中都的手工业管理

一、官营手工业的管理

（一）官营手工业的机构设置及其职能

金代中都的官营手工业十分庞大，设置也非常繁杂，分别属于工部、少府监等政府机构和宫廷各部门。

工部"掌修造营建法式、诸作工匠、屯田、山林川泽之禁、江河堤岸、道路桥梁之事"[1]。工部下设各专门机构，覆实司"掌覆实营造材物、工匠价直等事"[2]。修内司"掌宫中营造事"[3]，有兵匠1065人，兵夫2000人，具体负责宫廷工程的营建和修建管理工作。修内司虽名隶工部，但实际由少府监长官提控。都城所"掌修完庙社及城隍门钥、百司公廨、系官舍屋并栽植树木工役等事"[4]，主要负责官署的修造工程，其职责是"监督工役""支纳诸物"等事。祗应司"掌给宫中诸色工作"[5]。上林署"掌诸苑园池沼、种植花木果蔬及承奉行幸舟船事"[6]。

少府监是仅次于工部的官营手工业管理机构，"掌邦国百工营造之事"[7]，拥有尚方、织染、文思、裁造、文绣等多种手工业部门。所属尚方署"掌造金银器物、亭帐、车舆、床榻、帘席、鞍辔、伞扇及

---

[1] 《金史》卷五十五《志第三十六·百官一》。
[2] 《金史》卷五十五《志第三十六·百官一》。
[3] 《金史》卷五十六《志第三十七·百官二》。
[4] 《金史》卷五十六《志第三十七·百官二》。
[5] 《金史》卷五十六《志第三十七·百官二》。
[6] 《金史》卷五十六《志第三十七·百官二》。
[7] 《金史》卷五十六《志第三十七·百官二》。

装钉之事"①。图画署"掌图画缕金匠"②。裁造署"掌造龙凤车具、亭帐、铺设诸物，宫中随位床榻、屏风、帘额、绦结等，及陵庙诸物并省台部内所用物"③。裁造署拥有固定裁造匠6人，针工37人。文绣署"掌绣造御用并妃嫔等服饰及烛笼照道花卉"④，拥有绣工1人，都绣头1人，副绣头4人。此外，还有女工496人，其中上等工70人，次等工426人。织染署"掌织纴，色染诸供御及宫中锦绮币帛纱縠"⑤。文思署"掌造内外局分印合，伞浮图金银等尚辇仪鸾局车具亭帐之物并三国生日等礼物，织染文绣两署金线"⑥。

除工部和少府监之外，在中都城内，中央政府和宫廷掌管的官营手工业还有军器监、太府监、秘书监、宣徽院、户部等机构。

军器监"掌修治邦国戎器之事"，其属军器库"掌收支河南一路并在京所造常课横添和买军器。"甲坊署和利器署"掌修造弓弩刀槊之属"。⑦

太府监所辖酒坊"掌酿造御酒及支用诸色酒醴"。典给署"掌宫中所用薪炭冰烛、并管官户"。⑧

宣徽院辖有尚衣局、仪鸾局、尚食局、尚药局和尚酝署、侍仪司。尚衣局"掌御用衣服、冠带等事"。仪鸾局"掌殿庭铺设、帐幕、香烛等事"。尚食局"掌总知御膳、进食先尝、兼管从官食"，其下属具体负责"给受生料物色"与"给受金银裹诸色器皿"。尚酝署"掌进御酒醴"。侍仪司"掌侍奉朝仪，率捧案、擎执、奉辇各给其事"。⑨

---

① 《金史》卷五十六《志第三十七·百官二》。
② 《金史》卷五十六《志第三十七·百官二》。
③ 《金史》卷五十六《志第三十七·百官二》。
④ 《金史》卷五十六《志第三十七·百官二》。
⑤ 《金史》卷五十六《志第三十七·百官二》。
⑥ 《金史》卷五十六《志第三十七·百官二》。
⑦ 《金史》卷五十六《志第三十七·百官二》。
⑧ 《金史》卷五十六《志第三十七·百官二》。
⑨ 《金史》卷五十六《志第三十七·百官二》。

户部设有印造钞引库和抄纸坊,"掌监视印造勘覆诸路交钞,盐引,兼提控抄造钞引纸"①。宝源监和宝丰监专营铸钱②。

此外,秘书监设有著作局、笔砚局。殿前都点检司辖有器物局、尚辇局以及武库、武器两署。器物局"掌进御器械鞍辔诸物";尚辇局"掌承奉舆辇等事";武库署"掌收贮诸路常课甲仗";武器署"掌祭祀、朝会、巡幸及公卿婚葬卤簿仪仗旗鼓笛角之事"。③

据上可知,中央一级政府和宫廷执掌的官营手工业机构相当完备,分工极为细致,有些机构的设置不免有重复交叉,因此,机构的裁撤增减及其执掌内容变化的情况也是常有的。具体可见《金史·百官志》。

属于中都路地方置办的官营手工业则有中都军器库、中都都作院、中都都曲使司、中都广备库、中都店宅务等机构。中都军器库"掌甲胄兵仗";中都都作院"掌监造军器,兼管徒囚、判院事";中都都曲使司"掌监知人户酝造曲蘖,办课以佐国用",设使、副使、都监等官员,监督酒户造酒及收税;中都广备库"掌匹帛颜色,油漆诸物出纳之事";中都店宅务"掌官房地基,征收官钱,检料修造摧毁房舍";此外还有,中都永丰库所属的镀铁院"掌泉货金银珠玉出纳之事";宝坻盐使司所辖榷、永两盐院,"掌分管诸场发卖收纳恢办之事";等等。④

值得提出的是,负责一般的住房管理及其维修的"中都店宅务",设管勾四员,正九品,各以两员分设左、右厢,掌管房基地,征收官钱,检修房舍等。那些被毁的房子也由他们去修建或重造。这种设立专门的房管机构对城市房屋进行管理和维修,在北京历史上还是首次出现的行业。

---

① 《金史》卷五十六《志第三十七·百官二》。
② 《金史》卷四十八《志第二十九·食货三·钱币》。
③ 《金史》卷五十六《志第三十七·百官二》。
④ 《金史》卷五十七《志第三十八·百官三》。

（二）官府手工业的工匠

金代官府手工业的工匠有官匠、军匠和民匠之分。官匠是指长期在官府服役的工匠，他们根据不同的技术分工和手艺高低而冠以不同的名称，其钱粮衣物都由官府支给，并根据工种和技能高低各有等差。凡为官匠，其终身服役，而世代不能解脱。而民匠是从民间招雇的手工业者，他们的地位相对较高。

以文绣署为例，管理官员设署令（从六品）、署丞（从七品）和直长（正八品）。署令、署丞主要负责组织生产，如原料的选择，各类服饰的规格、质量等。直长管理工匠。工匠中设绣女都管一人，为技术水平最高超者。下设都绣头、副绣头数人，他们是在直长领导下管理女工的工头。大小工头和绣工的酬劳，据《金史·百官志》记载："绣女都管钱粟五贯石，都绣头钱粟四贯石，副绣头三贯五百石，中等细绣人三贯石，次等细绣人二贯五百石，习学本把正办人钱支次等之半，描绣五人钱粟三贯石，司吏二人三贯石。修内司，作头五贯石，工匠四贯石，春秋衣绢各二匹。军夫除钱粮外，日支钱五十，米一升半。百姓夫每日支钱一百、米一升半。国子监雕字匠人，作头六贯石，副作头四贯石，春秋衣绢各二匹。长行三贯石，射粮军匠钱粟三贯石，春秋衣绢各二匹，习学给半。初习学匠钱六百，米六斗，春秋绢各一匹，布各一匹。"①

军匠是从军队中抽调服役的，上、中等军匠每月发给绢五匹，钱五十贯，下等军匠月给绢四匹，钱四十贯。②民匠的薪饷则以日工资计给，钱一百八十文。修内司所雇百姓夫役，日价钱一百文，米一升半③。官府对各类工匠待遇规定如此之细密，是金代手工业的显明特点之一。

金代中都工匠受到官府的严格控制，其劳作非常辛苦，所受的剥

---

① 《金史》卷五十八《志第三十九·百官四·百官俸给》。
② 《金史》卷四十四《志第二十五·兵制·养兵之法》。
③ 《金史》卷五十八《志第三十九·百官四·百官俸给》。

削和压迫相当严重。海陵王迁都之后,"役诸路夫匠造诸军器于燕京,令左丞相李通董其事,又令户部尚书苏保衡、侍郎韩锡造战船于潞河,夫匠死者甚众"。[①]工匠的状况可见一斑。

(三)手工业的官营政策

金代手工业的管理政策以官营方式为主,但我们不能简单地将某行业归入官营或非官营。这是由于多种因素的影响,不同行业的官营形式有别,就是同一行业在不同历史时期的官营政策也会有变化,因此,对于手工业的官营政策还需具体分析。以下就铸铜与盐业等重要门类作一阐释。

金代铸铜业主要由官府垄断,严禁私人铸造铜器,"民用铜器不可阙者,皆造于官而鬻之"[②]。近年考古发现的金代铜镜上刻有"铜院""承安二年镜子局造""南京路镜子局官"等铭文字样,可能为中都城内的官营手工业产品。

在不到二十年的时间中,金世宗曾三次发布铜禁。大定八年(1168年),"民有犯铜禁者,上曰:'销钱做铜,旧有禁令。然民间犹有铸镜者,非销钱而何?'遂并禁之"[③]。大定十一年(1171年)二月规定:"禁私铸铜镜。旧有铜器悉送官,给其直之半。惟神佛像、钟、磬、钹、钴、腰束带、鱼袋之属,则存之。"[④]大定二十六年(1186年),"上谓宰臣曰:'国家铜禁久矣,尚闻民私造腰带及镜,托为旧物,公然市之,宜加禁约'"[⑤]。由于产铜量少,不得不用奖励的政策,遣人各地"规措铜货",访察铜矿苗脉,如能指引矿藏得实,给予奖励。[⑥]

[①] [宋]宇文懋昭:《大金国志校证》卷十四《纪年十四·海陵炀王中》,中华书局1986年版,第197页。

[②] 《金史》卷四十六《志第二十七·食货一》。

[③] 《金史》卷四十八《志第二十九·食货三·钱币》。

[④] 《金史》卷四十八《志第二十九·食货三·钱币》。

[⑤] 《金史》卷四十八《志第二十九·食货三·钱币》。

[⑥] 《金史》卷四十八《志第二十九·食货三·钱币》。

不过金代官府也有几度放松铜禁,"正隆而降……乃听民冶铜造器"[①]。泰和四年(1204年),金章宗又允"铜冶听民煎炼,官为买之"[②]。

金代对盐业的管理制度大抵承袭北宋,官榷是管理的根本原则。金政府在全国设置山东、沧、宝坻、莒、解、北京、西京等七盐司,盐司之下设场,再下设务。为防止私煮盗卖及盐司使扰民,大定二十八年(1188年)五月,世宗"创巡捕使",山东、沧、宝坻各二员,解、西京各一员。[③]巡捕使秩从六品,直隶尚书省,各给银牌,独立执行监督和缉私任务。

与北宋实行严密的劳役制相比,金代统治者对盐业生产的控制程度则较为宽松。金代主要采取官府监督、官给盐本、灶户纳税、商人运销的经营管理体制。官府对灶户,通过纳税和榷买进行间接控制。如宝坻盐区,官府"先一岁贷支偿直,以优灶户"。灶户对官府"计口承课"。灶户一年收成后,先还清官府的贷支,然后以"计口"缴足盐课,在上述开支以后还有余额,"则尽以申官",由官府收购、榷买,灶户不得自由买卖,否则即以盗卖论处。[④]

此外,金王朝规定酒曲由国家专卖。大定三年(1163年),世宗"诏宗室私酿者,从转运司鞫治"[⑤]。在实行酒曲专卖的过程中,承办的官吏从中作弊,中饱私囊,影响朝廷的财政收入,大定二十七年(1187年),又"改收曲课,而听民酤"[⑥]。

二、民间手工业的发展

金中都的手工业虽以官营为主体,但民间手工业也在某些行业有

---

① 《金史》卷四十六《志第二十七·食货一》。
② 《金史》卷四十八《志第二十九·食货三·钱币》。
③ 《金史》卷四十九《志第三十·食货四·盐》。
④ 《金史》卷四十九《志第三十·食货四·盐》。
⑤ 《金史》卷四十九《志第三十·食货四·酒》。
⑥ 《金史》卷四十九《志第三十·食货四·酒》。

一定的发展。

前面说到，金统治者再三重申关于禁止铸铜命令，也说明民间铸铜业并没有因官府限制而消亡，反而由于其利润的高昂造成了一定程度的发展。

对于铜器的铸造，官府管理甚为严格，而关于金银矿冶的管理则相对宽弛一些。金大定三年（1163年），"制金银坑冶，许民开采，二十分取一为税"①，即由冶户自行开采金银矿，官府向冶户抽取1/20即5%的税额，其余95%任由冶户自行处理。大定五年（1165年），"听人射买宝山县银冶"，这里虽然是一个县的银冶"听人射买"，却有普遍性的意义，这一规定表明金代初步确定了冶户与官府的承买关系，税率依旧。大定十二年（1172年），"诏金、银坑冶，听民开采，毋得收税"②，这时，金银矿冶更是彻底放开了，甚至连5%的低税也不收取了。金世宗认为："金银，山泽之利，当以与民，惟钱不当私铸。今国家财用丰盈，若流布四方与在官何异？"③但是，到大定二十七年（1187年），尚书省奏："听民于农隙采银，承纳官课"④。此时已加强了税收管理，而只允许在农闲时去开采银矿。到明昌三年（1192年），"封诸处银冶，禁民采炼"⑤，明令禁止民间采炼银矿，但实际上已不起作用，所谓"上有禁之之名。而无杜绝之实"⑥。过了两年，又根据朝臣建议允许民间开采，并设官管理。

此外，酿酒、丝织等私营手工业也有一定程度上的发展。中都城内私人酿酒业很多，吸引着大批的官营酿酒工场的酒户外逃。世宗大定三年（1163年），"省奏中都酒户多逃，以故课额愈亏，上曰：'此官不严禁私酿所致也'"⑦。在私人酿酒业的冲击下，某些官营酿造场

---

① 《金史》卷四十九《志第三十·食货四·金银之税》。
② 《金史》卷七《本纪第七·世宗中》。
③ 《金史》卷四十八《志第二十九·食货三·钱币》。
④ 《金史》卷五十《志第三十一·食货五·榷场》。
⑤ 《金史》卷五十《志第三十一·食货五·榷场》。
⑥ 《金史》卷五十《志第三十一·食货五·榷场》。
⑦ 《金史》卷四十九《志第三十·食货四·酒》。

也逐渐变成了私营。大定九年（1169年），大兴县官以广阳镇务亏课，"乃以酒散部民，使输其税"①。这实际上是承认了私人经营酿酒的合法性。

丝织业不仅在民间普遍存在，而且丝织品还可作为商品交易。金代，女真贵族在家中就豢养丝织工匠，并令其将纺织出来的产品送到市场上去出售，如"枢密使仆散忽土家有绦结工，牟利于市"②。

不过，从整体来看，中都地区的民间手工业规模不大，行业较窄，且大多数为分散的家庭手工业。手工业技术的提高，也不是特别显著。

---

① 《金史》卷四十九《志第三十·食货四·酒》。
② 《金史》卷一百二十八《列传第六十六·循吏·刘焕》。

第三节　元大都的手工业管理

一、官营手工业管理

(一)管理机构与经营措施

元代大都的手工业机构，主要有工部、大都留守司、将作院、武备寺等生产管理部门。从生产服务对象来看，这些机构又可分为工部与内廷(包括大都留守司、将作院、武备寺等)两大系统。当然，两者间的区分并不是十分严格的。

据《元史·百官志》所载，工部是手工业的主管部门，"掌天下营造百工之政令。凡城池之修浚，土木之缮葺，材物之给受，工匠之程序，铨注局院司匠之官，悉以任之"[1]。工部不仅制定国家手工业政策法令、拨付生产物料、制定产品标准式样、任命匠官等事务，而且还直接实施造作。工部的下属机构共计50个，其中包括局、院、场、所等29个直属生产单位[2]。

工部属下的生产机构主要有：诸司局人匠总管府，"掌毡毯等事"，设有毡局、染局、蜡布局等生产行业。诸色人匠总管府，"掌百工之技艺"，专门从事绘塑佛像、制蜡、铸铜、金银器皿、镔铁、玛瑙玉器、石木油漆等行业生产。大都人匠总管府，辖有绣局、纹锦总院、涿州罗局等局院。提举右八作司，"掌出纳内府漆器、红瓮捎只等"，并在都局院从事镔铁、铜、钢、鍮石、东南简铁，两都支持皮毛、杂色羊毛、生熟斜皮、马牛等皮、鬃尾、杂行沙里陀等手工业生产。提举左八作司，"掌出纳内府毡货、柳器等物"。提举都城所，"掌修缮都城内外仓库等事"。受给库，"掌京城内外营造木石等事"。

---

[1]　《元史》卷八十五《志第三十五·百官一》。
[2]　胡小鹏：《中国手工业经济通史·宋元卷》，福建人民出版社2004年版，第569页。

此外，还有制造撒答刺欺、纳失失金锦、陶瓷、刺绣的各种手工业局院等。需要指出的是，诸色人匠总管府所属的玛瑙玉局、镔铁局、油漆局、银局、石局等部门，主要是为宫廷和都城服务的机构。

在工部系统之外，还有将作院、大都留守司、武备寺、储政院、中政院、太仆寺、尚乘寺、利用监、中尚监等内廷诸王贵族所属的局院。各司其职，不相统属。

将作院，"掌成造金玉、珠翠、犀象、宝贝、冠佩、器皿，织造刺绣段匹纱罗，异样百色造作"①，其属主要是诸路金玉人匠总管府，"掌造宝贝、金玉、冠帽、系腰束带、金银器皿、并总诸司局事"，有从事制玉、金银器皿、玛瑙金丝、鞓带斜皮、雕木、温犀玳瑁、漆纱冠冕、装钉、浮梁磁、绘画等手工业局院十余所。

将作院等内廷系统是专司御前供奉的，因此其产品无论在质量，还是式样与种类上都是工部无法比拟的。元人对此亦有论述："我国家因前代旧制，既设工部，又设将作院，凡土木营缮之役，悉隶工部；金玉、珍宝、服玩、器币，其治以供御者，专领之将作院，是宠遇为至近，而其职任，视工部尤贵且重也。"②

大都留守司，"兼理营缮内府诸邸、都宫原庙、尚方车服，殿庑供帐、内苑花木，及行幸汤沐宴游之所，门禁关钥启闭之事"③。其属修内司辖有大小木、泥厦、妆钉、车、铜、竹作、绳等手工业局院。祗应司辖有油漆、画、销金、裱褙、烧红等手工业。此外，大都留守司还属有器物局、采石局、犀象牙局、窑场等。

修内司，"掌修建宫殿及大都造作等事"。祗应司，"掌内府诸王邸第异巧工作，修禳应办寺观营缮"。器物局，"掌内府宫殿、京城门户、寺观公廨营缮，及御用各位下鞍辔、忽哥轿子、帐房车辆、金宝器物，凡精巧之艺，杂作匠户，无不隶焉"。④所辖有制铁、碱铁、盒

---

① 《元史》卷八十八《志第三十八·百官四》。
② [元]胡行简：《樗隐集》卷二《将作院题名记》，四库全书本。
③ 《元史》卷九十《志第四十·百官六》。
④ 《元史》卷九十《志第四十·百官六》。

钵、成鞍、羊山鞍、网、刀子、旋、银、轿子等局。

采石局,"掌夫匠营造内府殿宇寺观桥闸石材之役"。犀象牙局,"掌两都宫殿营缮犀象龙床卓器系腰等事"。大都四窑场,"营造素白琉璃砖瓦"。①

制造军需用品属于官手工业中重要的一项。中央设有武备寺,"掌缮治戎器,兼典受给"②,所属有寿武库制衣甲,利器库制兵械。元代武备寺经历了一个机构演变的过程,"至元五年,始立军器监,秩四品。十九年,升正三品。二十年,立卫尉院。改军器监为武备监,秩正四品,隶卫尉院。二十一年,改监为寺,与卫尉并立。大德十一年,升为院。至大四年,复为寺,设官如旧"。③

宫廷贵族,如皇太子,后妃和诸王驸马等也控制了一部分手工业,主要是宣徽院、储政院、中政院和长信寺、长秋寺等机构,从事冶钱、营缮、鞍辔、舆辇、铁冶、金银、织染等手工业生产。

此外,户部、礼部等机构下也有手工局院的设置,如户部属下的大都、河间等路都转运盐使司,掌管关系国计民生的盐业生产,其作用不可小觑。

煮盐业是大都传统的官营手工业部门,元代煮盐业规模继续扩大。元太宗八年(1236年),于大都路的白陵港、三叉沽、大直沽等处设置盐司"设熬煎办"④。世祖至元三年(1266年),又增设了宝坻三盐场。至元十九年(1282年),置大都盐运司,设立芦台、越支、三叉沽三使司。至元二十五年(1288年),又分设三叉沽、芦台、越支三盐使司"掌场灶,榷办盐货"⑤。

元代大都的官营手工业,直接的生产机构一般称为局、院、提举司、所、库等,设院长、大使、副使、提举、同提举、副提举、提

---

① 《元史》卷九十《志第四十·百官六》。
② 《元史》卷九十《志第四十·百官六》。
③ 《元史》卷九十《志第四十·百官六》。
④ 《元史》卷九十四《志第四十三·食货二·盐法》。
⑤ 《元史》卷八十五《志第三十五·百官一》。

点、提领等官。元政府规定，工匠在500户以上的局院设提举，副提举，同提举；300户至500户之间的官员称院长、提领、提点；100户至300户之间的官员称大使、副使①；再次一级的官员称管勾、作头、头目、堂长等。

大都的官营手工业，不仅庞大复杂，而且分工极为细致，仅漆器制造一项，就有专门负责宫殿髹漆的和专门为皇家制作日常用品的两个部门。有些制造和修配工作，不但要由许多不同工序的作坊来承担，往往还要通过好几个局院的分工协作才能完成。如为装潢一幅皇帝像，需木局造紫檀木轴杆，银局造银环，玛瑙局造白玉五爪铃杵轴头等。塑一尊神像，需木局造胎座，镔铁局打造铜子、铁手枝条，出蜡局塑造②。甚至修理两顶象轿也需要动员好多部门和局院。

元代大都的官营手工业多为满足皇室贵族生活之所需，因而宫苑、郊庙、佛寺、道观、庐帐等建造，金银玉器镂雕，丝缎纺绣，毡毯皮货，雕塑绘画等发展很快。

在官营手工业内部，元朝政府实施了较为严格的经营管理。据《大元通制条格》记载，至元十四年三月、元贞元年正月，工部先后颁布了管理条款共10余则。其内容涉及很多方面，如生产物料的来源及其管理、生产过程中的产品质量等环节的监管、管理人员的职责要求，以及对工匠的具体规定，等等。这些管理措施适用于大都等各路局院。

其一，生产物料的来源与管理。

官营手工业生产的物料来源有直接经营、土贡、和买等形式。

由官吏直接到各地采办生产原料，是官营手工业组织生产的重要途径。自然资源属政府所有，所谓"山林川泽之产，若金、银、珠、玉、铜、铁、水银、朱砂、碧甸子、铅、锡、矾、硝、碱、竹、木

---

① 《元典章》卷八《吏部二·循行选法体则》，中国广播电视出版社1998年版，第238—239页。

② [宋]黄休复：《元代画塑记》，人民美术出版社1964年版，第7、10页。

之类，皆天地自然之利，有国者之所必资也"。①官府组织匠人采办各类资源。如铁矿，燕南燕北地区有铁冶"大小一十七处，约用煽炼（注：元代把鼓风冶铁称为煽铁）人户三万有余"②。綦阳并乞石烈、杨都事、高撒合所管四处铁冶"分管户九千五百五十户"③。大都留守司下设有"上都采山提领所"，至元九年（1272年）置，专门"采伐材木，炼石为灰"④，很可能是一个为大都四窑场等作坊制备胎土釉料而提供原料的机构。又如，将作院属下的大同路采砂所，所采砂专供大都磨玉之用，据《元史》记载："大同路采砂所，至元十六年（1279年）置，管领大同路拨到民一百六户，岁采磨玉夏水砂二百石，起运大都，以给玉工磨砻之用。"⑤

土贡是土特产的进贡，亦称岁贡。地方土贡"因其土地所生，风气所宜，以为之出"⑥。如处州产箭竹，"岁办常课军器，必资其竹"⑦。

和买是政府以低于市场价格强制购得。名义上是向民众买，实际上是不给钱或少给钱。如"京师岁所需物，郡邑例买于民，其直旷欠不给。给则大半入贪吏手，名为和而实白"⑧。虽然规定了"和雇和买，并依市价，不以是何户计，照依行例应当，官司随即支价，毋得逗留刁蹬"⑨，但往往名不副实。据《元典章》记载："今日和买，不随其所有而强取其所无。和买诸物，不分皂白，一例施行，分文价钞并不支给，生民受苦，典家卖产，鬻子雇妻，多方寻买，以供官司。

---

① 《元史》卷九十四《志第四十三·食货二·岁课》。
② [元]王恽：《秋涧集》卷九十《省罢铁冶户》，四库全书本。
③ [元]王恽：《秋涧集》卷八十九《论革罢拨户兴煽炉冶事》，四库全书本。
④ 《元史》卷九十《志第四十·百官六》。
⑤ 《元史》卷八十八《志第三十八·百官四》。
⑥ 《元典章》卷二十六《户部十二·科役·和买·出产和买诸物》，中国广播电视出版社1998年版，第1059页。
⑦ [元]杨瑀：《山居新话》，中华书局1991年版，第5页。
⑧ [元]许有壬：《至正集》卷五十四《碑志·故奉政大夫铅山州知州兼劝农事元公墓志铭》，四库全书本。
⑨ 郭成伟点校：《大元通制条格》卷四《擅配匠妻》，法律出版社2000年版，第235页。

而出产之处，为见上司和买甚物，他处所无，此处所有，于是高抬价钞，民户唯知应当官司和买，不敢与较，惟命是听。如此受苦，不可胜言。"①

对于生产物料的管理和运用，政府设有具体的规定。如对直接用于生产的原料，"须选信实、通晓造作人员，审较相应，方许申索，当该官司体覆者，亦如之"。②即由熟悉生产的人员选料用于生产。又如，对于制造金素段匹纱罗的丝金原料，建立严格收支管理制度，由本处正官亲行关支，"置库收贮，明立文簿"，每次支记材料，均必须开写备细各项斤两，半月具结一次，收支账目须由正官印押，"若应收支而不收支，应标附而不标附，致有耽误造作，三日罚俸半月，五日以上决七下。若有失收滥支者，另行追断"。③至于生产的剩余物料，"须限十日呈解还官。限外不纳者，从隐盗官钱法科"。④

此外，政府还禁止官员对生产物料的侵占掠夺。大德元年（1297年），成宗下令禁止勋戚、权贵、僧道擅自霸占矿山及煤窑山场，以保证矿冶和煤炭的正常生产及供应。⑤

其二，产品质量、工程期限等的监管。

政府对产品质量和完成期限亦有相应规定。据《元典章》记载："诸营造，皆须视其时月，计其工程，日验月考，毋使有废。惟夫匠疾病，雨雪妨工者除之。其监造官仍须置簿，常切拘检。"⑥以织染局院为例，《大元通制条格》规定："络丝、打线、缵纻、拍金、织染

---

① 《元典章》卷二十六《户部十二·科役·和买·出产和买诸物》，中国广播电视出版社1998年版，第1059页。
② 《元典章》卷五十八《工部一·造作·段疋·至元新格》，中国广播电视出版社1998年版，第2115页。
③ 郭成伟点校：《大元通制条格》卷三十《营缮》，法律出版社2000年版，第355页。
④ 郭成伟点校：《大元通制条格》卷三十《营缮》，法律出版社2000年版，第350页。
⑤ 《煤炭志》编委会：《北京工业志·煤炭志》，中国科学技术出版社2000年版，第13页。
⑥ 《元典章》卷五十八《工部一·造作·段疋·至元新格》，中国广播电视出版社1998年版，第2115页。

工程，俱有定例，仰各处局院置立工程文簿，标附人匠关物日期，验工责限收支，并要依限了毕。如违限不纳及造作不如法者，量情断罪。"①加工丝料，"先行选拣打络，须要经纬配答均匀，如法变染。造到段疋，亦要幅阔相应，斤重迭就，不致颜色浅淡，段疋粗操……不得擅自损减料例，添插粉糨"。若质量不合格，则"局官断罪罢役，提调官吏责罚"。打造金箔，"须要照依元关成色"，人匠不得"添插银铜气子，（致使）颜色浅淡"。②

除纺织品外，对军器制造也有质量和工期的要求，"各路局院额造弓甲箭弦哈儿杂带环刀一切军器……须管限七日交付数足造作"③。

为保证生产效率和产品质量，政府设立覆实司，对官手工业产品质量和原料的使用状况进行核查。如果产品不合格，要发回本管机构，勒令工匠重新造作，"自备工价赔偿"④。

制造军器、纺织等产品须在期限内造完，一旦工程过限，则分别"将本路总管府官、首领官，不分长次，一例拟罚俸半月，当行司吏的决一十七下。如过期悬远耽误造作至日验事轻重，别议处决"，"将当该局官勾唤赴部……以十分为率，拖工四分以上决二十七下，四分以下二分以上，决一十七下，二分以下罚俸一月"。⑤官手工业严格的管理制度在一定程度上保证了官手工业生产的正常运转。

其三，主管官员的赏罚制度。

政府要求所有局官必须亲自监督生产，"局官每日巡视，提调官按月点检"。如果"造作堪好，工程不亏"，对主管官吏"临时定夺迁赏"。如果"低歹拖兑"，主管官吏要"验事轻重黜降"。⑥管匠的头

---

① 郭成伟点校：《大元通制条格》卷三十《营缮》，法律出版社2000年版，第355页。
② 郭成伟点校：《大元通制条格》卷三十《营缮》，法律出版社2000年版，第354页。
③ 郭成伟点校：《大元通制条格》卷三十《营缮》，法律出版社2000年版，第352页。
④ 《元典章》卷五十八《工部一·造作·选买细丝事理》，中国广播电视出版社1998年版，第2123页。
⑤ 郭成伟点校：《大元通制条格》卷三十《营缮》，法律出版社2000年版，第352、353页。
⑥ 郭成伟点校：《大元通制条格》卷三十《营缮》，法律出版社2000年版，第354页。

目堂长、作头等,"每日绝早入局监临人匠造作,抵暮方散",管匠提调官要经常点视人数,"如无故辄离者,随即究治"。①

负责御用品生产的官员,其赏罚、升迁与产品质量高下、监管得力与否息息相关。如仁宗延祐七年(1320年)十月,"将作院使也速坐董制珠衣怠工,杖之,籍其家"②。英宗至治三年(1323年)六月,"将作院使哈撒儿不花坐罔上营利,杖流东裔,籍其家"③。与前两例形成比照的是,顺帝至正四年(1344年),月鲁帖木儿同知将作院事时,因其"董治工事甚严,所进罗□皆胜于旧"④,而得到朝廷褒奖。

(二)官营手工业的工匠管理

元代在官营手工业方面最重要的举措,是专门设立匠籍,管理从事官营手工业劳动的工匠。这些身隶匠籍、在官府局院工作的匠户,称为系官匠户。据估计,元代系官匠户可达100余万户。大都的系官匠户虽无确切统计,但作为元朝统治中心,是官营手工业最为集中的地方,其数量应当不少,至少有40万人。

大都的系官工匠,主要有两类:一类是系官人匠,他们在官局工作,物料从官库支领,或支领物料钱,由官局或匠户自行收买。另一类是军匠,隶于军籍,平时制造兵器,战时充当工兵。如至元十六年(1279年),为造回回炮,元政府"括两淮能造回回炮新附军匠六百,及蒙古、回回、汉人、新附人等能造炮者,俱至京师"⑤。军匠与官局人匠,只是因户籍不同,所隶属的局院系统不同而异其名,就其来源、性质、身份待遇方面言,则大体相同。军匠还与官局人匠、民匠共同进行手工业生产,并承担各种匠役。这方面的例证很多,如至元

---

① 郭成伟点校:《大元通制条格》卷三十《营缮》,法律出版社2000年版,第356页。
② 《元史》卷二十七《本纪第二十七·英宗一》。
③ 《元史》卷二十八《本纪第二十八·英宗二》。
④ [明]危素:《危太朴文续集》卷七《故荣禄大夫江浙等处行中书省平章政事月鲁帖木儿公行状》。
⑤ 《元史》卷十《本纪第十·世祖七》。

二十一年（1284年）闰五月，元世祖下令，"以侍卫亲军万人修大都城"①。至元二十五年（1288年）三月，又"以六卫汉兵千二百、新附军四百、屯田兵四百造尚书省"②。至元二十九年（1292年）八月，"浚通州至大都漕河十有四，役军匠二万人，又凿六渠灌昌平诸水"③。又如，至大元年（1308年）正月，元武宗也下令，"敕枢密院发六卫军万八千五百人，供旺兀察都建宫工役"④。

  元政府非常重视匠籍的稳定，在通常的情况下，既不许匠户随意脱籍，也不许其他人户窜入匠籍。这是元代官营手工业管理与前代最大的不同之处。匠户的子女"男习工事，女习黹绣"⑤，世袭其业，不得脱籍，甚至婚嫁之事也不能自主，而由主管官员随意定夺。大德八年（1304年）十月，大都金玉局人匠蔡阿吴，夫亡，其本局关提举"强将阿吴分付一般银匠王庆和为妻"，而工部认为违例，又令本妇离异，"与伊男蔡添儿依旧应当匠役"。⑥

  元政府注意加强工匠的劳动制度管理。禁止在局人匠"妄称饰词，恐吓官吏，扇惑人匠推故不肯入局"，如有违犯之人"痛行断罪"⑦。据《元史·王思诚传》记载，至元二年（1265年），行部至檀州，首言："采金铁冶提举司，设司狱，掌囚之应徒配者，钦赴以舂金矿，旧尝给衣与食。天历以来，水坏金冶，因罢其给，啮草饮水，死者三十余人，濒死者又数人。"⑧可见，官府对矿冶劳作监管之严酷。

  依规定，匠户入局造作时，不仅可以免除部分赋税，而且口粮、衣装、钞、盐等也由政府配给。前引《元文类》之《经世大典

---

① 《元史》卷十三《本纪第十三·世祖十》。
② 《元史》卷十五《本纪第十五·世祖十二》。
③ 《元史》卷十七《本纪第十七·世祖十四》。
④ 《元史》卷二十二《本纪第二十二·武宗一》。
⑤ 《元史》卷一百三《志第五十一·刑法二·户婚》。
⑥ 郭成伟点校：《大元通制条格》卷四《擅配匠妻》，法律出版社2000年版，第62页。
⑦ 郭成伟点校：《大元通制条格》卷三十《营缮》，法律出版社2000年版，第356页。
⑧ 《元史》卷一百八十三《列传第七十·王思诚》。

序录·工典总叙·诸匠》已说明"给之食,复其户"。至元二十五年(1288年)三月,政府颁布《工粮则例》,具体规定口粮每家以四口为限,正身月支米三斗,盐半斤,家属大口支米二斗五升,小口并驱口大口月支米一斗五升,驱口小口月支米七升五合。①"男子、妇人十五岁以上为大口,十四岁以下至五岁为小口,五岁以下不须放支"②。工匠的口粮,见于记载最多的是月四斗,最少的是月二斗五升。③中数是日米一升。有时有盐,月半斤;有白面,月十五斤;有钞,月一两五钱。食粮支法,或按季或半年一次,有时在半年之首支给,多数在季或半年之末支给。④至元三十年(1293年)六月,政府又颁布《衣装则例》,规定衣装"皮衣隔二年支一遍者,请疋帛的,隔一年支一遍者。支布每年支者"⑤。工粮、衣装等制度的实行,使官匠的基本生活有了保障。

《析津志辑佚》"风俗"篇描绘了元大都工匠的生活图景:"都中经纪生活匠人等,每至晌午以蒸饼、烧饼、饼、软子饼之类为点心。早晚多便水饭。人家多用木匙,少使箸,仍以大乌盆木勺就地分坐而共食之。菜则生葱、韭蒜、酱、干盐之属。"⑥可见,与当时一般民户相比,大都匠人受季节丰歉及赋税杂徭的影响较小,生活更有基本供给。

据鞠清远的研究,元代系官匠户的粮钞,比临时雇用的民匠、夫役多得多,甚至一度似多于军户的口粮,至少不比军户少。元代匠户

---

① 郭成伟点校:《大元通制条格》卷十三《工粮则例》,法律出版社2000年版,第154页。

② 郭成伟点校:《大元通制条格》卷十三《大小口例》,法律出版社2000年版,第154—155页。

③ [元]王恽:《秋涧集》卷八十九《论肃山住等局人匠偏负事状》,四库全书本。

④ 鞠清远:《元代系官匠户研究》,载《食货》第一卷第九期(1935年4月),第18页。

⑤ 郭成伟点校:《大元通制条格》卷十三《衣装则例》,法律出版社2000年版,第154页。

⑥ [元]熊梦祥:《析津志辑佚》,北京古籍出版社1983年版,第207—208页。

的地位与待遇，是比较优良的。①

与系官匠户类似，盐户子孙也是世袭其职，终身固定在盐场上替政府煮盐，其生活资料和煎具均由政府发给，产品归政府所有。随着经济的发展，灶户的经济地位也有所提高，至元三年（1266年），盐灶户工本每引为中统钞3两，至元二十八年（1291年），增为中统钞8两②。

二、民间手工业管理

（一）行业生产的有关规定

在大都地区，民间手工业经营的范围主要是纺织、酿酒、编织、雕刻、粮食加工等所需资本不大的行业。元朝政府对于一些利益攸关的民间手工业，如矿冶、纺织、酿酒等行业进行了重点管理，根据形势需要，制定了相应的行业政策和生产规定。

以矿冶业为例，元初和中期，采矿民户由政府调拨，主要从事金、银、铜、铁等矿的采炼事务，设总管府或提举司，管理矿冶有关事项。《元史·食货志》记载："至元五年（1268年），立洞冶总管府，其后亦废置不常"③。设立洞冶总管府，目的是保护官办矿场和征收矿冶税。如在产金之地，"有司岁征金课，正官监视人户，自执权衡，两平收受"④。

到元代中后期，在众多官员和士大夫的强烈呼吁下，元朝统治者不得不罢去一些官营手工业部门。至元二十一年（1284年）二月，"放檀州淘金五百人还家"⑤。大德元年（1297年）十一月，"罢保定紫

---

① 鞠清远：《元代系官匠户研究》，载《食货》第1卷第9期（1935年4月），第20—21页。
② 《元史》卷九十四《志第四十三·食货二·盐法》。
③ 《元史》卷九十四《志第四十三·食货二》。
④ 《元史》卷一百四《志第五十二·刑法三》。
⑤ 《元史》卷十三《本纪第十三·世祖十》。

荆关铁冶提举司，还其户八百为民"①。至治三年（1323年）正月，"罢上都、云州、兴和、宣德、蔚州、奉圣州及鸡鸣山、房山、黄芦、三义诸金银冶，听民采炼，以十分之三输官"②。泰定二年（1325年）正月，"罢永兴银场，听民采炼，以十分之二输官"③。可见，即使在元代后期，私人开采所得依然受到政府的严重盘剥，被抽分或课以重税，税率一般都高达产品价值的20%～30%。

官府对民间手工业产品的质量、规格以及种类皆有要求，不许制造违禁或劣质品，如酿酒业有定额，不准私自加造，"诸私造唆鲁麻酒者，同私酒法，杖七十，徒二年，财产一半没官"④。为加强产品质量管理，元朝官府要求金属产品上必须刻上工匠的姓名。

又如织造业，在大都城里，一些居民为了获取更多的利润，他们在从事纺织生产时，甚至不惜采用非法手段，制作劣质纺织品，以坑害用户。大德十一年（1307年），"据大都申：街下小民不畏公法，恣意货卖纰薄窄短金索段匹、盐丝药绵，稀疏纱罗，粉饰绢帛，不堪狭布，欺谩卖主"⑤。鉴于"随路街市买卖之物，私家贪图厚利，减克丝料，添加粉饰，恣意织造纰薄窄短金索段匹、生熟里绢，并做造药绵，织造稀疏狭布，不堪用度"，元朝政府不得不下令"随路织造段匹布绢之家"，今后"选拣堪中丝绵，须要清水夹密，段匹各长五托半之上，依官尺阔一尺六寸，并无药丝绵，中幅布匹方许货卖"⑥，从质量、尺寸等方面做了明确规定。

为了维护服色等第，至大四年（1311年），元政府要求，"今后

---

① 《元史》卷十九《本纪第十九·成宗二》。
② 《元史》卷二十八《本纪第二十八·英宗二》。
③ 《元史》卷二十九《本纪第二十九·泰定帝一》。
④ 《元史》卷一百四《志第五十二·刑法三》。
⑤ 《元典章》卷五十八《工部·禁军民服色段匹等第》，中国广播电视出版社1998年版，第2126—2127页。
⑥ 《元典章》卷五十八《工部·禁治纰薄段帛》，中国广播电视出版社1998年版，第2124页。

除系官局院外，民间制造销金、织金及打造金箔，并行禁止"①；也不允许"将银箔熏作假金，裁线织造贩卖"②；甚至一些特殊纹样如龙凤纹③、佛像西天字纹④的缎匹也禁止织造。

此外，如酿酒业也是通过征收酒税的办法加以管理。元世祖忽必烈即位以后，对酒类的生产与管理加以规定：凡造酒之家，制造曲酒用米一石，须向政府缴纳酒税钞一贯。《元史·元祖纪》载："初，民间酒听自造，米一石官取钞一贯。"⑤

（二）民匠的管理

元代大都的民匠包括各类手工业匠人，如机工、铁匠、木匠、石匠之类。在身份上，民匠身隶民籍，是独立的手工业者，按照所从事的行业，又被称呼为"机户""街下织缎子的匠人""冶户""窑户""梓人""酒醋户""榨户"等等。当他们为官府服役时，才被称作"民匠"，以与官匠、军匠相区别。而在法律上，民匠只要认办或完纳一定的课税，便可以自由地造作货卖。

民匠除了造作货卖，向官府完纳课额外，有时还受官府差发，提供各种匠役。不过，由于元代系官工匠、军匠另立户籍，人数众多，在正常情况下，只有当系官工匠、军匠不敷使用时，才能差遣民匠。无故则"不许差倩民匠"⑥，但是实际上难以做到。民匠受到官府随意差役和贵族官僚"拘刷"的骚扰事件时有发生，如元延祐四年（1317

---

① 《元典章》卷五十八《工部·禁断金箔等物断例》，中国广播电视出版社1998年版，第2136页。

② 郭成伟点校：《大元通制条格》卷二十八《杂令·熏金》，法律出版社2000年版，第306页。

③ 《元典章》卷五十八《工部·禁织龙凤段匹（禁织大龙段子）》，中国广播电视出版社1998年版，第2124、2126页。

④ 《元典章》卷五十八《工部·禁织佛像段子》，中国广播电视出版社1998年版，第2126页。

⑤ 《元史》卷十三《本纪第十三·世祖十》。

⑥ 《元典章》卷三十五《兵部二·军匠自造军器》，中国广播电视出版社1998年版，第1340页。

年），"刑部仪令管民官司遣民匠置局成造军器"[1]。各贵族投下"不经由本路官司，径直于州县开读，拘刷民户人匠便行拘收起移，及取钱索债骚扰"[2]。这些滋扰往往使民间手工业正常生产经营被迫中断。

官府征集民匠的形式主要有两种：一种是"椿要民匠"，即民匠无偿向官府提供劳役，如"大都修建宫阙合用诸色人匠，每年逐旋于随路椿要"[3]。另一种形式是官府出钱物和雇民匠。和雇往往采用包工或议价的形式，由于腐败官吏上下其手，"一切和雇和买造作，并不得钱"[4]，许多和雇徒有其名，实际上成为差役之一种。

---

[1] 《元典章》卷三十五《兵部二·军匠自造军器》，中国广播电视出版社1998年版，第1340页。

[2] 郭成伟点校：《大元通制条格》卷二《投下收户》，法律出版社2000年版，第15页。

[3] ［元］魏初：《青崖集》卷四《论和雇大都修建人匠》，四库全书本。

[4] ［元］胡祗遹：《紫山大全集》卷二十三《民间疾苦状》，四库全书本。

第四节　明北京的手工业管理

一、官营手工业管理

（一）管理机构与经营措施

1. 管理机构及其职能

明代前中期，北京的手工业大都为官府所控制，管理机构主要是工部和内府监局司，户部、礼部也有所属手工业。工部"掌天下工役、农田、山川、薮泽、河渠之政令"①，其下设营缮、虞衡、都水、屯田四个清吏司。"工部的四个司，分别领导和管理了京师的大小工场和各项物料"②。

营缮司，"掌经营兴造之事。凡大内宫殿、陵寝、城壕、坛场、祠庙、廨署、仓库、营房之役，鸠力会材而以时督而程之，王邸亦如之。凡卤簿仪仗乐器移内府及所司各以其职治"③。其职掌范围非常广泛，分支机构很多，据《工部厂库须知》记载："分司为三山大石窝，为都重城，为湾厂（通惠河道兼管），为琉璃黑窑厂，为修理京仓厂，为清匠司，为缮工司兼管小修，为神木厂兼砖厂，为山西厂，为台基厂，为见工灰石作；所属为营缮所。"④

三山大石窝，掌烧造、开运各工灰石之事。营缮司注差郎中于动

---

① ［清］孙承泽：《天府广记》卷二十一《工部》，北京古籍出版社1982年版，第273页。
② 陈诗启：《从明代官手工业到中国近代海关史研究》，厦门大学出版社2004年版，第35页。
③ ［清］孙承泽：《天府广记》卷二十一《工部》，北京古籍出版社1982年版，第273页。
④ ［明］何士晋：《工部厂库须知》卷三《营缮司》，见《续修四库全书》878册，第369页。

工时前往任事。有关防，有公署。①三山是指马鞍山、牛栏山、石焦山（今西山支脉），大石窝亦为地名，均在北京周围百里内外之地。

都重城，主管修理都城和重城，凡都城重城遇有塌坍，查明呈堂合同科院勘估修理。主管官员为营缮司的注差员外郎，有关防、公署。②

修理京仓厂（简称修仓厂），专管京仓修理事情。京仓共有1092座，通仓614座，本厂经营的京仓三年一次大修。营缮司注选主事一人主其事。

见工石灰作，为临时机构，不设衙门。"凡宫殿兴建，奉堂劄差委监督，工止则虚掌"③。

缮工司，原系督率囚犯搬运灰炭的机构，嘉靖后，该司只是管理追比上纳工作，万历三十五年（1607年）令兼管小修事务。④

营缮所专司木工，位于东城明照坊的东北部。该司还属有五大厂，神木厂在崇文门外，专门加工和存放直径大于五尺的巨木。大木厂在朝阳门外，造作与存放直径大于三尺的木材。琉璃厂和黑窑厂位于宣武门外，皆掌烧造砖瓦及内府器用。台基厂位于南熏坊内，"查国初无，系后增设。以近宫殿，造作所就，易于输送，一切营建定式于此，故曰台基。内有砖砌方地一片，为规画之区。厂屋三层，内监居住，监督亦从遥制"⑤。台基厂为堆放薪柴、芦苇之地。

由上可知，营缮司职掌所及，大部分是有关城墙、宫殿、京仓等

---

① ［明］何士晋：《工部厂库须知》卷四《三山大石窝》，见《续修四库全书》878册，第404页。

② ［明］何士晋：《工部厂库须知》卷四《都重城》，见《续修四库全书》878册，第407页。

③ ［明］何士晋：《工部厂库须知》卷四《见工灰石作二差》，见《续修四库全书》878册，第422页。

④ ［明］何士晋：《工部厂库须知》卷四《缮工司兼管小修》，见《续修四库全书》878册，第416页。

⑤ ［明］何士晋：《工部厂库须知》卷五《台基厂》，见《续修四库全书》878册，第444页。

建筑工程和维修工作，还有一部分建筑材料，如各种木材、瓦器、陶器、琉璃器及薪苇等制作及保管工作。此外，仪仗物件中的清道御杖、交椅坯、脚踏坯、马杌、头管、戏竹、龙笛、笛、板等，为营缮所制作。①营缮司为工部四司中管理官手工业的主要部门。

虞衡司主掌山泽、采捕、陶冶之事。②与手工业有关的，一是采集、收购制造礼器和军器、军装所需的鸟兽皮张、骨角、翎毛等物料。二是与兵部监督军器、军装的制造，经管及统核陶器、铸器、铸钱、冶课等。三是经管颜料和纸札。分司为皮作局、军器局、兵仗局、宝源局、街道厅、验试厅等。

皮作局，专司革工，设有大使一人、副使二人③，熟造各处解进的生皮及煎水胶④。

军器局，专管成造军器，京营所用的一般性的军器和军装均由该局成造，至于神枪、神炮，则由工部奏行兵仗局铸造。⑤其下辖有盔甲厂和王恭厂，二厂由内府管辖，虞衡司仅派注差主事遥制。盔甲厂位于崇文门内以东，宣德二年（1427年）设立。后又设王恭厂，位于内城西南隅。天启五年（1625年）六月初五所藏火药失事爆炸后，王恭厂迁至西直门内街北，更名为安民厂。二厂每年额造盔甲、腰刀等器3600件，其余长枪、铳炮、撒袋等项，数目不等，用工匠9200余名，分两班四季成造。⑥

兵仗局，位于皇城之内，今南长街北口路东。其外厂位于北安门外海子桥之东。洪武朝设立。本局成造修理御前执事人员的兵器，负责领取盔甲军器和相关材料。三年一次成造，用银24000两，以后，逐渐减少，隆庆五年（1571年）改为一年一成造，用银3700余两，用

---

① 《大明会典》卷一百八十二《营造二·仪仗一》。
② 《明史》卷七十二《志第四十八·职官一》。
③ 《明史》卷七十二《志第四十八·职官一》。
④ 万历《大明会典》卷一百九十二《军器、军装一》。
⑤ 万历《大明会典》卷一百九十二《军器、军装一》。
⑥ 万历《大明会典》卷一百九十二《军器、军装一》。

匠1700余人。①

宝源局，虞衡司注差员外郎监督，有关防、有鼓铸公署。②永乐年间设局于崇文门内，万历时称南宝源局，嘉靖三十一年（1552年），"改造新局于东城明时坊，即今宝源局，专铸制钱及铜铁器皿"。③

街道厅，专司街道、桥梁及沟渠等修整事务。设虞衡司注差员外郎一员，有关防、有公署。据《工部厂库须知》记载，其"现行事宜"为："每年查理都城内外街道、桥梁、沟渠、各城河墙、红门水关及卢沟桥堤岸等处，或遇有坍坏，即动支都水司库银修理……每年春季开濬五沟渠以通水道，以清积秽……凡皇墙周围红铺各门直房、棋盘街栅栏及九门牌坊并各门圣旨牌，倘有损坏，动支营缮司库银修理。其九门城楼或遇损坏……听内官监移文营缮司动库银修补。遇圣驾、郊祀、幸学、谒陵，填垫道路。"④

验试厅，专管验收物料和某些成品，嘉靖二十八年（1549年）设于西安门附近。《明史·食货志》载："嘉靖时，建验试厅，验中，给进状寄库。月逢九，会巡视库藏科道官，进库验收，不堪者驳易。"⑤此为明政府检查进库物资质量的主要机构。

都水司，"掌山泽、陂池、泉泺、洪浅、道路、桥梁、舟车、织造、券契、衡量之事"⑥。有关官营手工业的具体工作：一是官用舟车的修造；二是管理织造和衡量。织造包括缎匹、制帛、诰敕、冠服等项；衡量包括斛、斗、秤、尺，并附以器用。都水司所辖的京师手工业有器皿厂、六科廊、通惠河、文思院、织染局等。

---

① 万历《大明会典》卷一百九十二《军器、军装一》。
② ［明］何士晋：《工部厂库须知》卷七《宝源局》，见《续修四库全书》878册，第507页。
③ 万历《大明会典》卷一百九十四《铸器》。
④ ［明］何士晋：《工部厂库须知》卷七《街道厅》，见《续修四库全书》878册，第519—520页。
⑤ 《明史》卷七十九《志第五十五·食货三·漕运　仓库》。
⑥ ［清］孙承泽：《天府广记》卷二十一《工部》，北京古籍出版社1982年版，第274页。

器皿厂，营造光禄寺每岁上供及太常寺坛场器物，如各帝陵及婚丧典礼，各衙门所需的器物，按例造办。拥有木作、竹作、蒸笼作、桶作、旋作、卷胎作、油漆作、𪘏作、金作、贴金作、铁索作、绦作、铜作、锡作、铁作、彩画作、裁缝作、祭器作共18种。①

六科廊，成造备赏物品，设有都水司注差主事一员，专督工匠造作。②

通惠河，有奉敕注差员外郎一员，驻通州。专掌通惠河的漕政，兼管修理通州仓廒并湾厂收发木料之事。③

文思院，专司丝工，正德六年（1511年）七月，"改建工部文思院于东城明照坊。以旧置地卑洳洶，不便造作故也"④，其址即今东城方巾巷以西，交通部所在地。文思院设有大使、副使，每岁题造祭祀净衣。每年京师各庙坛典仪及舞生、乐生冠带鞋靴等都一一供应。⑤

织染局，分内外局，内局以供宫廷，外局以备公用。织造缎匹"阔二尺，长三丈五尺。额设岁造者，阔一尺八寸五分，长三丈二尺。岁造缎疋并阔生绢送承运库。上用缎疋，并洗白。腰机画绢送织染局。婚礼纻丝送针工局。供应器皿、黄红等罗并子孙裼裙发文思院"⑥。

屯田司，"掌屯农、坟墓、抽分、薪炭、夫役之事"⑦。据《明书》卷六十五记载，屯田司职掌所及，"凡军马守镇之处……其规办营造木植、城砖、军营、房屋及战衣器械……农具之属"。此外，"山陵

---

① ［明］何士晋：《工部厂库须知》卷十一《器皿厂》，见《续修四库全书》878册，第646页。
② ［明］何士晋：《工部厂库须知》卷十《六科廊》，见《续修四库全书》878册，第613页。
③ ［明］何士晋：《工部厂库须知》卷十《通惠河》，见《续修四库全书》878册，第611页。
④ 《明武宗实录》卷七十七《正德六年·七月》。
⑤ 万历《大明会典》卷二百一《织造》。
⑥ 万历《大明会典》卷二百一《织造》。
⑦ ［清］孙承泽：《天府广记》卷二十一《工部》，北京古籍出版社1982年版，第275页。

营建之事，俱本司掌行"①。屯田司在北京地区的一项重要职能是承担一些重要的工程建设，如皇帝陵寝、王府职官坟茔等。帝王陵墓是最大的工程，如修建定陵，从万历十二年起到十八年（1584—1590年）止，用了6年的时间。屯田司另一项主要职责，就是供应京师皇宫及各衙门冬天取暖用的柴炭，主管台基厂柴炭的保管和供应，每到冬天，京师各机构均来此领取柴炭。

此外，户部和礼部也分管一部分手工业。户部属有宝泉局，天启二年（1622年）始设，在东四牌楼街北，铸钱专供军饷。礼部辖有铸印局，"凡开设各处衙门，合用印信，札付铸印局官，依式铸造给降，其有改铸销毁等项，悉领之"②。

属于内务府管辖的手工业是专为皇宫制作产品的作坊，大都设在皇城之内，共有24个监局司，亦称二十四衙门。包括司礼、御用、内官、御马、司设、尚宝、神宫、尚膳、尚衣、印绶、直殿、都知12监；惜薪、宝钞、钟鼓、混堂4司；兵仗、巾帽、针工、内织染、酒醋面、司苑、浣衣、银作8局。此外，还有内府供用库、司钥库、内承运库等处。这些机构名义上隶属工部，而实际上由内廷宦官负责管理。

内府24监局司经营着很大部分的官营手工业生产，诸如：

司礼监，辖有御前作，"专管营造龙床、龙桌、箱柜之类"③。

御用监，"凡御前所用围屏、摆设、器具，皆取办焉。有佛作等作，凡御前安设硬木床、桌、柜、阁及象牙、花梨、白檀、紫檀、乌木、鸂鶒木、双陆、棋子、骨牌、梳栊、螺甸、填漆、雕漆、盘匣、扇柄等件，皆造办之"④。辖有绦作与甜食房。绦作，亦称洗帛

---

① 万历《大明会典》卷二百三《山陵》。
② 万历《大明会典》卷七十九《印信》。
③ ［明］刘若愚：《酌中志》卷十六《内府衙门职掌》，北京古籍出版社1994年版，第99页。
④ ［明］刘若愚：《酌中志》卷十六《内府衙门职掌》，北京古籍出版社1994年版，第103页。

厂，"经手织造各色兜罗绒、五毒等绦，花素勒甲板绦，及长随火者牌穗绦"①。甜食房，"经手造办丝窝虎眼等糖，裁松饼减煠等样一切甜食"②。

内官监，"掌成造婚礼奁、冠、舄、伞、扇、衾、褥、帐幔、仪仗，及内官内使贴黄诸造作，并宫内器用、首饰与架阁文书诸事"③，"所管十作，曰木作、石作、瓦作、搭材作、土作、东作、西作、油漆作、婚礼作、火药作，并米盐库、营造库、皇坛库、裹冰窖、金海等处"④。此外御前所用铜、锡、木、铁、器，帝后陵寝，妃嫔、皇子女坟茔，"及完姻修理府第，皆其职掌"⑤。据此可知，内官监是内府掌管官营手工业的主要衙门。

司设监，"所职掌者，卤簿、仪仗、围幕、褥垫，各宫冬夏帘、凉席、帐幔、雨袱子、雨顶子、大伞之类"⑥。

尚宝监，"职掌御用宝玺、敕符、将军印信"⑦。

尚衣监，"掌造御用冠冕、袍服、履舄、靴袜之事"⑧。所属袍房，又名西直房，是裁缝匠役成造御用袍服的地方。

巾帽局，"掌造内宫诸人纱帽、靴袜及预备赏赐巾帽诸事"⑨。

---

① ［明］刘若愚：《酌中志》卷十六《内府衙门职掌》，北京古籍出版社1994年版，第115页。

② ［明］刘若愚：《酌中志》卷十六《内府衙门职掌》，北京古籍出版社1994年版，第114页。

③ ［明］王世贞：《凤洲杂编》五，中华书局1985年版，第150页。

④ ［明］刘若愚：《酌中志》卷十六《内府衙门职掌》，北京古籍出版社1994年版，第102页。

⑤ ［明］刘若愚：《酌中志》卷十六《内府衙门职掌》，北京古籍出版社1994年版，第102页。

⑥ ［明］刘若愚：《酌中志》卷十六《内府衙门职掌》，北京古籍出版社1994年版，第103页。

⑦ ［明］刘若愚：《酌中志》卷十六《内府衙门职掌》，北京古籍出版社1994年版，第104页。

⑧ ［明］刘若愚：《酌中志》卷十六《内府衙门职掌》，北京古籍出版社1994年版，第105页。

⑨ ［明］王世贞：《凤洲杂编》五，中华书局1985年版，第152页。

针工局，"掌成造诸婚礼服裳"，"及造内官诸人衣服铺盖诸事"①。

内织染局，"掌染造御用及宫内应用缎匹、绢帛之类"。朝阳门外有外厂"浣濯袍服之所"，都城西设蓝靛厂。②

银作局，"专管制造金银铎针、枝个、桃杖、金银钱、金银豆叶"③。

兵仗局，"掌御用兵器，并提督役造作刀甲之类，及宫内所用梳篦及刷牙、针剪诸物"④。所属军器库，"掌造刀枪、剑戟、鞭斧，盔甲，弓矢各样神器"。火药局一处，属之宫中。"凡每年七夕宫中乞巧小针，并御前铁锁、锤钳、针剪之类，及日月蚀救护锣鼓响器，宫中做法事钟鼓、铙钹法器，皆隶之。是以亦称为小御用监也"⑤。

酒醋面局，"职掌内官宫人食用酒，醋，面，糖诸物"⑥，与御酒房不相统辖。御酒房，"专造竹叶青等样酒，并糟瓜茄，惟干豆豉最佳"⑦。

惜薪司，"专管宫中所用柴炭，及二十四衙门、山陵等处内臣柴炭"⑧。

宝钞司，专为皇帝和宫人制造草纸，"抄造草纸，竖不足二尺，

---

① ［明］王世贞：《凤洲杂编》五，中华书局1985年版，第152页。
② ［明］刘若愚：《酌中志》卷十六《内府衙门职掌》，北京古籍出版社1994年版，第111页。
③ ［明］刘若愚：《酌中志》卷十六《内府衙门职掌》，北京古籍出版社1994年版，第110页。
④ ［明］王世贞：《凤洲杂编》五，中华书局1985年版，第152页。
⑤ ［明］刘若愚：《酌中志》卷十六《内府衙门职掌》，北京古籍出版社1994年版，第111页。
⑥ ［明］刘若愚：《酌中志》卷十六《内府衙门职掌》，北京古籍出版社1994年版，第112页。
⑦ ［明］刘若愚：《酌中志》卷十六《内府衙门职掌》，北京古籍出版社1994年版，第114页。
⑧ ［明］刘若愚：《酌中志》卷十六《内府衙门职掌》，北京古籍出版社1994年版，第106页。

阔不足三尺，各用帘抄成一张，即以独轮小车运赴平地晒干，类总入库，每岁进宫中以备宫人使用"。①

除二十四衙门外，内府供用库、司钥库、内承运库等处也经营一些手工业。如乾清宫内，就有汤局、荤局、素局、点心局、干燥局、手盒局、冰膳局、馒膳局、面觔局、冻汤局、司房、笕库房，又有御药房、弓箭房、御茶房、猫儿房。整个内府手工业"俱有大珰主之，所役殆数万人"。②

2. 生产管理措施

其一，对生产物料的管理。

明代北京官营手工业机构庞杂，所需物料种类繁多，需求量极大。例如，《明书》卷八十三《土贡》记载，仅工部需用杂皮达34.7761万张，麂皮达3.48万余张，狐狸皮达0.42万余张。明代对于生产物料的管理是有整套办法的。《大明会典》载，正统十四年（1449年），"令各处解到物料，送该库交收，方许支用"③。

各项物料入库之前，皆要经过检验，工部虞衡司下设验试厅专管此项工作。《大明会典》记："嘉靖二十八年题准……建造试验官厅（当为验试厅——撰者注）一所。遇有各处解到军器弓箭、弦等项，工部札行司官及咨兵部委司官，会同试验。精美合式，给与进状呈部。札委戊字库官吏，请科道官复行查验，照数收库。查验不堪、本部驳回陪补造解"④。又，《工部厂库须知》云：验试厅"专管验试之事，一应外解本色物料，其多寡数目，惟据各司送验为凭。验中则押送十库收贮；不中，则驳还商解更换"⑤。验试的各项明目不仅有各地

---

① ［明］刘若愚：《酌中志》卷十六《内府衙门职掌》，北京古籍出版社1994年版，第109—110页。

② ［明］沈德符：《万历野获编》补遗卷一《内府诸司》，中华书局1959年版，第812页。

③ 万历《大明会典》卷三十《库藏一》。

④ 万历《大明会典》卷一百九十三《军器、军装二》。

⑤ ［明］何士晋：《工部厂库须知》卷七《验试厅》，见《续修四库全书》878册，第523页。

所产军器，还有纸张、丝料、麻铁等物品。

为保证物料质量，各库复有辨验铺户的设置，此即佥定各行业商铺专人负责验试。永乐十九年（1421年）规定：甲字库辨验铺户四名，丙字库每季辨验铺户二名，丁字库每季辨验铺户四名，戊字库试验箭匠二名，乙字库每季辨验铺户三名，承运库每季辨验铺户三名，广积库办验火药匠一名。各库铺户，三月役满，即令佥补。①

此外，户科给事中也兼管手工业生产物料。其职责如："凡各河泊鱼课（兼征皮毛、翎毛……物料）年终具办过数目，填空原降勘合，奏缴送科查收"；"凡甲字库官遇考满等项，本科官一员引奏，将收过钱粮等物委官查盘"；"凡各府州县管粮官员，及各仓场大使等官，考满给由，各亲赍本册，赴科交查"；"凡甲字等十库，该收钱钞等物，每季本科与各科轮差官一员监收"②。

有时为了完成某些紧急任务，还临时任命监察官员以督察。如宣德九年（1434年），"差御史一员，巡视在京仓。一员，巡视通州仓"。嘉靖年间遂为定制，"嘉靖八年题准，每年差御史一员，请敕提督京通二仓，收放粮斛"。③

生产物料的检验，按规定是很严格的。以验铜为例，根据宝源局的《熔铜规则》："每熔铜先抽一百包，堆放两旁。内点二包敲断，验其成色，秤兑二百斤，分东西二炉熔化。即令炉商各看守，俟烟气黑尽而绿，绿尽而白，铜色已净，才出炉秤兑。每百斤内除正耗十三斤三两外，多耗一斤，令商人补一斤，多耗二斤，令商人补二斤。二炉通融计算，共折耗若干斤，折中每百斤各折耗若干斤。凡兑铜以此为例。"④

其二，对生产环节等监管。

---

① 万历《大明会典》卷三十《库藏一》。
② 万历《大明会典》卷二百十三《户科》。
③ 万历《大明会典》卷二百十《巡仓》。
④ ［明］何士晋：《工部厂库须知》卷七《宝源局》，见《续修四库全书》878册，第513页。

为加强对生产各个环节的管理,设工科给事中全面监察官营手工业生产。诸如:①凡工部军器局制造军器,本科差官一员试验。②凡工部盔甲、王恭二厂军器及各处解到弓箭弦条,本科官一员,会同巡视东城御史,及工部司官一员,于戊字库监收,年终,造册奏报。③凡营建监工,本科与各科官轮差。④凡宝源局铸钱,弘治十七年题准,按季稽核工料并钱数,本科与各科官轮差。⑤凡工部各项料价,每年上、下半年,本科差官一员,同巡视科道、四司掌印官,会估时价一次,造册奏报。⑥凡京通二仓,每年工部修理仓廒。工完,开具手本送科。本科官一员、查验有无冒破。年终,造册奏缴。⑦凡卢沟桥,通州、广积、通积抽分竹木局,每月初一,将前月分支过竹木等项数目,开具手本,大使等官赴科投报查考。①

洪武年间制定颁布的《大明律》,专门设置了《工律》篇,对手工业生产的管理和控制做了具体的说明:

①"擅造作"。凡军民官司有所营造,应报上级批准,未经上级批准而非法营造,各计所役人数计工钱坐赃论。但是,如果是城墙倒塌或者是仓库、公廨损坏,则不在此限。另外营造计料、申请财物及工人不实者,笞五十。若财物和人工已费,各并计所损财物价及所费雇工钱,重者坐赃论。

②"虚费工力采取不堪用"。凡役使人工,采取木石材料及烧砖瓦之类,虚费工力而不堪用者,计所费雇工钱坐赃论。若有所造作及有所损坏,备虑不谨而误杀人者,以过失杀人论,工匠、提调官各以所由为罪。

③"造作不如法"。凡造作不如法者笞四十。若成造军器不如法及织造缎匹粗糙纰薄者,各笞五十。若不堪用及应改造者,各并计所损财物及所费雇工钱,重者坐赃论,其应贡奉御用之物加二等。工匠各以所由为罪,局官减工匠一等,提调官吏又减局官一等,并均偿物价工钱还官。

---

① 万历《大明会典》卷二百十三《工科》。

④"冒破物料"。凡造作局院头目、工匠，多破物料入己者，计赃以监守自盗论，追物还官。局官并覆实官吏知情符同者，与同罪。失觉察者，减三等，罪止杖一百。

⑤"带造缎匹"。凡监临主守官吏将自己物料辄于官局带造缎匹者，杖六十。缎匹入官，工匠笞五十，局官知而不举者，与同罪。失觉察者，减三等。

⑥"织造违禁龙凤纹缎匹"。凡民间织造违禁龙凤纹、纻丝纱罗货卖者，杖一百，缎匹入官。机户及挑花、挽花工匠同罪，连当房家小起发赴京籍充局匠。

⑦"造作过限"。凡各处额造常课缎匹、军器过限不纳齐足者，以十分为率，一分工匠笞二十，每一分加一等，罪止笞五十，局官减工匠一等，提调官吏又减局官一等。若不依期计拨物料者，局官笞四十，提调官吏减一等。

⑧"修理仓库"。凡各处公廨、仓库、局院系官房舍，但有损坏，当该官吏随即移文有司修理，违者笞四十。若因而损坏官物者，依律科罪赔偿所损之物。若已移文有司而失误者，罪坐有司。①

此外，《工律》对"盗决河防""失时不修堤防""侵占街道"以及违反"修理桥梁道路"的违法行为，也都有专门的处罚规定。②

另据万历《大明会典》记，若有私煎矾货，漏用钞印，私造斛斗秤尺，器用布绢不如法等，则交刑部各管司依法给予严惩。③

其三，有关行业的管理与规定。

明初的矿冶政策，尤其是金银矿的开采冶炼，规定基本上由国家经营，一些与国计民生关系较大的铁、铜、铅、锡等矿，也由官府设局采冶。民间一般只许开采其他矿藏，并需要取得政府批准，缴纳一定的课税。未经官方许可，私人不得擅自开矿，违者治罪。

《大明律》规定："凡盗掘金、银、铜、锡、水银等项矿砂，每

---

① 以上均见《大明律集解附例》卷二十九《工律·营造》。
② 《大明律集解附例》卷三十《工律·河防》。
③ 万历《大明会典》卷一百六十二、一百六十四。

金砂一斤折钞二十贯，银砂一斤折钞四贯，铜、锡、水银等砂一斤折钞一贯，俱比照无人看守物准窃盗论。"①政府严禁私采私煎银矿，正统三年（1438年）规定："军民私煎银矿者，正犯处以极刑，家口迁化外。"②到明代后期，诏罢金银等官矿，封闭坑冶。万历三十三年（1605年），明神宗下令："今开（金银）矿年久，各差内外官俱奏出砂微细，朕念得不偿费，都着停免……凡有矿洞，悉令各该地方官封闭培筑"。③

关系国民经济最重要的是铁矿。明初铁冶业继承宋元旧制，既建立了许多官营矿业，又允许民间开矿冶炼加以课税。洪武初年各行省均有官铁冶。据《大明会典》记载，北平的岁办铁课为35.1241万斤④。洪武七年（1374年），命置官铁冶13所，分设江西、湖广、山东、广东、陕西、山西等省。永乐时则添设了顺天遵化冶。冶所所在地设立"矿场局"或"炉局"进行管理，负责采矿冶炼，督办铁课及巡视矿场以防矿徒反抗等。

明代官营铁冶以官工业需要而定，需者多开，反之罢闭。洪武十八年（1385年），内府存铁过多，罢各处铁冶。其后又开，而洪武二十八年（1395年），内库存铁更多，遂"诏罢各处铁冶，令民得自采炼，而岁输课程，每三十分取其二"⑤。以后官营铁冶逐渐减少，在明前期大多关停，民营铁冶则日渐增加。官铁中维持最长、规模最大的当属遵化铁冶厂，直至万历九年（1581年）才完全歇业。

（二）官营手工业的工匠管理

1. 匠籍制与工匠的类别划分

匠户制度，是明廷编制、管理手工业者的重要措施。明初沿用元

---

① 《大明律集解附例》卷十八《刑律·贼盗》。
② 万历《大明会典》卷三十七《课程六·金银诸课》。
③ 《明神宗实录》卷四百十六《万历三十三年·十二月壬寅》。
④ 万历《大明会典》卷一百九十四《冶课》。
⑤ 《明太祖实录》卷二百四十二《洪武二十八年·闰九月至十月》。

代的匠籍制度，工匠一旦编入匠籍则世袭其业，不得随意更改变动，《大明律》规定："凡军、民、驿、灶、匠、卜、工、乐诸色人户，并以籍为准，若诈冒脱免、避重就轻者，杖八十，其官司妄准脱免及变乱版籍者，罪同。"①《大明会典》亦载："凡军、民、医、匠、阴阳诸色户，许各以原报抄籍为定，不许妄行变乱。"②

按照服役的不同形式，明代北京工匠主要分为轮班匠和住坐匠两种。《大明会典》载："若供役工匠、则有轮班、住坐之分，轮班者隶工部，住坐者隶内府内官监。"③

轮班匠是由工部掌握的各省籍的工匠，他们依次轮番进京服役。明初，轮班匠服役期限"定三年为班，更番赴京，三月交代"④。由于工匠服役以后，常常出现无事可做的现象。洪武二十六年（1393年），对轮班制度进行了一次调整，即打破三年一班的硬性规定，采取了"先分各色匠所业，而验在京诸司役作之繁简，更定其班次"⑤。轮作的时间改为五年、四年、三年、二年、一年5种。这种改变加强了对轮班工匠的管理。其具体规定见下表。

明初行业轮班服役表

轮班方法	行业
五年一班	木匠、裁缝匠
四年一班	锯匠、瓦匠、油漆匠、竹匠、五墨匠、妆銮匠、雕銮匠、铁匠、双线匠
三年一班	土工匠、熟铜匠、穿甲匠、搭材匠、笔匠、织匠、络丝匠、挽花匠、染匠

---

① 《大明律集解释例》卷四《户律·户役·人户以籍为定》。
② 万历《大明会典》卷十九《户口一》。
③ 万历《大明会典》卷一百八十八《工匠一》。
④ 《明史》卷一百三十八《列传第二十六·秦逵》。
⑤ 《明太祖实录》卷二百三十《洪武二十六年·十月至十二月己亥》。

续表

轮班方法	行业
二年一班	石匠、舱匠、船木匠、箬篷匠、橹匠、芦蓬匠、戗金匠、绦匠、刊字匠、熟皮匠、扇匠、𬬻灯匠、毡匠、毯匠、卷胎匠、鼓匠、削藤匠、木桶匠、鞍匠、银匠、销金匠、索匠、穿珠匠
一年一班	裱褙匠、黑窑匠、铸匠、绣匠、蒸笼匠、箭匠、银朱匠、刀匠、琉璃匠、锉磨匠、弩匠、黄丹匠、藤枕匠、刷印匠、弓匠、旋匠、缸窑匠、洗白匠、罗帛花匠

资料来源：万历《大明会典》卷一百八十九《工匠二》。

新制确定后，分别给予五种班次工匠勘合，按时持照上工，3个月工完成后放归回家。这次发给勘合的轮班工匠共有62个行业、232089人。新的轮班制"使赴工者各就其役而无费日，罢工者得安家居而无费业"①。

五种轮班制实行几十年之后，存在的问题逐渐暴露，正如正统十二年（1447年）福州闽县知县陈敏政上书所指出："轮班诸匠，正班虽止三月，然路程窎远者，往还动经三四余月；则是每应一班，须六七月方得宁家。其三年一班者常得二年休息，二年一班者亦得一年休息，惟一年一班者，奔走道路，盘费罄竭。"②他建议将一年一班改为三年或二年一班，"如有修造，将二年一班者上工四个半月，一年一班者上工六个月"③。但陈敏政的建议未被朝廷采纳。景泰五年（1454年），给事中林聪等人再次提出更定班次问题，建议"请以二年者更为四年，三年者更为六年"。工部复议后，"奏请均以四年为次，通计匠二十八万九千有余，除事故外，南京五万八千，北京十八万二千。今以北京之数分为四班，岁得匠四万五千，季得匠

---

① 《明太祖实录》卷二百三十《洪武二十六年·十月至十二月己亥》。
② 《明英宗实录》卷一百五十三《正统十二年·闰四月》。
③ 《明英宗实录》卷一百五十三《正统十二年·闰四月》。

一万一千，亦未乏用。"①景泰帝奏准，"轮班工作二年、三年者，俱令四年一班，重编堪合给付"②。此后终明之世，这种办法基本上相沿未变。

重新更定班次使轮班匠的负担大为减轻，一年一班者等于减去了3/4的工作量，二年一班者减去了1/2。在原定班次中五年一班的只有木匠和裁缝匠两种，四年一班和三年一班各有9种，而二年一班有23种，一年一班者有19种，改定班次使三年一班至一年一班的51种工匠受益，占62种行业的82%，从而大大放松了明政府对各种工匠的封建束缚。

住坐匠设于永乐年间，由内府内官监管理。《大明会典》载："凡住坐人匠，永乐间，设有军、民住坐匠役"③。住坐匠每月服役10天，余20天可以自由从业。永乐年间，北京有住坐民匠27000户。宣德五年（1430年），"令南京及浙江等处工匠，起至北京者，附籍大兴、宛平二县"④，从而使住坐匠的管理制度化。

成化年间（1465—1487年），住坐匠仅6000余人，其后招收住坐匠，数量大大超过了原额。正德时期（1506—1521年）是北京住坐匠数量最盛时期，工匠总数达25167名。仅乾清宫就有"役工匠三千余人"⑤。因之刘健等言："内府工匠之饩廪，岁增月积，无有穷期"⑥。

嘉靖十年（1531年），为了紧缩开支，对住坐匠进行了一次清查，"差工部堂上官，及科道官、司礼监官各一员，会同各监局掌印官，清查军民匠役，革去老弱残疾、有名无人一万五千一百六十七名。存留一万二千二百五十五名，著为定额"⑦。存留的12255名住坐匠分若干工种，分隶内府各司、局、库等衙门。

---

① 《明英宗实录》卷二百四十《景泰五年·四月乙巳》。
② 万历《大明会典》卷一百八十九《工匠二》。
③ 万历《大明会典》卷一百八十九《工匠二》。
④ 万历《大明会典》卷一百八十九《工匠二》。
⑤ 《明史》卷七十八《志第五十四·食货二·赋役》。
⑥ 《明史》卷一百八十一《列传第六十九·刘健》。
⑦ 万历《大明会典》卷一百八十九《工匠二》。

嘉靖四十年（1561年），又"令司礼监清查见在支俸食粮匠官、匠人共一万八千四百四十三员名，裁革一千二百六十五员名。应留一万七千一百七十八员名，著为定额"①。

隆庆元年（1567年），复"令清查内官等监各官匠，于原额一万七千一百七十八员名内，除逃亡不补外。裁革老弱六百二十二员名。存留一万五千八百八十四员名，著为定额"②。（按：嘉靖四十年以后的数目，系以员名计算。"员"指支俸的匠官，"名"指食粮的工匠。匠官为脱离生产的官员，其身份已不属于工匠，因此住坐匠的实际数目要少一些。）

隆庆元年住坐工匠分布表

机构名称	匠官（员）	军民匠（名）
司礼监	433	1383
内官监	480	1883
司设监	33	1437
御用监	40	2755
印绶监		19
尚衣监	42	654
御马监	11	305
内织染局	87	1343
银作局	23	166
兵仗局	6	1781
巾帽局		498
针工局	1	359

① 万历《大明会典》卷一百八十九《工匠二》。
② 万历《大明会典》卷一百八十九《工匠二》。

续表

机构名称	匠官（员）	军民匠（名）
宝钞司		624
司钥库		15
内承运库		359
供应库	4	259
惜薪司		18
酒醋面局		169
尚膳监、军厨		693

资料来源：万历《大明会典》卷一百八十九《工匠二》。

隆庆三年（1569年），再次"令司礼监会同各监局官，清查存留实在官匠一万三千三百六十七员名，著为定额"[①]。

2. 工匠的管理与待遇

据上所述可知，明代北京工匠种类之多，分工之细，可谓登峰造极。而每种工匠的具体人数，《大明会典》皆不厌其烦地一一抄录，由此可见工部和内府各部门对工匠管理的严格与细致。

应当看到，同元朝相比，明代北京工匠的地位与待遇有一定程度的改善。明代虽然特别制定了匠籍，但工匠分为轮班匠和住坐匠，匠籍制较元朝有所宽松和优免。早在洪武十九年（1386年），明太祖就规定编入匠籍者免除其家的一切杂役。洪武二十六年（1393年），又具体规定"本户差役，定例与免二丁，余丁一体当差。设若单丁重役，及一年一班者，开除一名"，老残无丁者"疏放"。[②]宣德元年（1426年），明政府对轮班匠的优免政策又做了调整："工匠户有二丁、三丁者留一丁，四丁、五丁者留二丁，六丁以上者留三丁。余皆

---

① 万历《大明会典》卷一百八十九《工匠二》。
② 万历《大明会典》卷一百八十九《工匠二》。

139

放回，俾后更代，单丁则视年久近，次弟放免，残疾老幼及无本等工程者，皆放免"①。宣德五年（1430年）再次强调："比闻在京工匠之中，有老幼残疾并不谙匠艺及有一户数丁皆赴工者，宜从实取勘。老幼残疾及不谙者皆罢之，丁多者量留，余悉遣归。"②

不过，明代（尤其是明初）北京工匠受到的束缚与控制，在一定范围内还是很明显的。住坐匠编入匠籍后便被严密编制起来，大兴、宛平均设有管匠官，管理住坐工匠。住坐工匠被终身束缚于京师附近，人身自由受到很大限制，服役地点又在门禁森严的皇城内，服役时间也远比轮班匠长。住坐匠地位较轮班匠低。

工匠中有工头之类的"作头"，或曰"匠头"。作头是从工匠中选拔出来的，所谓"匠户中择其丁力有余，行止端悫者充之，所以统率各匠，督其役而考其成也"③。据《酌中志》记载，盔甲厂"辖匠头九十名"，王恭厂"辖匠头六十名"④。

明初《大明律》中有关工匠服役的规定反映了其人身所受的限制。如《户律》"丁夫差遣不平"条规定："若丁夫杂匠承差，而稽留不著役……一日笞一十，每三日加一等，罪止笞五十。"⑤"逃避差役"条规定："若丁夫杂匠在役及工乐杂户逃者，一日笞一十，每五日加一等，罪止笞五十。提调官吏故纵者，各与同罪。受财者，计赃以枉法从重论。"⑥可见，手工业者如果误期或逃避，都要依法制裁。禁止私自雇人代役，如《兵律》"内府工作人匠替役"条规定："凡诸色工匠行差拨赴内府及承运库工作，若不亲身关牌入内应役，雇人

---

① 《明宣宗实录》卷二十一《宣德元年·九月戊申》。
② 《明宣宗实录》卷六十三《宣德五年·二月丙戌》。
③ ［明］李昭祥：《龙江船厂志》卷三《官司志》，江苏古籍出版社1999年版，第93页。
④ ［明］刘若愚：《酌中志》卷十六《内府衙门职掌》，北京古籍出版社1994年版，第122—123页。
⑤ 《大明律集解附例》卷四《户律·户役》。
⑥ 《大明律集解附例》卷四《户律·户役》。

冒名私自代替及替之人，各杖一百，雇工钱入官。"①

明代北京的各类工匠在物质待遇方面比元代有所改善。早在洪武十一年（1378年），"令凡在京工匠上工者，日给柴米盐菜。歇工，停给"②。二十四年（1391年）规定，工匠在内府服役，根据其劳动情况，每日发给钞贯若干。永乐十九年（1421年），明政府令内府尚衣、司礼、司设等监，织染、针工、银作等局从南京带来人匠，每月支粮三斗，无工停支。③其后，工匠服役期间月粮虽屡有变化，但从总的来看，数字是不少的。如宣德时内官监工匠月粮五斗，景泰时兵仗局军匠月粮五斗、民匠月粮四斗，天顺时顺天府军匠月粮五斗，而成化时高手人匠月粮一石。④

住坐工匠除享有月粮外，还有直米的待遇。月粮由户部发给，直米则计日发给。有工则有米，相当于伙食津贴，由光禄寺发给。⑤如成化四年（1468年）规定："锦衣卫镇抚司，月给粮一石，岁给冬衣布花。分两班上工。该班者，光禄寺日支白熟粳米八合。"⑥

然而，工匠所受的剥削仍是相当严重的。就轮班匠来说，他们不仅工作是无偿劳动，而且往返京城的路费都由自己解决。正如给事中林聪所奏称："天下各色轮班人匠，多是灾伤之民，富足者百无一二，艰难者十常八九。及赴京轮班之时，典卖田地子女，揭借钱物、绢布。及至到京，或买嘱作头人等而即时批工放回者，或私下占使而办纳月钱者，甚至无钱使用，与人佣工乞食者。求其着实上工者，百无二三。有当班之名，无当班之实。"⑦

住坐匠的境遇更为甚之。据《明宣宗实录》记载："近年在京工作匠人多有逃者。盖因管工官及作头等不能抚恤，又私纵其强壮者不

---

① 《大明律集解附例》卷十三《兵律·宫卫》。
② 万历《大明会典》卷一百八十九《工匠二》。
③ 万历《大明会典》卷一百八十九《工匠二》。
④ 万历《大明会典》卷一百八十九《工匠二》。
⑤ 万历《大明会典》卷一百八十九《工匠二》。
⑥ 万历《大明会典》卷一百九十二《军器、军装一》。
⑦ 《明英宗实录》卷二百三十九《景泰五年·三月》。

令赴工,俾办纳月钱入己,并冒关其粮赏,止令贫难者做工,又逼索其财物,受害不已,是致在逃。及差人勾取,差去之人,又逼索财物,工匠受害,弊非一端。"①此外,住坐匠每月除提供10天的正差外,还要遭受额外的剥削,如成化六年(1470年),"令京城官旗匠役之家,丁多者皆坐铺"②。

二、民间手工业的管理

明朝政府将京城内外居民按里巷编为排甲,按其所从事的行业分别注籍。在京城开设店肆从事工商业活动者,叫作铺户。当时北京城内的手工业者一般采用"前店后坊"形式开设店铺,出售其产品。为了加强对民间手工业的控制,政府将这些铺户编审入行,称作铺行。据《宛署杂记》载:"铺行之起,不知其所以始,盖铺居之民,各行不同,因此名之。国初悉城内外居民,因其里巷多少,编为排甲,而以其所业所货注之籍。"③

由于京师的铺户多为外地来京人员,而且商贾来去无常,资本消长不一,因此要不断清查编审,原来的规定是十年清审一次。所谓"铺行清审,十年一次,自成祖皇帝以来,则已然矣"④。万历七年(1579年)改为五年一次。

根据万历十年(1582年)调查,京师宛平、大兴二县共有铺行132行。经过审编,将网边行、针篦杂粮行、碾子行、炒锅行、蒸作行、土碱行、豆粉行、杂菜行、豆腐行、抄报行、卖笔行、荆筐行、柴草行、烧煤行、等秤行、泥罐行、裁缝行、刊字行、图书行、打碑行、鼓吹行、捱刷行、骨簪笋圈行、毛绳行、淘洗行、箍桶行、泥塑行、媒人行、竹筛行、土工行,共32行裁撤,仅存留100行。⑤

---

① 《明宣宗实录》卷六十三《宣德五年·二月癸巳》。
② 《续文献通考》卷十六《职役》,四库全书本。
③ [明]沈榜:《宛署杂记》卷十三《铺行》,北京古籍出版社1982年版,第103页。
④ [明]沈榜:《宛署杂记》卷十三《铺行》,北京古籍出版社1982年版,第104页。
⑤ [明]沈榜:《宛署杂记》卷十三《铺行》,北京古籍出版社1982年版,第108页。

明初编行,"遇各衙门有大典礼,则按籍给值役使,而互易之,其名曰行户。或一排之中,一行之物,总以一人答应,岁终践更,其名曰当行"①。"但惟排甲卖物,当行而已,未有征银之例"②。这种当行买办,是铺户轮流应承官府和皇家之役,将自己生产或出售的商品卖给官府,当行的时间,长者一年,短者一月。

据明顾起元《客座赘语》记载:"铺行之役,无论军民,但买物则当行。大者如科举之供应与接王选妃之大礼,而各衙门所需之物,如光禄寺之供办,国学之祭祀,户部之草料,无不供役焉。"③明代后期,手工业铺行户,既需要"当行"应役,又要交纳行银,负担十分沉重。政府虽有征银免力之法,然"行之既久,上下间隔。官府不时之需,取办仓卒,而求之不至,且行银不敷,多至误事,当事者或以贾祸,不得复稍逶之行户,渐至不论事大小,供概及之"④。实际上,铺户身受征银和当行的双重负担。

铺行是明朝政府为了便于对京城中的工商业者进行科索而组织的,所以铺行不可能联合本行业的工商业者开拓市场,也不可能制定一整套严格的制度化的规范作为"行规",更不可能使工商业者摆脱官府的控制,成为独立自主的经营者。

在沉重的剥削和压迫下,北京手工业者曾发生过大规模的反抗斗争。明末,私营手工业主和手工业工人就掀起了反对矿监税监的斗争,威震京师。

万历二十八年(1600年)六月,为反抗宦官王虎在香河县征收鱼苇税课,"香河知县焦元卿卒领生员土民喧嚷,执枪棍,抛瓦石者千余"⑤。当时,宦官王朝也在西山一带强征矿税,并且经常"私带京营选锋劫掠,立威激变窑民"。万历三十一年(1603年)正月,由窑户、

---

① [明]沈榜:《宛署杂记》卷十三《铺行》,北京古籍出版社1982年版,第103页。
② [明]沈榜:《宛署杂记》卷十三《铺行》,北京古籍出版社1982年版,第104页。
③ [明]顾起元:《客座赘语》卷二《铺行》,中华书局1987年版,第66页。
④ [明]沈榜:《宛署杂记》卷十三《铺行》,北京古籍出版社1982年版,第103页。
⑤ 《明神宗实录》卷三百四十八《万历二十八年·六月》。

窑工和运脚夫自发组成队伍向北京进发，这些"黧面短衣之人"在京城内"填街塞路"，向明朝政府示威要求撤换王朝，减免矿税。这次示威是北京历史上第一次大规模的矿工反对矿监税使的斗争，引起了明朝统治者的极端震恐。一部分官僚纷纷上书请求撤换王朝，有的说："今者萧墙之祸四起，有产煤之地，有做煤之人，有运煤之夫，有烧煤之家，关系性命，倾动畿甸。"有的说："一旦揭竿而起，辇毂之下皆成胡越。"①在矿工们反抗斗争的巨大压力下，明朝政府不得不将王朝撤换。这次矿工斗争取得的胜利，充分显示了北京手工业者的巨大力量。

---

① 《明神宗实录》卷三百八十《万历三十一年·正月丙寅》。

第五节　清前期北京的手工业管理

一、官营手工业管理

（一）管理机构及其职能

入清之后，北京的官营手工业改隶清工部和内务府等机构。清工部，"掌天下工虞、器用、办物、庀材，其有陵寝、宫府、城垣、仓库诸大事，各率所司，分督监理"，其属有营缮、虞衡、都水、屯田四清吏司。营缮司，"掌缮治坛庙、宫府、城郭、仓库、廨宇、营房之役，凡物料各贮一厂，籍其数以供修作之用"，负责京内各衙门土木杂作；虞衡司，"掌山泽、采办、陶冶、器用、修造、权衡、武备"，负责制造军器火药等；都水司，"掌水利、河防、桥道、舟车、券契、量衡"，负责刻字、印刷、画匠、渡船、桥夫等各项事务；屯田司，"掌修缮、陵寝，并屯种、抽分、夫役、坟茔之事，凡筑造树碑开窑凿石悉司其禁令"，负责管理以上各工部作坊和手工工场守卫职责等。[①]工部各司的手工业作坊中，虞衡司下有火药局、安民厂、濯灵厂、盔甲厂、硝黄库专门制造和贮存火药及其原料，还有制造生、熟铁炮及铜炮的炮局、军需库等；都水司下有刻石、作画、染纸、裁缝等各工匠。

清代工部机构中，还有制造库、宝源局、琉璃窑、料估所、街道厅、皇木厂等部门。制造库"掌攻冶金革"，是工部重要的官手工业机构，其下设银作、鍍作、皮作、绣作、甲作5个造作场，以及门神、门帘二库；宝源局"掌鼓铸钱布"；琉璃窑"掌大工陶冶"；料估所"掌审曲面势，以鸠百工"；街道厅"掌平治道涂，经理沟洫"；皇木厂"（监督）掌稽收运木……（柴薪监督）掌储木材……（煤炭监

[①]《清朝文献通考》卷八十一《职官五·工部》。

督）掌采取薪炭以供宫府之用"。①

除工部外，政府直接经办的还有户部宝泉局"掌铸造制钱收纳铜课"②，礼部铸印局"掌铸造金玺及内外百官之印信"③。

工部之外，清宫内的官营手工业由内务府各内监局管理。内务府"掌内府财用、出入、祭祀、宴飨、膳馐、衣服、赐予、刑法、工作、教习之事……其属有七司，曰广储……曰营造……国初置内务府……顺治十一年裁，十八年复设……又设武备院、上驷院与织染局"④。

广储司下设六库、七作、二房。据《石渠余纪》载："广储司，掌银、皮、瓷、缎、衣、茶六库之藏物，相类者兼贮焉，稽其出纳。掌银、铜、染、衣、皮、绣、花七作之匠，以供御用。及宫中冠服、器币，三织造及内织染局属焉。"⑤

银作，"专司成造金银首饰器皿，装修数珠小刀等事"。铜作，"专司打造铸作各样铜锡器皿，拔丝、胎钑、錾花、烧古及乐器等事"。染作，"专司染洗绸绫、布匹、丝绒、棉线、氆氇、哔叽缎、羊羔、鹿皮、毡、鞍笼、绒绳、马尾、羊角、灯片，及炼绢、弹粗细棉花等事"。熟皮作，"专司熟洗各种皮张，成造羊角天灯、万寿灯、执灯等灯，宝盖、璎珞、流苏，并拴吉祥摇车、御喜凤冠垂珠，做鹰帽五指，织造氆氇等事"。绣作，"专司刺绣上用朝衣、礼服、袍褂、迎手、靠背、坐褥、伞，内廷所用袍褂、官用甲面补子等项，及实纳上用、官用、弓插、凉棚、帐房、角云等项"。花作，"专司成造各色绫绸、纸绢、通草，米家供花、宴花、瓶花等项，络丝、练丝、合线、做弦及鹰鹞绊等事"。针线房，"成造上用朝服，及内庭四时衣服、靴

---

① 《清朝文献通考》卷八十一《职官五·工部》。
② 《清朝文献通考》卷八十一《职官五·户部》。
③ 《清朝文献通考》卷八十一《职官五·礼部》。
④ 《清朝文献通考》卷八十三《职官七·内务府》。
⑤ ［清］王庆云：《石渠余纪》卷三《纪立内务府》，文海出版社1973年版，第226页。

袜等项"。①衣作和帽房，成造各种衣帽，皆造作不常。

营造司，"掌宫禁之缮修，其属有木、铁、房、器、薪、炭之六库，铁、漆、炮之三作"②。这里的炮作制作的是花炮爆仗，并非军器。

武备院，"掌上甲胄、弓矢、兵仗及鞍辔、行帐诸事……凡兵仗，皆由院敬谨修造，御用弓矢皆选盛京之良楛砮石成造"③。

京内织染局，织造御用缎匹，初属工部，设于地安门嵩祝寺后，康熙三年（1664年）划归内务府。乾隆十六年（1751年），将织染局移至万寿山。④

养心殿造办处，"掌供器物玩好"⑤。乾隆二十三年（1758年）以前，造办处辖有42作，即画院、如意馆、盔头作、做钟处、琉璃厂、铸炉处、炮枪处、舆图房、弓作、鞍甲作、珐琅作、镀金作、玉作、累丝作、錾花作、镶嵌作、摆锡作、牙作、砚作、铜作、镀作、凿活作、风枪作、眼镜作、刀儿作、旋轴作、匣作、裱作、画作、广木作、木作、漆作、雕銮作、旋作、刻字作、灯作、裁作、花儿作、绦儿作、穿珠作、皮作、绣作。乾隆二十三年（1758年）裁并后，剩留了匣裱作、油木作、灯裁作、金玉作、铜镀作、盔头作、如意馆、造钟处、琉璃厂、铸炉处、枪炮处、舆图房、珐琅作共13作。乾隆四十八年（1783年），炮枪处的弓作及鞍甲作又独立分出，总数又增至15作。到清末光绪年间，复裁弓作及鞍甲作，增设花爆作（后改花爆局专司采购西洋烟火），又降为14作。造办处可谓是宫内最大的造作工场。⑥

---

① 《钦定总管内务府现行则例》，《广储司》卷一，引自彭泽益：《中国近代手工业史资料》第一卷，中华书局1962年版，第150—152页。

② ［清］王庆云：《石渠余纪》卷三《纪立内务府》，文海出版社1973年版，第227页。

③ ［清］昭梿：《啸亭杂录》卷八《内务府定制》，中华书局1980年版，第230—231页。

④ 《光绪大清会典事例》卷一千一百七十二《内务府·官制》。

⑤ ［清］王庆云：《石渠余纪》卷三《纪立内务府》，文海出版社1973年版，第230页。

⑥ 崇璋：《造办处之作房及匠役》，载《中华周报》第2卷第19期。

(二)官营手工业的工匠管理

明末,由于匠班银(匠价)的实行,匠籍制度日益失去了效用。清朝入关之后,于顺治二年(1645年)正式下令废除匠籍。《嘉庆大清会典事例》记:"顺治二年题准,除豁直省匠籍,免征京班匠价。"[1]《清朝文献通考》载:"前明之例,民以籍分,故有官籍、民籍、军籍、医、匠、驿、灶籍,皆世其业,以应差役。至是除之。其后民籍之外,惟灶丁为世业。"[2]其后,匠班银制度曾一度保留。顺治十五年(1658年)议准,"京班匠价,仍照旧额征解"[3]。康熙三十六年(1697年)后,各省匠班银又陆续"并归田亩"[4],"匠价银"仅仅作为《赋役全书》的一个征银项目,"匠价"的原有意义亦不复存在,这是班匠制度的尾声。工匠世袭制度的最终取消,反映了清代官营手工业工匠的人身束缚进一步松弛,也标志着官营手工业的衰落。

匠籍制度废除之后,清朝官营手工业工匠的来源则主要靠雇觅民间工匠。如顺治二年(1645年),"重建太和殿,令顺天府所属州县各解匠役百名,赴工应役"。又如康熙十年(1671年)题准:"紫禁城皇城内工程,应用匠役,转行五城确查土著,具结解送充役。又议准,嗣后各衙门应用匠役,均行都察院转行五城取用,永以为例。"[5]顺治十二年(1655年)就规定:"地方各匠有愿应役者,速行解部,照时给价赴工。"[6]按工给值,变无偿服役为有偿劳役,对工匠生产积极性有一定促进作用。这种制度的普遍推行,是元明以来官府工匠服役制度的重要变化。

清代前期,政府对于工匠的雇觅有着严格的规定。如康熙九年

---

[1] 《嘉庆大清会典事例》卷七百十七《工部五十七·匠役》。
[2] 《清朝文献通考》卷二十一《职役一》。
[3] 《嘉庆大清会典事例》卷七百十七《工部五十七·匠役》。
[4] 《清朝文献通考》卷二十一《职役一》。
[5] 《嘉庆大清会典事例》卷七百十七《工部五十七·匠役》。
[6] 《嘉庆大清会典事例》卷七百十七《工部五十七·匠役》。

（1670年）题准："官员解送匠役，或名数短少，或不择良工，以老病不谙之人塞责者，罚俸六月。"又如乾隆元年（1736年）复准："内工重地，理宜肃清，管工官分饬各属，择朴实有身家者，点为夫头，各将召募之夫，取具甘结存案。其夫役每人各给火烙腰牌一面，稽查出入。如有酗酒赌博等事，即严惩驱逐……若风闻免脱及知情卖放，即将该管夫头交该地方官勒限严比，侯拏获本犯，分别治罪。"[1]可见，若雇觅的工匠在身体、技能等方面不符合要求，或参与酗酒赌博等事，则不仅工匠受到严惩，而且对于从事雇觅的官员也有相应的追究措施。

清前期，政府规定的官营手工业雇用民匠匠价略高于民间雇价，以吸收民间工匠应役。顺治十六年（1659年）题准："内工，每匠给银二钱四分，每夫给银一钱二分；冬月，每匠给银一钱九分，每夫给银一钱。外工匠夫，比内工各减银二分。"康熙四年（1665年）题准："内工，每匠给银二钱四分，每夫给银一钱二分。外工，每匠给银二钱二分，每夫给银八分。冬月，不论内外工，每匠给银一钱四分，每夫给银七分。"雍正元年（1723）规定："各项匠役，每工给银一钱八分，冬月给银一钱四分，夫役仍旧。"乾隆元年（1736年）议准："各匠工价，旧例长工每日给钱百八十文，短工给钱百四十文，今核定无论长短工给钱百五十四文。搭材匠，长工每日给钱百七十文，短工给钱百四十文，今无论长短工给钱百四十文。夯砘夫，旧例日给钱百三十文，今核定给钱百文。壮夫，长工日给钱八十文，短工日给钱六十文，今无论长短工给钱七十五文。食粮匠，仍旧日给钱六十文。"[2]

---

[1] 《嘉庆大清会典事例》卷七百十七《工部五十七·匠役》。
[2] 《嘉庆大清会典事例》卷七百十七《工部五十七·匠役》。

乾隆三十年（1765年）京畿工资表

单位：银两

地区 品名	良乡	固安	通州	怀柔	涿州
匠工	0.12	0.15	0.15	0.15	0.10
夫工	0.06	0.08	0.08	0.08	0.05

资料来源：根据乾隆三十年汇总；乾隆三十年刊印的直隶物料价值。转引自孙健主编：《北京经济史资料——古代部分》，北京燕山出版社1990年版，第649页。

清代前期，京畿的匠工工价明显高于全国其他地区，乾隆二十六年至三十年（1761—1765年）间，手工业相当发达的江南地区，苏州匠工价仅六分，南京松江为五分，夫工徐州最高，每工二五分，南京、苏州、扬州均为四分。京畿的匠工工资比苏州高70%～250%，夫工也比南京高出一倍。清代前期粮价也不很高，相对而言，官营手工业工匠反能维持较高的生活水平。[①]

二、民间手工业的管理

（一）清政府对手工业的鼓励政策

首先，清初匠籍制度的废除，在一定程度上减轻了手工业者的负担，激发了手工业者的积极性。

其次，严禁官府私派里甲之役，骚扰民间手工业工匠。《清史稿》载，顺治十七年（1660年）下令，"禁州县私派里甲之弊"[②]。《清朝文献通考》释曰："十七年禁有司私派里甲之弊。凡有司各官私派里甲，承奉上司。一切如日用薪米，修造衙署，供应家具、礼物及募夫马

[①] 孙健主编：《北京古代经济史》，北京燕山出版社1996年版，第249页。
[②] 《清史稿》卷一百二十一《志九十六·食货二·赋役仓库》。

民壮，每年婪饱之弊，通饬抚案，俱行严禁。"①康熙三十九年（1700年），"复申陋规杂派之禁"②。雍正二年（1724年），有廷臣指出："大小衙署，遇有公事，需用物件，恣行科派，总甲串通奸胥，从中渔利；凡工作匠役，皆设立总甲，派定当官，以次轮转；又设贴差名目，不原赴官者，勒令出银，大为民害。"③对此种种弊端，清政府又下诏严令禁止。

复次，鼓励民间开采京畿煤矿和其他矿产。顺治十年（1653年），工部题准："煤税累民，概予豁免。"④房山等处的产煤地方"悉听民间自行开采，以供炊爨，向不完纳税课"⑤。乾隆四十五年（1780年）覆准："怀柔县北阴背山，开采煤窑。如果无碍田庐坟墓，产煤旺盛，不惟满兵生计有益，即怀柔一带商民，均沾其利。令地方招商试采。"⑥对于没收入官的煤窑，仍然"招商开采"。乾隆三十四年（1769年），工部奏准："顺天府宛平县如意窑，经刑部奏明入官，由部行文顺天府，委官详查，招商开采，除人工窑柱费用外，按十二股计分，抽煤二分，交纳户部。"⑦应当看到，清政府为了京畿的安定，多方鼓励商人开采煤窑，所给予的优惠是全国其他地方无法比拟的。

除减轻煤税，鼓励民间开采煤窑的积极性外，清政府还协助窑商改善运输开采条件、查勘新矿区等。如康熙三十二年（1693年），清廷下令："京城炊爨均赖西山之煤，将于公寺前山岭修平，于众甚属有益，著户工二部差官将所需钱粮，确算具题。"⑧乾隆二十七年（1762年），"遵旨查勘（门头沟）各煤窑，历年刨挖渐深，被水浸淹，请于旧沟南，修砌泄水沟六百八十余丈，使窑中积水，顺流东

---

① 《清朝文献通考》卷二十一《职役一》。
② 《清朝文献通考》卷二十一《职役一》。
③ 《清史稿》卷一百二十一《志九十六·食货二·赋役仓库》。
④ 《光绪大清会典事例》卷九百五十一《工部·薪炭》。
⑤ 《清代钞档》，乾隆五年十一月初九日工部尚书哈达哈题本。
⑥ 《光绪大清会典事例》卷九百五十一《工部·薪炭》。
⑦ 《光绪大清会典事例》卷九百五十一《工部·薪炭》。
⑧ 《光绪大清会典事例》卷九百五十一《工部·薪炭》。

下，水尽煤现，自可开采，需费三万六千八百余两，工本浩繁，民间办理，未免拮据。请借给帑银，交商承办，分作五年完缴"①。嘉庆六年（1801年），门头沟窑区旧有泄水沟"倾圮淤塞，难以开采，借给帑银五万两，交窑户承领兴修……其所领之项，分作七年完缴"②。又如协助查勘京畿新矿区，乾隆二十六年（1761年）、四十六年（1781年），清政府两次下令："各该衙门，察看煤旺可采之处"；嘉庆六年（1801年），又令"步军统领衙门，会同顺天府直隶总督，派委妥员，察看产煤山场，于可以开采之处，招商采挖"。③

又如银铅矿，乾隆五十五年（1790年），"题准直隶延庆府属黄土梁地方银铅矿厂准其开采，照黔省银铅矿厂抽课之例办理，余银全行给商，余铅照川省之例一半官为收买"；"又奏准直隶昌平延庆二州属白羊城等处铅厂铅苗不旺，准其停采"④。

清政府的鼓励措施虽然限于采煤等部分行业，但是对于北京民间手工业的发展无疑是很大的促进。

（二）清政府对手工业生产的控制措施

清代前期，政府虽在一定范围内鼓励手工业的发展，但从总体来看，对手工业发展的钳制作用仍相当明显。如雍正五年（1727年），雍正皇帝谕内阁："朕观四民之业，士之外，农为最贵，凡士工商贾，皆赖食于农，故农为天下之本务，而工贾皆其末也。今若欲于器用服玩之物，争尚华巧，必将多用工匠。市肆之中，多一工作之人，则田亩中少一耕稼之人。"⑤可见，清政府还是执行传统的"重农抑末"政策，作为"末业"之一的民间手工业，必然要在政府限制之列。

清政府对手工业实行统制政策，不允许民间随意开设铺户作坊。

---

① 《光绪大清会典事例》卷九百五十一《工部·薪炭》。
② 《光绪大清会典事例》卷九百五十一《工部·薪炭》。
③ 《光绪大清会典事例》卷九百五十一《工部·薪炭》。
④ 《清朝续文献通考》卷四十三《征榷十五·坑冶》。
⑤ 《清世宗实录》卷五十七《雍正五年·五月初四》。

例如铸铜业，为了限制其在京师民间的蓬勃发展，乾隆九年（1744年），有廷臣奏议，全城364座铜铺作坊，"不许仍前四散开设，请于京城内外八旗三营地方，将现在查出官房二十六处，共计七百九十一间，即令伊等各就近搬入官房内，开设熔铜打造"，对铜铺生产严格限制，"如有情愿改业者，听其自便，所有官房内开设各铺户，应交与步军统领衙门、顺天府尹于城内外各派拨官弁，严行稽查，将每日进铺铜斤若干，并熔化打造出铺铜斤若干数目，令稽查之员，逐日查验明确，登记号簿，报明步军统领衙门。其出入数目符合者，听其出铺发卖，如所出之数浮多，该管官即行禀报根究。倘有私销情弊，交与刑部审明，照例治罪"。① 又如，嘉庆十三年（1808年），皇帝谕令神乐署两廊附近"赁开茶馆及各项作坊共三十三处，俱不准其开设，着以本日为始，饬令严催，统限两个月一概搬移……倘届期犹未能全数搬净，着步军统领衙门将太常寺堂官参奏，交部议处；并查明任意容留不即搬移之各该民人，一并治以应得之罪"。②

清政府对手工业原料的开采与售卖，加以严格控制。例如硝磺业，嘉庆二十一年（1816年）议准："顺天府属闻有滨河产硝之地，贫民煎熬易米度日，向有经纪收买，以备采办及匠铺买用。难保无奸民勾结私贩别情，嗣后产硝之区，应责令官硝经纪，向煎户尽数收买。其无经纪处，责成该管营汛，尽收买用。倘查有囤积居奇及抑勒短价情弊，除将该经纪惩办外，仍查取失察文物职名，送部查办。"③ 道光十三年（1833年）又议定："硝斤系例禁之物，岂容民间私行埠买，应通行各督抚饬属严禁，年终结报。其各直省匠铺，每年买用硝磺数目，并迅饬查明报部核办。"④

商人私自夹带铁斤亦受到严格控制，道光四年（1824年），"覆准商人买运铁斤出口，在各本境内打造农具，以一百斤为度，呈明地方

---

① 《清代钞档》，乾隆五年十月初九日鄂尔泰等奏。
② 《清朝续文献通考》卷六十三《市籴》。
③ 《光绪大清会典事例》卷八百九十五《工部·军火·火药二》。
④ 《光绪大清会典事例》卷八百九十六《工部·军火·火药三》。

官给照，赴口守口员弁查验放行，如有私行夹带不成器皿之铁至五十斤者，将铁入官，百斤以上者照例治罪"。①

清政府以破坏京师地脉风水为由，禁止银矿的开采。道光六年（1826年），"谕昨据户部奏，大兴县民陆有章、宛平县民伍云亭等，呈请于宛平等五州县开采银矿，朕以地近京师及易州一带非他省可比，其余地脉风水有无妨碍，饬令那彦成、陆以庄等派委公正大员详加查勘，再降谕旨。朕复思，各省银矿向俱封禁，况畿辅重地且附近易州一带，讵可轻议开挖，着直隶总督顺天府停止，委员覆勘"。②

此外，清政府同样以破坏风水为由，限制烧酒与榨油业的发展。据《中外经济周刊》载："北京在前清时代，因迷信风水之故，限令距城四十里以内，不准经营烧酒及榨油业。故凡中国各地方所习见之旧式榨油房（即用木制压榨器撞击出油），独不发见于北京。"③

---

① 《清朝续文献通考》卷四十三《征榷十五·坑冶》。
② 《清朝续文献通考》卷四十三《征榷十五·坑冶》。
③ 《北京之油业》，载《中外经济周刊》第159号，第22页。

第六节　清后期北京的手工业管理

一、官营手工业的管理

（一）管理机构及经营状况的变化

1. 京师农工商总局的设立与旋废

甲午战争惨败后，包括光绪帝在内的一部分清朝统治者认识到发展资本主义工商业对于国家富强的重要性。光绪二十一年（1895年）闰五月丁卯，清政府谕令"以恤商惠工为本源，此应及时举办"，并命各直省将军督抚暨地方官就如何发展工商"悉心妥筹，酌度办法"。①于是，一些官员纷纷奏陈各项振兴工商措施。同日，张之洞上《吁请修备储才折》，奏请设立"工政局"，主张"今宜于各省设工政局，加意讲求。查各关贸易册中每年出口易销之土货，则加工精造之、扩充之，以广其出；进口多销之洋货，则加工仿为之，以敌其入……责成各省督抚招商设局，各就本地土宜销路筹办"②。

光绪二十四年（1898年）四月，侍郎荣惠奏请特设"商务大臣"，总管全国工商。是年七月初五（8月21日），清廷根据康有为请立农工商总局于京师，立分局于各省的奏议，谕令在京师设立农工商总局，派直隶霸昌道端方、直隶候补道徐建寅、吴懋鼎为督理，并均赏给三品卿衔，"一切事件，准其随时具奏"。各直省由该督抚设立分局，遴派通达时务公正廉明之绅士总司其事。③在商部设立之前，除京

---

① ［清］朱寿朋编：《光绪朝东华录》，中华书局1958年版，总第3631页。
② 苑书义等主编：《张之洞全集（第二册）》卷三十七《奏议三十七》，河北人民出版社1998年版，第998—999页。
③ 沈云龙主编：《近代中国史料丛刊第九十二辑·戊戌政变记·丁酉重刊》，文海出版社，第66页。又见朱有主编：《中国近代学制史料·第1辑·下》，华东师范大学出版社1987年版，第921—922页。

155

师的农工商总局可以随时具奏外，各省的商务局遇事均需呈请督抚代奏。

京师农工商总局成立后，以原詹事府衙门作为公署，开始筹划全国工商实业的发展工作。不久，端方即上奏提出农工商总局的工作规划，其中在工业方面，要设法鼓励民间办厂，如有出资设厂，自制货物，即优予奖励，力为保护。

京师农工商总局是新政的产物，成立后受到维新势力的支持，也受到光绪帝的信任。新政期间，凡有关工商经济方面各官员的奏议、条陈和朝廷的措置，均交农工商总局议奏和办理。同时，它也开始落实自己所提出的计划。

正当京师农工商总局准备将所规划的事情逐项落实时，八月初六（9月21日），慈禧太后发动政变，随后废除了包括农工商总局在内的各项新政措施。由于京师农工商总局存在的时间很短，各项工作大部分未及展开而即夭折。[①]

2. 商部——农工商部工艺局

工艺局首先设立于北京。光绪二十七年（1901年）五月二十九日，黄中慧上书庆亲王奕劻，倡议筹办北京善后工艺局。黄氏具体阐明了设立工艺局的缘由、宗旨及实施方案。如设立缘由，黄氏认为："惟有多设工艺局，分别教养，不独销目前之患，且可开商务之源，虽稍糜费于一时，而可获利于异日，一举数善，无逾于此。"又如设立宗旨，黄氏主张"以收养游民，开通民智，挽回利权，转移风气四端为宗旨"。至于其实施细则，黄氏在所拟《北京工艺局创办章程》中备有详细说明。又如经营形式，黄氏主张"此举工而兼商，不请官款，专归绅办，无总办、会办、提调、监督诸名目，在局任事服役者，亦统无官派"。[②]是年十一月十八日，清政府谕内阁："兹据复陈各

[①] 参见汪林茂编著：《中国走向近代化的里程碑》，重庆出版社1998年版，第259—260页。

[②] 彭泽益：《中国近代手工业史资料（1840—1949）第二卷》，生活·读书·新知三联书店1957年版，第515—520页。

节，京师游民甚繁，以教工为收养，实于生计有益。着照所拟，于京师内城外城各设工艺局一所，招集公正绅士，妥筹创办，由顺天府府尹，督率鼓励，切实举行。朝廷准立工艺局，意在养民，不同谋利。该兼尹等务当加意考察，使工有所劝，民有所归。"①

光绪二十八年（1902年）五月，顺天府尹陈璧开始创办工艺局，共设工厂10余科，分官办、商办、官助商办3大类。同年六月初六日，顺天府又奏："召募女工，试办纺织"②，得到清政府的允准。

关于工艺局创始情况，陈璧在光绪二十八年《遵旨设立工艺局暨农工学堂大概情形折》中述曰："工艺之事，宜官助商办，臣等奉旨后，于城外下斜街购置宽敞民房一所，又租赁数所，并买毗连余地，拟添堂舍共计二百余间……凡工执艺事十有六类，均令一面作工，一面授徒，业于本年（光绪二十八年）五月四日开工……此外，仍当广求门类，续行增立，此十余项中，易于仿造，成本不至亏折者，开局后，即行招商承办；其不易仿造，必须筹垫成本者，由官仍招匠教徒，俟稍著成效，再行招商承办之后，官仍假以局所地场，匠作器具，并养赡艺徒犒赏工师。该绅商等得此利益，鼓舞乐从，接办一项，则官本减轻一分，便可另办他项工艺。所教各艺徒，分别年限卒业，以学成之多寡，定工师之殿最。成材尤多者，或给予功牌。又于该局建设劝工场，将局中制造各货陈列，纵人入观。至市面制成货物，有能独出新意，甚适时用者，亦许送场陈列，代为销售，并给予优异商标执照。能创制中国所无之艺事，咨请外务部核验，酌给专利年限，见示鼓励，京城工艺，必能争自磨砻，力求精进。其内城已定铁狮子胡同房一所，俟外城布置完善，再行扩充分设，以期教养穷黎。"③

光绪二十九年（1903年）以后，工艺局归入商部（农工商部）办

---

① 《清实录》第58册，中华书局1987年版，第473—474页。
② 《清实录》第58册，中华书局1987年版，第612页。
③ 彭泽益：《中国近代手工业史资料（1840—1949）第二卷》，生活·读书·新知三联书店1957年版，第506—507页。

理。该局"原为讲求制造，提倡工艺之地，历经遴员拨款，整顿改良，规模渐已略备"①。工艺局对于"京货所著名者，如景泰琅绒毯平金雕刻之类，精益求精，以广销路。洋货所浸灌者，如纸张布匹针钱火柴蜡烛之类，设法仿造，以塞漏卮"。②

创立北京工艺局意在为推动全国各地建立工艺局树立楷模。农工商部认为，"中国工业正当幼稚之时，非示以模型，无由收振兴之明效"③。《工艺局添筑新厂力图扩充谨将办理情形暨拟定开局日期具奏折》称："近复屡奉谕旨，饬令各省振兴实业，鼓励商民。京师首善之区，尤宜鼓励维持，以期工业繁兴，俾为各省表率，自非由官设局厂，先行推广研求，不足以示模型，而资观感。"④

光绪三十三年（1907年）十月，改组后的农工商部将工艺局大加扩充，添购土地，建筑新厂，新建厂房970余间，"分设织工、绣工、染工、木工、皮工、藤工、纸工、料工、铁工、画漆、图画、井工等十二科"。又"设立成品陈列室，罗列货品，以资研究，设立考工楼，搜集中外新奇制造，以备参考，拟定试办简章三编，计十五章二百九条"⑤。工艺局扩充事宜由左丞耆龄、右参议袁克定经理。其具体情况见下表。

---

① 彭泽益：《中国近代手工业史资料（1840—1949）第二卷》，生活·读书·新知三联书店1957年版，第508页。

② 彭泽益：《中国近代手工业史资料（1840—1949）第二卷》，生活·读书·新知三联书店1957年版，第519页。

③ 《农工商部奏通饬各省精研工艺并先酌予奖励折》，载《商务官报》宣统二年第一期。

④ 彭泽益：《中国近代手工业史资料（1840—1949）第二卷》，生活·读书·新知三联书店1957年版，第508页。

⑤ 彭泽益：《中国近代手工业史资料（1840—1949）第二卷》，生活·读书·新知三联书店1957年版，第508页。

1904—1908年商部农工商部工艺局情形[①]

科别及制品	工师匠徒（人）					经费
	共计	工师	匠目	工匠	工徒	
共计12科	501	12	44	53	392	光绪三十年支购地盖房及各科采办材料成本共京平足银9685.7两，经常费京平足银16000两。光绪三十一年经常费京平足银17000两。光绪三十二年修筑马路5700两，经常费13000两。光绪三十三年改建工程费京平足银108643.07两，扩充各科经费京平足银20000两，各科材料费京平足银50000两，经常费京平足银30338.9251两。
织工科：织直纹斜纹各种花素细布，织成各式爱国布14820件。附织巾：织成各式床巾、毛巾13750件	146	1	2	13	130	
提花科	41	1	3	2	35	
绣工科：绣屏风挂镜等类，其质量与日本高等成品相埒，绣成大小镜屏401件	28	1	6	5	16	
染工科：用外洋煤染之法，染成大小印花巾1896件，染漂各色线料4388件	23	1	3	2	17	
木工科：制成中西各式桌椅等器5103件	35	1	10	3	21	
皮工科：制成大小靴鞋包箱1790件	21	1	1	3	16	
藤工科：制桌椅几架之类并仿照日本竹器，制成各式藤竹器具1528件	35	1	1	5	28	
料工科：制成各式花台瓶碟灯碗29350件	42	1	2	4	35	
纸工科：制成各式美浓纸2030件	30	1	1	3	25	
画漆科：制几架盘盒等件，制成大小陈列器具833件	25	1	1	3	20	

---

① 彭泽益：《中国近代手工业史资料（1840—1949）第二卷》，生活·读书·新知三联书店1957年版，第510页。

续表

科别及制品	工师匠徒（人）					经费
	共计	工师	匠目	工匠	工徒	
图画科：画中法工细花卉，西法水彩山水及各种油画，画成水彩油画摹仿照相885件	50	1	11	5	33	光绪三十四年经常费京平足银42000两，售品处经常费京平足银5640两，添置各科经费京平足银6239.2351两
铁工电镀科：用机器制造各种器具	25	1	3	5	16	
井工科：凿井24眼						

资料来源：《农工商部统计表》工政，第5—7页，1908年；《第二次农工商部统计表》工政，第4—5页，1909年。

附注：（1）光绪二十八年五月创办，三十三年十月扩充。

（2）全局额定工师10名，匠目7名，副匠目5名，头等工匠5名，二等工匠31名，三等工匠16名，工徒426名，共计500名。

（3）染工科附设踩布及彩印。

（4）提花原附设于织工科，光绪三十四年由外洋采购新式提花机12架专立提花科。

（5）光绪三十三年开办首善工艺厂，将纸工科全科工师工匠及一切家具拨交该厂。

（6）设售品所两处，光绪三十四年共售进银34886.384两，除工料外盈余银4652.804两。

北京工艺局的开办取得了很大的成绩，并成为全国各地开办工艺局的示范。如"河南自去岁兴办工艺，渐有成效，惟地僻人愚，开通不易，是以尚难推广。陈中丞以京师工艺局成效最著，特派候补知府陈太守来京调查一切"[①]。

北京除了商部农工商部工艺局之外，还有光绪三十年（1904年）慈禧于内廷开办的女工艺局。据光绪三十年十二月二十二日《北京报》载："前因皇太后饬谕内务府大臣，召选浙中妇女，能纺绩工针绣者数人，纳于宫中，以教宫女学习各项女工。兹闻皇太后致心振兴

---

① 《派员调查工艺》，载《大公报》1905年3月9日。

工艺之际，拟将内廷女工大为推广，添招织妇，无论往福晋命妇等，均准入内肄业，以期化民成俗云。"①

3. 京师习艺所、北京首善工艺厂

京师习艺所为劳教场所，其宗旨是："惩戒犯人，令习工艺，使之改过自新，藉收劳则思善之效。并分别酌收贫民，教以谋生之技，能使不至于为非。"②

习艺所创办于光绪三十一年（1905年）七月，由管理工巡局事务大臣那桐奏请设立，地址在西城皮库胡同神机营旧基，初隶工巡总局，光绪三十二年（1906年）改隶巡警部，民政部成立后改归该部直辖。

巡警部接管京师习艺所后，于光绪三十二年（1906年）二月派候选道朱启钤担任监督，对京师习艺所进行管理。朱启钤拟定了《京师习艺所试办章程》，同年四月正式开办。京师习艺所内办事机构有5处2科：文案处、会计处、考工处、庶务处、稽巡处、诊治科、教授科。其中，考工处，掌考察工艺及技师勤惰，并出纳物品事；庶务处，掌置办、保存各项杂件，约束所中夫役人等。③

贫民习艺的主要内容是工艺制作。习艺的种类有5种，即织布、织带、织巾、铁工、搓绳，其木工、缝纫等科及各项工作应随时陆续添设。其中，织布、织带、织巾、铁工为正艺，搓绳为副艺，"犯人、贫民入所各就其性之所近分别学习。其性质愚鲁、不堪造就及犯人罪期过短者，则使搓绳并执扫洒、灌溉、操作等事"，"犯人期限非九十日以上者，不得使习正艺，其习正艺而限满未熟者，酌量拨入贫民类

---

① 彭泽益：《中国近代手工业史资料（1840—1949）第二卷》，生活·读书·新知三联书店1957年版，第515页。
② 中国第一历史档案馆：《清末开办京师习艺所史料》，载《历史档案》1999年第2期。
③ 中国第一历史档案馆：《清末开办京师习艺所史料》，载《历史档案》1999年第2期。

中续习"。①

光绪三十三年（1907年），奕劻等奏准设立北京首善工艺厂。光绪三十四年（1908年）八月十二日的《庆亲王奕劻等奏开办首善工艺厂情形》曰："查外火器营及圆明园八旗包衣三旗精捷营等处，旷地较多，穷乏尤伙，最为相宜，拟就各营校场内空间地基，分设工艺厂七处，复于城内东西城分设工艺厂二处，现已将次竣工，当即责成农工商部左侍郎熙彦为督办，以总其成；镶黄旗蒙古副都统春禄等五人为会办，以理其事，即就东城工厂作为办事处所，统俟各项工竣，定期开办……如果办有成效，当再渐图推广。"②

北京首善工艺厂的经费开支包括开办及常年经费，"在京师内外城地方，分建首善工艺厂数区，两载经营，计共筹有十二万余两，存储大清银行。开办及常年不敷经费，后经臣世续那桐袁世凯铁良合力捐筹，由北洋拨助银五万五千两，民政部筹银一万两，合大清银行前款作为开办经费。此外外务度支陆军农工商邮传等部，每年各拨银一万两，北洋每年拨银三万两，南洋每年拨银二万两，臣奕劻等常年陆军部公费一万二千两，一并尽数拨付，又闽浙总督由福州全省每年拨银二千两，崇文门由盈余项下每年拨银二千两，计共十一万六千两，即以之作为常年经费"。③从经费开支来看，北京首善工艺厂的经营规模是相当大的。

除了京师习艺所和北京首善工艺厂外，清末北京地区还开有其他一些工艺局厂，如北京北洋官立第一、二工场、密云县教养局等。需要指出的是，有些工艺局厂已采用新法生产，间或使用机器。其基本情况见下表。

---

① 中国第一历史档案馆：《清末开办京师习艺所史料》，载《历史档案》1999年第2期。

② 彭泽益：《中国近代手工业史资料（1840—1949）第二卷》，生活·读书·新知三联书店1957年版，第525页。

③ 彭泽益：《中国近代手工业史资料（1840—1949）第二卷》，生活·读书·新知三联书店1957年版，第525页。

北京传习工厂概况（1904—1910年）[1]

工场名称	开办年月	经费（两）开办	经费（两）常年	艺徒人数	科目	备考
北京北洋官立第一工场	1905年8月	7600	350—4390	61	织工、染工、木工	本场用新法改良织业，招收自费官费生
北京北洋官立第二工场	1906年4月	12884	1500—3570	55	织工、木工	本场用新法改良织业，招收自费官费生
密云县教养局	1906年5月	京钱2800串	2000	10	织布、编筐	
昌平州工艺局	1904年9月			8	织布、荆条	织造间用机器

附注：开办年的月份为农历。

资料来源：孙多森：《直隶实业汇编》卷六《工学》，宣统二年劝业公所铅印本，第66—83页。

4. 合并工部

光绪二十九年（1903年）成立的商部下辖四司：保惠司、平均司、通艺司、会计司，其中通艺司，"专司工艺、机器制造、铁路、街道、行轮、设电、开采矿物、聘请矿师、招工之事"[2]。商部的职权范围极大，涉及农、工、商、矿、交通等有关经济发展的各个方面。然而，商部的权限往往与其他部有重叠或冲突。如工部"一职，兼古之水火工虞，如河工、海塘、水利、船政、度量权衡、矿冶之利、山泽之材，其事多与农工商相表呈，循名核实，皆应并入……以一

---

[1] 彭泽益：《中国近代手工业史资料（1840—1949）第二卷》，生活·读书·新知三联书店1957年版，第528—532页。
[2] 《奏定商部开办章程》，国家图书馆清史文献中心藏。

163

事权"①。通艺司又多与外务部考工司主辖的"铁路、矿务、电线、机器制造、军火、船政、聘用洋将洋员、招工、出洋学生等事务"②相抵触。

光绪三十二年（1906年）九月，清政府宣谕中央官制改革方案，其中包括"工部着改并入商部，改为农工商部"③，理由是"农、工、商为富国之源，现设商部，本兼掌农、工，仅名曰商，意有未备"④。

本来，工部掌管的事务非常广泛，主要有铸币、建筑工程、水利道路建设，以及官府所需物品的手工作坊等。以宝源局为例，起初规模很大，每年耗铜达五十九万七千斤，"老局设老炉十二座、勤炉六座，新局设老炉十三座，共三十一座"，"每岁铸钱十二卯，共得钱七万五千串有奇"⑤。到了清朝末年，各地纷纷建立铜元局，改用机器制造铜元，光绪三十一年（1905年）清廷遂裁撤宝源局，缩小了工部的职权范围。职能日益萎缩的工部被归并，已是势所必然。

农工商部对工部职能进行了有选择的吸纳。据当时的新闻报道："农工商部堂宪以本部所谓工者系专指工艺而言，与从前工部之工字义不同，故拟酌分事项于他部以清界限，而仅留都水一司于本部，因水利一项岁入颇巨，藉此可以增加常年经费。"⑥

工部并入农工商部后，农工商部只接受都水一司，即有朝臣提出异议。光绪三十二年（1906年）十二月初八日，御史王步瀛上奏曰："恭读九月二十日懿旨，以工部并入商部，改名农工商部，谨译圣意，原不过以类相从，俾归简要，未尝谓司空职掌举可废弃也。乃风闻农工商部改订大旨，于工部旧署仅留都水一司，其虞衡、屯田、营缮各

---

① 商务印书馆编译所编：《大清光绪新法令》第16册，上海商务印书馆1909年版，第81页。

② 李鹏年主编：《清代中央机关国家概述》，黑龙江人民出版社1983年版，第250页。

③ ［清］朱寿朋编：《光绪朝东华录》，中华书局1958年版，总第5579页。

④ 故宫博物院明清档案部编：《清末筹备立宪档案史料》上册，中华书局1979年版，第471页。

⑤ 《光绪大清会典》卷六十二《工部钱法堂》。

⑥ 《农工商部划清权限》，载《大公报》1906年11月14日。

司之事，归诸礼部者十一，归诸内务府者十九。夫礼部所职与工程既绝不相类，而内务府办事情形更难以各部相例……倘竟照此办法，将来之弊必无异于从前之工部……今该部注重工艺诚当，然遂谓除水利外一切工程，无关官守，按之经意则不典，稽诸祖制则非法，意果何居。论者谓商部虽系新署，而其用事司员未能全无习气，此次摈斥各司，正以承澄清之后而然……惟是昔日之工与今日之农工商，均为圣朝设官分职之一部，当今改并之初，凡该部堂司各官，受兹重任……倘竟不究其端，不讯其末，师心自用，于去留分际，不求至当之归，至嗣后国家仍岁糜无数金钱……倘能特饬农工商部各堂官会同该尚书，将原有工部事务悉心筹划，厘订职守，务期名实相符。"[1]

在王步瀛上奏的第二天，军机大臣奕劻等上奏《厘定农工商部职掌及员司各缺折》，主张："除旧隶工部各事宜，与臣部名实不符者，另行奏明，请旨分隶他部外……改通艺司为工务司，专司工政。"[2]同日，奕劻还上奏了《酌拟将工部主管各事分别归并办法折》，折中将原来工部的职权分别分割于农工商部、民政部、度支部、内务府、礼部和陆军部等。[3]

(二)官营手工业的工匠管理

1. 工匠的来源与构成

关于工艺局中的工匠构成，黄中慧在《倡议北京善后工艺局说帖》中说："工艺局所收之人，大约可分为三等：择其向有手艺者，就其所长付以所需物料，制造成件后，交公中发卖，并令其教授他人，此为第一等。其次，则选其年轻而性情灵敏者，就其性之所近，

---

[1] 故宫博物院明清档案部编：《清末筹备立宪档案史料》上册，中华书局1979年版，第479—480页。

[2] 故宫博物院明清档案部编：《清末筹备立宪档案史料》上册，中华书局1979年版，第480—481页。

[3] 故宫博物院明清档案部编：《清末筹备立宪档案史料》上册，中华书局1979年版，第482—483页。

令习一技，如织布、织带、平金、刺绣、雕刻牙本、制造景泰蓝之类，为第二等。其余粗笨老幼残疾之人，则可令其织席、打绳、编制、箕帚及一切粗浅易为之事，量力课程，为第三等。"工匠的来源则以游民为主，黄氏所拟《北京工艺局创办章程》言："游民约有数种，除老弱残废，由五城另行收养外，其余以身家清白，穷无所归者为上；本有行业，避难流离者次之；平日懒惰性成，兼有嗜好者又次之；甘心下流，近于邪僻者为下。——问明来历籍贯，取有切实保人，登注册簿，方可收留。"除游民外，还"有孤贫幼童，愿来习艺者，亦准取保挂号，挨次传补"。[①]以上黄氏的倡议与设想，对于随后工艺局的正式创办无疑有着直接的影响。

光绪二十八年（1902年）工艺局创办以后，"所有先立各科，如系南省专门工艺，京师尚未仿照者，则招集各该省工匠来京制造，以广其传；其京师已有之工艺，尚当推陈出新者，则招致良工，益加考究，以尽其量"[②]，"流丐中择其少壮者，亦量为收留，计口而授之以食，因材而教之以勤"[③]。

工艺局"招集工徒五百名，聘募工师，分科传习"[④]。工师、工徒的雇（招）募有详细的制度规定。如《雇募工师条例》第一条说明："工师以技艺熟谙、品行端正、情殷传授者为合格"[⑤]；又如《招募工徒条例》对于工徒的年龄、家庭及身体状况、教育程度皆有具体的要求，年岁"以十六岁以上，二十二岁以下者"为合格，工徒"身家

[①] 彭泽益：《中国近代手工业史资料（1840—1949）第二卷》，生活·读书·新知三联书店1957年版，第516、518页。

[②] 彭泽益：《中国近代手工业史资料（1840—1949）第二卷》，生活·读书·新知三联书店1957年版，第506页。

[③] 彭泽益：《中国近代手工业史资料（1840—1949）第二卷》，生活·读书·新知三联书店1957年版，第507页。

[④] 彭泽益：《中国近代手工业史资料（1840—1949）第二卷》，生活·读书·新知三联书店1957年版，第508页。

[⑤] 彭泽益：《中国近代手工业史资料（1840—1949）第二卷》，生活·读书·新知三联书店1957年版，第513页。

清白，体质强壮，毫无疾病者"，而且"须读书一二年，能稍识字"为合格。①

京师习艺所的工匠主要来源于轻罪人犯，此外，酌收一定数量的贫民。②

北京首善工艺厂则专招各营旗丁及京师旗民入厂学习工艺，"京西七厂，专招各营旗丁；内城东西二厂，兼招京师旗民入厂学习工艺"。③

2. 工师（徒）的管理及生活待遇

工艺局中工师（徒）的管理及生活待遇，在《各科匠徒执事规则》《雇募工师条例》《招募工徒条例》中设有具体的规定。

对工师（徒）的管理主要体现在生产管理和赏罚制度上。生产管理方面，工艺局制定了"金字塔"式的管理办法，"工师应听本局（指工艺局）管理及坐办监工约束"，"工徒众多，虽有工师匠目约束，恐难周备，每十名以上酌量选派徒长一名，为工徒表率，听巡查工师匠目指挥"。④还规定了严格的劳作制度，"每日上工前一刻，各匠徒齐集稽查处，各持名牌，听候打点，持牌依次入科。到科后，各将名牌挂监工处，以凭查核"，"匠徒上工时，不准携带违禁之物入场；下工时，不准携带丝毫材料器物出场"。⑤

赏罚方面，工师依其业绩决定升迁，"工师到局后，如能改良旧法，发明新艺，仿照洋货，由本局分别呈明本部，赏给八九品艺士职

---

① 彭泽益：《中国近代手工业史资料（1840—1949）第二卷》，生活·读书·新知三联书店1957年版，第514页。
② 中国第一历史档案馆：《清末开办京师习艺所史料》，载《历史档案》1999年第2期。
③ 彭泽益：《中国近代手工业史资料（1840—1949）第二卷》，生活·读书·新知三联书店1957年版，第525页。
④ 彭泽益：《中国近代手工业史资料（1840—1949）第二卷》，生活·读书·新知三联书店1957年版，第513、511页。
⑤ 彭泽益：《中国近代手工业史资料（1840—1949）第二卷》，生活·读书·新知三联书店1957年版，第511页。

衔，以资鼓励"。①教练工徒也是考核工师一项主要的业绩指标，"工师效力三年，如工徒教育普及，进步迅速，由本局呈明本部赏给九品艺士职衔；效力六年者，赏给八品艺士职衔，以示奖励"。相反，"工师教授不力，屡犯局章，立即革退，所保奖衔，同时销除"。②工徒也是凭其业绩升退，"工徒毕业后，可升为工匠、匠目、工师等名目"，"工徒毕业后，有技艺超群，升作工师者，由局呈请本部赏给八九品艺士职衔执照，以示优异"，"工徒考取之后，有不遵本局条规，或性情懒惰，实在不堪造就者，当随时革退"。③

工师（徒）的生活待遇主要包括衣、食、住及休息、医疗等方面。工师到工艺局后，开始"充二等工师，每月发给辛工银元二十元，伙食在外，以后教练工徒，著有成效，擢升一等工师，每月给辛工银三十元，伙食在外"；"每年由本局发给冬夏两季单夹操衣"。工师患病，"由局医治，并由局预备医药，并不扣发辛工"。④工徒留在工艺局后，"即作为官费工徒，除由局供给火食外，每月酌给津贴银元一元。其去家路远，或家住乡村者，由局酌备宿舍"；"每年春秋两季，发给单夹操衣各一"；"应用书籍纸笔器具，由局发给"。⑤匠徒休息，"每年自腊月二十五日，至次年正月十六日，为年假之期，其余清明、端午、中秋各节，及万寿圣节等日，俱各放工一日，作为本局放假日期"；"每月按星期放假休息"。⑥显然，在薪酬待遇上，工师较之工徒

---

① 彭泽益：《中国近代手工业史资料（1840—1949）第二卷》，生活・读书・新知三联书店1957年版，第513页。
② 彭泽益：《中国近代手工业史资料（1840—1949）第二卷》，生活・读书・新知三联书店1957年版，第513—514页。
③ 彭泽益：《中国近代手工业史资料（1840—1949）第二卷》，生活・读书・新知三联书店1957年版，第514—515页。
④ 彭泽益：《中国近代手工业史资料（1840—1949）第二卷》，生活・读书・新知三联书店1957年版，第513—514页。
⑤ 彭泽益：《中国近代手工业史资料（1840—1949）第二卷》，生活・读书・新知三联书店1957年版，第514页。
⑥ 彭泽益：《中国近代手工业史资料（1840—1949）第二卷》，生活・读书・新知三联书店1957年版，第512页。

高出不少，工徒的生活水准是相当低下的。

二、民间手工业的管理与经营

清代后期，工部职权逐渐缩小，政府对手工业的管理已明显松弛，有些官营手工业走向民间。庚子事变以后，清廷的一些修建工程改为"官工私做"[①]，即招商承包，而不由工部经办。皇室和王公贵族需要的手工业品和日用品更多的要到民间的作坊和店铺里去采买，或责令这些作坊代为制作，而不再自己制造。如慈禧太后宠幸的太监小德张曾在北京开办了一家"祥义"商号，专门为宫内服务。[②]

鸦片战争以后，随着生产力的变革，生产形态发生了相应的变化。1840年至1937年，中国民间手工业的经营形态主要存在依附经营、自主经营和联合经营三种类型。[③]从现有资料来看，在清末京师地区，这几种经营方式虽在一定的范围内有所表现，但还不是主要的经营形态。清代前期的家庭手工业、铺坊制、独立作坊制和个体手工艺人4种类型仍以其历史惯性而继续存在。

[①] 故宫博物院明清档案部编：《清末筹备立宪档案史料》下册，中华书局1979年版，第1297页。
[②] 《北京瑞蚨祥》，生活·读书·新知三联书店1959年版，第15页。
[③] 赵屹：《1840年—1937年我国民营手工艺经营形态研究》，载《山东社会科学》2010年第11期。

第四章

建设北京城的匠师

北京城最早可追溯至西周蓟国的蓟城，此后，经历了唐之幽州城、辽之南京城、金之中都城。而大气磅礴的北京城，则是在元明清三朝奠定和完善的。元大都形成新一代帝都，明清北京城都是在元大都的基础上进行改造的。北京城的营建，充分考虑了北京当时的具体地理和气候情况，同时把中国数千年的造城经验，以及儒家的思想、周易的玄妙融合在一起，汇集了众多规划匠师的智慧和心血，体现了我国古代规划、布局和建筑的最高水平，集中展示了精雕细琢、追求卓绝的工匠精神。

第一节　建设元大都城的匠师

元代大都城的修建，凝聚着我国各族劳动人民，同时也包含了亚洲人民在内的辛劳与智慧。其中涌现出一批杰出的建设者，如刘秉忠、赵秉温、郭守敬、张柔、张弘略、段桢、亦黑迭儿丁、野速不花、高觿、阿尼哥、杨琼等人，他们在大都城的规划设计、组织施工、实际建筑等工程中发挥了举足轻重的作用。

一、元大都的主要设计师——刘秉忠

刘秉忠（1216—1274年），大都城的主要组织和设计者。邢州（今河北邢台）人，原名侃，字仲晦，秉忠是入宫后元世祖忽必烈赐给他的名。秉忠博学多识，尤其对《易经》和邵雍的《皇极经世书》研究甚精，且通天文、地理、律历和三式、六壬、奇门遁甲等卜算之术，而论天下大事如在指掌。经海云禅师推荐，刘秉忠成为忽必烈的幕僚，逐渐受到重用。

刘秉忠曾为忽必烈选址建造了上都开平，南迁前，他又被指定负责主持建造大都。刘秉忠在赵秉温等人的辅助下，首先，对大都的规模以及太庙、社稷、衙属、街市的布局做了全面考虑，并绘成图册和修造条例奏请忽必烈批准，然后，设立专门的建设机构和分派官员。大都设计以《周礼·考工记》为原则，中间是皇城宫苑，东为太庙，西为社稷坛，后面有钟鼓楼和市场，其余衙属有序，街巷井然，居室栉比。全城划为五十坊，至于名胜园林、道观僧舍无不毕备。

据《中奉大夫广东道宣慰使都元帅墓志铭》称，整个大都城的建造都是在刘秉忠的"经画指授"[①]下进行的。至元十一年（1274年）八月，刘秉忠无疾而终，年仅59岁。

---

① ［元］陆文圭：《墙东类稿》卷十二《中奉大夫广东道宣慰使都元帅墓志铭》，四库全书本。

同刘秉忠参与城址选择、设计的还有赵秉温。赵秉温（1222—1293年），字行直，元蔚州（今河北张家口蔚县）人。曾受学于太保刘秉忠。据苏天爵《滋溪文稿》记载，赵秉温奉忽必烈之命，"与太保刘公同相宅，公因图上山川形势城郭经纬与夫祖社朝市之位，经营制作之位，帝命有司稽图赴功"[①]。忽必烈命刘秉忠和赵秉温共同负责地点的选择、城市和宫殿的规划设计。刘赵二人多次勘察地形，研究地理和风水。认为要解决大都水源和城市供水系统问题，并根治永定河水患，必须放弃中都，新都北移。于是他们利用高粱河水系，将新都建筑在中都东北郊外。人工开凿一条河道，将北京西北部玉泉山泉水，经太平桥大街南行折而向东，流经西四南大街之泔水桥，到达中海、南海之间的太液池南岸，注入大内正门崇天门前的周桥，经过南、北河沿流入通惠河。在五行方位之中，这条河位于西方，属金，由西北流入大内，人称金水河，又叫御河。这条河，不准百姓饮用，不许饮马，不准洗漱。同时，丽正门外第三桥南的一棵树，到丽正门的一条直线，就是大都城的中央子午线。这里是真正的龙脉吉地，因而这里就成为皇帝专用御道和御用宫殿的所在地。从秦汉到唐宋，历代的天文、地理大师们都把京城子午线直接作为中央子午线。而将中央子午线与京城中轴线分开，再从规划、设计到建筑，有机结合成一体，则是元大都建设者的创举，他们在中央子午线上建筑了王朝的正殿大明殿，还设计了最为珍贵的七宝灯漏作为大明殿的装饰和照明。元大都新城的营建，前后经过了整整十年。然后，又将八年的时间用于内城的完善和装修。元大都的修建，建立了中国封建社会后期都城的规范。它三重城垣、前朝后市、左祖右社，有九经九纬的街道和标准的纵街横巷制的街网布局，在中国都城发展史上占有重要地位。大都在规划中还注意促进商业的发展，并有发达的给排水系统和完善的军事防御、对内监督设施。在当时是世界上有名的大都市。其中凝聚

---

① ［元］苏天爵：《滋溪文稿》卷二十二《故昭文馆大学士中奉大夫知太史院侍仪事赵文昭公行状》，四库全书本。

了刘秉忠、赵秉温师生二人的智慧，最后的图纸则是赵秉温绘制的。

二、修建通惠河的功臣——郭守敬

郭守敬（1231—1316年），字若思，顺德邢台（今属河北省）人。曾问学于刘秉忠。中统三年（1262年），郭守敬受到元世祖忽必烈的召见和赏识，后被任命为都水少监。至元二年（1265年），郭守敬建议凿开金口河旧渠，以便漕运燕京西山的木石材料，兴建宫室。

至元二十八年（1291年），郭守敬领导开辟汇集大都附近水源的白浮堰，主持了大运河最北一段——由通州到大都积水潭的通惠河的修建工程。郭守敬经过考察，发现当时的玉泉山、瓮山泊本有水源，但量不足，于是另向北寻，引昌平白浮泉水西折南行，与瓮山泊汇合，然后自大都西水门入城，环汇积水潭，复东南折出南水门，合金代运粮河而至通州。这样，便把大都西北水源与城内水源汇合为一体，大大加大了水量。但是，由于自通州至大都地势渐高，通粮西运仍很费力。于是，郭守敬又自通州起分段设七闸，上置斗门，通过闸门分段提高水位，这样，便可将通州仓粮很快运往大都。郭守敬根据地形地貌解决了通惠河的水源问题，而且在运河中设闸坝、斗门，解决了河水的水量和水位问题。至元三十年（1293年），忽必烈自上都回到大都，看到运河已修成，积水潭舳舻蔽水，非常高兴，命此河为"通惠河"，赐给郭守敬钞一万两千五百贯。

三、元大都的杰出建造者——亦黑迭儿丁

具体负责领导修建大都工程的是张柔、张弘略父子以及段桢等人。至元三年（1266年），元世祖加张柔荣禄大夫，命判行工部事，主持大都的城建，张弘略帮助其父工作，任筑宫城总管。在兴建大都时，行工部尚书段桢所起的作用较大。他不仅自始至终参与了大都城的修建工作，而且在后来还长期担任大都留守。大都城建成后相当一段时间内，城墙、宫殿、官署、河道的维修和增设，都是由他负责的。

元朝在建设大都城时，不仅启用汉人张柔、张宏略父子等做工程负责人，而且还挑选西域回族人亦黑迭儿丁、蒙古人野速不花、尼泊尔人阿尼哥、女真人高觿等参与大都城规划及宫殿苑囿建设。

亦黑迭儿丁，又名"也黑迭儿"，元代著名的匠师，亲自参加了元大都的城市和宫殿设计，并领导了工程施工。元世祖即位后，受命管理茶迭儿局。至元元年（1264年），元世祖采纳了亦黑迭儿丁的建议，决定重修琼华岛（即今北京北海公园的前身），并任命亦黑迭儿丁负责此项工程。琼华岛原是金朝离宫万宁宫的组成部分，几经战乱，只剩下一片废墟。亦黑迭儿丁按照中国传统建筑形式，在旧址上重新修建以广寒殿、太液池为中心的皇宫园林，历经两年，工程竣工。忽必烈对他出色的组织管理水平、高超的建筑才能非常满意，命他担任茶迭儿局诸色人匠总管府达鲁花赤，兼领监宫殿。

当时，元朝刚刚定都燕京，国力强大，威震四方，需要建设一个规模宏大、华丽庄重的首都。为此，亦黑迭儿丁受命主持浩大的修建大都工程，"采中国制度，而行以威加海内之规模"，典型地体现了我国古代帝都建筑的理想：正方形的大城（表现皇权至上的思想），东西南三面，每面各设三个城门，北面设两个城门，共11个城门，城内有笔直的通衢。大城正中，前方是朝廷宫阙，后方是商业市场，左方是太庙，右方是社稷坛，形成了"前朝后市，左祖右社"的体制。以琼华岛和周围的湖泊（今中南海和北海）作为设计中心。把三组宫殿环列在湖泊两岸，用萧墙（即后来的皇城）加以环绕，成为都城的核心。城内各城门之间，以东西方街道为主，笔直的道路纵横竖直、相互交错、排列整齐，据此分割全城为50个坊，每坊各有名称，作为居民的居住单位。身为少数民族的亦黑迭儿丁对中原建制的运用达到如此熟练的地步，这在古代建筑史上尤为少见。

为了保障工程的顺利进行，各个环节组织也非常重要。诸如日程的安排、工匠的选择、器材的准备、运输的组织，亦黑迭儿丁都做了周密的规划，对工程付出了全部心血和智慧，史书上说他"受任劳勚，夙夜不遑，心讲目算，指授肱麾，咸有成画"。在施工中，他亲临现场指挥，尽量节省资财，使役工劳动适度，他要求做到"役不厉民，财不糜国，慈足使众，惠足劳人"，不把工匠当奴隶，受到了工匠们的尊敬。修建宫城，要指挥庞大的建筑队伍，动用繁多的物料，科学安排各道工序的进程以及运输、储存等，施工的难度可想而知。经过八年时间的连续施工，工程基本上告竣。亦黑迭儿丁殚精竭虑，工程告竣后不久，他便离开了人世。工匠们非常怀念他，在他去世后特地为他雕刻了一尊形象逼真的石像，但因为此举不符合伊斯兰教的教规，只好作罢。卒后，被元世祖追封为"赵国公"，谥"忠敏"。

元大都的规划是一种规模巨大、规划性很强的帝都设计。亦黑迭儿丁这位来自阿拉伯的建筑设计大师，对中国传统的建筑体制没有生搬硬套和机械模仿，而是在继承中有发展、采纳中有创新。在此后的数百年间，虽然对大都宫城做过多次修缮和扩建，但大体上以元初建筑为基础，它是中华民族极其宝贵的历史文化遗产。

亦黑迭儿丁去世后，其子马哈马沙袭其职，阶至正议大夫，授以工部尚书，领茶迭儿局诸色人匠总管府达鲁花赤。其后，马哈马沙的次子木八剌沙以正议大夫领茶迭儿局，元贞年间授工部尚书；四子阿鲁浑沙没有做官，其子蔑里沙后继领茶迭儿局总管府达鲁花赤。

从亦黑迭儿丁到蔑里沙，祖孙四代人主持元廷工部的工作，可以说是名副其实的回族工程世家，为大都城的建设做出了卓越的贡献。[①]

四、白塔寺的兴建者——阿尼哥

至元八年（1271年），忽必烈敕令在辽塔遗址上重建一座喇嘛庙。当时入仕元朝的尼泊尔匠师阿尼哥主持兴建，经过八年的设计和施工，到至元十六年（1279年）建成大圣寿万安寺（明代改称妙应寺，俗称白塔寺）。寺内佛塔通体洁白，高大挺拔，造型优美，以其巍峨精美成为大都城的标志性建筑。阿尼哥受到元太祖忽必烈的多次嘉奖：至元十年（1273年）他被授予"诸色人匠总管"；至元十五年

[①] 王锋主编：《中国回族科学技术史》，宁夏人民出版社2008年版，第245—246页。

(1278年)又被擢升为光禄大夫、大司徒，领"将作院"之事。"将作院"即掌管宫廷服用及各类器物制造的机构，主官秩正二品。大德十年（1306年）阿尼哥猝然逝世于大都。元成宗特地为他辍朝致哀，并赐予这位"洋工匠""太师""开府仪同三司""凉国公""上柱国"等尊号。

五、石作匠师——杨琼

大都城的兴建历时20余年，包括宫城、宫殿、皇城、都城、王府等工程的建造，先后从全国招募了大量的工匠，石匠杨琼是其中之一。

据《曲阳历史名人录》记载：杨琼系今河北省曲阳县西羊平村人，出身于石工世家，其石雕技艺"每自出新意，天巧层出，人莫能及焉"。杨琼曾率领上千石匠参加上都（今内蒙古正蓝旗上都镇）和大都的营建。他所设计的石质构件在雕刻技法上多采用平雕、浮雕、镂雕等工艺，不管是神像、飞龙、舞凤、人物肖像，还是飞禽、走兽、山水等，都结构严谨，造型优美，形象逼真。忽必烈看到他雕琢的石刻后大为赞许，封其为"弘农君伯侯"，官居三品。

至元十三年（1276年）修建皇城崇天门前的周桥时，杨琼被任命为石局总管。当时，很多人"绘以图进，多不可"，而杨琼的设计方案令忽必烈非常满意，"因命督之"。杨琼在雕造此桥时，运用了圆雕、涂雕、高浮雕等多种刀法，所建之桥具有极高的艺术水准，堪称元代石雕艺术的精品。《故宫遗录》称："皆琢龙凤祥云，明莹如玉。周桥下有四白石龙，擎戴水中，甚壮"。据传明代皇城的建造者在修建天安门前的金水桥时，就是借鉴元代周桥的样式而建的。

与杨琼同来修建大都的还有他的老乡王浩、王道兄弟二人，当时都是非常有名气的石匠。他们和众多的石工一起，为大都城的建设做出了流传百世的历史功绩。

第二节　建设明北京城的匠师

有明一代，北京城的营建，涌现出很多著名的匠师，如建筑师蒯祥、阮安，木工徐杲，瓦工杨青，石工陆祥等。他们在修建殿坛、陵寝等建筑中，展现了很高的技能。

一、一生深受重用的"蒯鲁班"——蒯祥

蒯祥，字廷瑞，江苏苏州香山人（今吴县胥口地方），生于明洪武三十年（1397年），卒于明成化十七年（1481年）。

蒯祥出生在一个木工世家，祖父蒯思明、父亲蒯福都是当时的知名匠人，尤其是蒯福，洪武年间便曾参与营建南京宫城，供职于工部，任木工首领，在工匠圈内有着很高的声誉。蒯祥受家世背景的熏陶，自幼便表现出了对木工技术的浓厚兴趣，他略读了几年书后就辍学承袭祖业，随父亲学习技艺，年未弱冠便赢得巧匠之名。

明永乐十五年（1417年），成祖皇帝朱棣在北京建造紫禁城，蒯祥随父应征来到北京，参加了许多重要的建设工程。蒯祥一生历经洪武、建文、永乐、洪熙、宣德、正统、景泰、天顺、成化共9朝8帝，始终深受重用，先后参与、主持修建了承天门、乾清坤宁两宫、奉天华盖谨身三殿、景陵、裕陵、西苑、隆恩寺以及王府5处、衙署6座，其他规模较小而未载于史册的作品，当亦不在少数，惜不可考。《明宪宗实录》记载："自正统以来，凡百营造，祥无不预。"

蒯祥精通尺度计算，每项工程施工前都做了精确的计算，竣工之后，位置、距离、大小尺寸都与设计图分毫不差。紫禁城开始修建后，蒯祥担任"营缮所丞"（负责工程设计与施工）。紫禁城的布局，多出于他的巧妙设计。明永乐十八年（1420年），承天门建筑完工后，蒯祥受到众口一词的赞扬，被誉为"蒯鲁班"。

蒯祥还常常解决一些技术难题。有一次一位木工锯皇极殿宫门门槛时，不小心将木料锯短了一尺。这根木料是缅甸进贡的珍贵巨木，

这个工匠面临杀身之祸，吓得没了主意。蒯祥端详了一会儿，认为没有关系，可以补救。蒯祥接过锯子将另一头也锯短一尺。锯完后，他按尺寸另外雕刻了两个口中含珠的龙头，用活动头装到锯短了的门槛上。再把门槛安装到门上，尺寸完全吻合，而且便于拆卸。这种装置，被称为"金刚腿"。

蒯祥供奉工部的60余年间，凭借自己的真才实学屡获升迁，从最基本的营缮匠升任为营缮所丞，此后积功由营缮所丞至营缮所正、营缮清吏司员外郎、太仆寺少卿。正统十二年（1447年），提升为工部主事。景泰七年（1463年），和石工一起被授予工部右侍郎，之后于成化二年（1466年）转升左侍郎，位居正二品。成化十一年（1475年），特赏食从一品禄。蒯祥卒后，明宪宗朱见深特派人致祭，追赠其祖、父为侍郎，荫其二子，一为锦衣千户，一为国子监生。蒯祥生前居处也改称为"蒯侍郎胡同"，为京师工匠聚居之地。

二、重大建筑的总设计师——阮安

阮安，又名阿留，交趾人。永乐年间，英国公张辅征伐交趾凯旋，一批交趾人被送到宫中当宦官。成祖很喜欢他们，教他们读书，培养他们办事的能力。阮安即是其中之一。

阮安对于设计和管理大规模建筑和工程项目很有天赋。阮安很聪明，精通数学、建筑学，对什么事都肯认真动脑筋思考。成祖准备迁都北京时，派他到北京参与营建城池、宫殿和多个官署的衙门。他眼睛测量着，心中琢磨着，设计得迅速而又非常精密周到，工部只是按着他的设计施工而已。[①]

永乐时代的北京城墙，因袭了元代城墙旧基，只有北墙略向南移，南墙略向南展筑，但月楼、城铺等制尚不完备。正统二年（1437年），明英宗命阮安修建北京城九门城楼。修正阳门正楼一个，月城上左右楼各一个；其他八门，各修正楼一个，月城楼一个，各城门门

---

① 《明史》卷三〇四《宦官一》。

洞，均改用砖砌筒壳。各门外立牌楼。城四角立角牌楼。同时，加深城外四周之护城河，四涯悉筑以砖石，以便加固。九门旧木桥均撤掉，改筑石桥。两桥之间，各设水闸，护城河自西北隅环城而东流，历九桥九闸，从城之东南隅经大通桥东去。到正统四年（1439年）四月完工，历时三年之久。

在修建京师九门城楼的濠桥时，工部侍郎蔡信扬言工程浩大，非征用18万民夫不可，而且把需要用的物料、工费，都估算得很多。但阮安精心筹划、核算后，否决了他的意见，充分利用了国库中现存的物料，只征驻京军1万多人，让他们停止操练，参加兴建工程。由于阮安廉洁奉公，工作努力，善于计划又体恤下情，所以军士工作都很积极。阮安只用一年时间便完成了任务，而且工程质量很好，被大学士杨士奇赞为"崇楼杰宇，岿巍宏壮，环城之池，既浚既筑，堤坚水深，澄洁为镜，焕然一新"，并肯定为"前所未有"。[1]

正统五年（1440年）三月，阮安受命重建北京宫殿中的奉天、华盖、谨身三殿和乾清、坤宁二宫。他在已有的基础上，精思擘画，再接再厉，至次年十月而完工。重建后的三大殿，比原来的建筑更为壮观。正统七年（1442年），阮安又受命设计建筑宗人府、吏部、户部、兵部、工部、鸿胪寺、钦天监、太医院、翰林院等诸司公宇。正统十年（1445年），阮安与成国公朱勇等督工修筑北京城墙。当时京师城墙外面系砖石，内为土筑。阮安奉令，改为内外皆用砖石。此外，他还督修国子监，负责治理杨村驿河等工程。

阮安主持完成的城垣、门楼、桥闸等项目甚多，有的建筑实物，如城墙角楼——北京内城东南城墙角楼，至今仍在北京火车站东侧矗立无恙，已被公布为全国重点文物保护单位。

可以说，阮安是明朝永乐至正统年间几乎所有重大建筑的总设计师。明人叶盛《水东日记》云："（阮安）为人清苦介洁，善谋划，

---

[1] ［明］叶盛：《水东日记》卷十一《阮太监修营劳绩》，中华书局1980年版，第123页。

尤长于工作之事。其修营北京城池、九门、两宫、三殿、五府、六部诸司公宇，及治塞杨村驿诸河，皆大著劳绩。"[①]可见他对营建北京做出的巨大贡献。

三、著名匠师——徐杲、雷礼、杨青、陆祥、陈珪、吴中、朱信、蔡信

除蒯祥、阮安外，还有徐杲、雷礼、杨青、陆祥、陈珪、吴中、朱信、蔡信等人，都在营建北京的工程中展现了各自的建筑水平和组织能力。

徐杲，江苏扬州人，工匠出身。嘉靖年间（1522—1566年）以技艺高超征入京师，官至工部尚书，曾多次负责重大工程设计及施工。嘉靖三十八年（1559年），与工部尚书雷礼重修奉天、华盖、谨身三大殿（即现在的太和三殿）。嘉靖四十年（1561年），西苑内永寿宫遭受火灾。同年十月，徐杲用"三大殿"的余材，重修永寿宫。从动工到落成，不到四个月。徐杲还参与监修卢沟河大堤工程。

每当有营建工程时，徐杲总是先独自精心钻研，进行计算，他技术娴熟，总能使得材料的长短大小与原规划不差分毫。在重建三大殿时，因上次修缮是在宣宗宣德年间（1426—1435年），匠师们都因为没有资料而束手无策，只有徐杲能想出用料，计算出用量，计算精准到等工程落成后，不差尺寸。徐杲首创"积木为柱"的拼木技术，节约了大量木材和人工，对清代建筑产生深远影响。

雷礼，江西丰城人，他因为勤恳聪明而被明世宗所重用。曾负责督修奉天、华盖、谨身三殿和永寿宫，并在卢沟河修桥。他总是与工匠徐杲一起规划实施工程建设。

杨青，南直隶金山卫（今上海金山区）人。幼名阿孙，杨青之名为明成祖朱棣所赐。永乐初，他以瓦匠身份到北京时，正好遇上内府

---

① [明]叶盛：《水东日记》卷十一《阮太监修营劳绩》，中华书局1980年版，第123页。

的新墙砌成后出现蜗牛痕迹。明成祖向他询问原因，他回答说这是石灰带来的，成祖很赞赏他的回答。后来营建宫阙时，明成祖将其任命为都知。杨青具有组织管理才能，在工期紧、工序十分复杂的宫殿施工过程中，能精确地预算各种工料和匠工、小工的配备，使各项工程有条不紊地进行，而且很少停工待料，后升任为工部左侍郎。

陆祥，江苏无锡人，著名石匠，来到北京后专门雕刻各种石雕建筑材料。他能用一寸大小的方石，镂刻成水池，里面又镂刻鱼龙水藻等石刻作品，在池水的映衬下，鱼虾水藻如同活的一样。现在故宫太和殿前和保和殿后的雕刻台阶，长16米，宽3米，雕刻着海水云龙，形象逼真栩栩如生。它与天安门前交龙环绕、浮雕精美的华表，可能都是陆祥的杰作。①

陈珪，江苏泰州人，洪武初年，随大将军徐达平中原，永乐时从成祖出塞，封为泰宁侯。"永乐四年，董建北京宫殿，经画有条理，甚见奖重。"他负责的是正式宣布迁都前的第一期工程。

吴中，山东武城人。正统六年（1441年）以建殿工成，进少师。吴中擅长规划计算，先后在工部20余年，北京宫殿，长陵、献陵、景陵三陵，他都参与营造。

朱信，华亭（今上海市松江区）人。据康熙《松江府志·艺术传》记载，朱信，精通算术，逐步升官至户部郎中。"时甃某处城，使信计之，当用砖若干。既而有余，诘之，谢曰：'此失灰缝耳！'如其言度之，不失尽寸。"②

蔡信，阳湖（今江苏武进）人，从小学习木工手艺，十分精通建筑技艺。永乐年间营建北京城，他来到北京担任工部营缮司郎中，负责调度指挥几项重要的营建工程。宣德年间（1426—1435年），他负责指挥10万民匠从事十三陵中景陵的营建，只用了3个月，外省工匠尚未到齐，就把陵墓修成了。可见，蔡信技术水平和组织能力的高

---

① 韦唐、洪宇：《北京——人文荟萃之所》，人民教育出版社1998年版，第22页。
② 康熙《松江府志·艺术传》，引自杨永生编：《哲匠录》，中国建筑工业出版社2005年版，第148页。

超。蔡信不只是营建皇家宫殿楼阁、园林陵墓，而且在皇城外河等处修建了3座水磨，供百姓磨面用，节省了人们的劳力。[①]

四、知名匠师——贺盛瑞、冯巧

明代故宫内的宫殿始终处于维修和重建之中，从明后期的万历（1573—1620年）到崇祯（1628—1644年）年间，朝廷修建的工程主要有"后三宫"（乾清、坤宁宫的火灾后修复以及交泰殿的建造）。知名的匠师有贺盛瑞和冯巧。

贺盛瑞（1553—1615），字太微，号凤山，河南获嘉人。万历年间任工部营缮司郎中，主要负责皇家宫殿陵墓等工程的建筑和维修。在任期内他曾主持维修了景陵、献陵、永宁公主坟，并主持修建了故宫的乾清、坤宁两宫。

乾清宫工程原估算造价白银160万两，他采用大小60余项改革措施，节约工银92万两，为原估价的57.5%。他的节约措施可概括为：杜绝钻营请托积弊，严格控制办事机构的设置，改变雇工备料旧例，明确施工组织管理责任制，重视经济核算。他在计算报酬方面提出"论功不论匠"的原则，按实际劳动成果给予工值，而不限于用工人数和工时，并发给工匠现钱，刺激工匠的劳动积极性。他将征派工匠制度大部改为就地雇工，并将科派各省交纳的工程材料改为招商买办，保证了工程进度和材料质量，将工程分为若干工区，各委官负责，相互竞赛，明示赏罚，又分设监督和巡视两官，用以督工和纠察，相互制约。他还建议：官造运输车辆交民户领用，车价可以从运费中分5年扣还，官私两利。工程中所搭临时工棚，半价折算给工匠作为食宿之用。他又建议以银铸钱，给予小工，仅从银与钱的差价中即可赢利白银4万两。此外，他还采用调用库存、使用旧料、改进施工工具等多方面的节约措施。

---

① 韦唐、洪宇：《北京——人文荟萃之所》，人民教育出版社1998年版，第21—22页。

为营建两宫，贺盛瑞真可谓呕心沥血，竭智尽忠。但是在那个是非不分黑白不辨的年代，贺盛瑞的廉明、耿直得罪了李纶清、林朝栋、西河王等一批权贵。他们沆瀣一气，诬陷贺盛瑞"冒销工料"。贺盛瑞被逐出京，贬往泰州。

冯巧，北京人，他在万历到崇祯年间担任京师工师，是后三宫的实际负责人。有位青年名叫梁九，在冯巧门下拜师学习，过了好几年，也得不到他的真传。梁九任劳任怨，服侍冯巧左右，恭谨有加。突然有一天，冯巧对梁九说："子可教矣。"于是把终身所学传给他，梁九后来在清代康熙年间修造三大殿时得以大显身手。

第三节　建设清北京城的匠师

清代北京城基本继承了明代格局，仅在局部做了改造与更动。自顺治朝开始，除充实、调整与改造旧城外，主要是在西北郊大规模地造园。经过康雍乾三朝的经营，建成了号称"三山五园"（香山、玉泉山、万寿山、畅春园、圆明园、静明园、静宜园、清漪园即颐和园）的大片皇家园林，其中以圆明园规模最大。此外，清代陵寝、王府、会馆等建筑也大量涌现。

一、空前绝后的建筑传奇——"样式雷"

清代200多年间，主持皇家建筑设计的雷姓世家"样式雷"，前后七代为皇家进行宫殿、园囿、陵寝以及衙署、庙宇等设计和修建工程。明末清初，造园艺术大家张涟、建筑家梁九也为北京城的建设做出了卓越贡献。

清代皇家建筑是北京文化遗存中十分重要的一部分。但却很少有人知道，圆明园、颐和园、景山、天坛、北海、中南海，乃至京外的避暑山庄、清东陵、清西陵，这些多半成为世界文化遗产的著名建筑设计，竟出自一个家族之手。这个家族就是创造了中国历史上一段空前绝后的建筑传奇——"样式雷"。

样式雷祖籍江西永修，从第一代样式雷雷发达于康熙年间由江宁来到北京，到第七代样式雷雷廷昌在光绪末年逝世，雷家七代几乎不间断地负责皇家建筑的设计和修建工程。因为雷家几代都是清廷样式房的掌案头目人（用今天话说就是首席建筑设计师），即被世人尊称为"样式雷"，也有口语"样子雷"的叫法。

康熙二十二年（1683年），雷发达（1619—1694年）和堂弟雷发宣"以艺应募"来到北京，参加皇宫的修建工程。关于雷家最有名的故事，就是在康熙年间修建太和殿上梁之时，康熙亲临行礼，当大梁举起时，榫卯高悬而落不下，这时，雷发达穿上能见皇帝的官服，爬到柱子上，干净利落的几斧子，使榫卯合拢，礼成。康熙帝很高兴，赐授雷发达为工部营造所长班。这便是后人所说的"上有鲁班，下有长班，紫微照命，金殿封官"的缘由。

样式雷绘制的紫禁城宫殿设计图

历史记录中，太和殿确曾有过两次重建，但第一次发生于康熙八年（1669年），此时雷家尚未来北京，第二次发生于康熙三十四年（1695年），此时距雷发达去世已有两年。也就是说，雷发达不可能参与太和殿的重建工作。研究者们经过考证，发现这个传说是移花接木的结果，事件的主角不是雷发达，而是他的儿子雷金玉。

在"样式雷"家族中，名气最大，最受朝廷赏识的是雷发达三子雷金玉（1659—1729年）。他因在修建畅春园时崭露头角，得到康熙皇帝的赏识，赢得内务府"钦工处样式房掌案"之职，"赏七品官，食七品俸"。雍正三年（1725年）大规模扩建圆明园，将样式雷的家族事业推向了第一个高峰。雍正六年（1728年），雷金玉七十大寿，雍正皇帝命皇太子弘历，即后来的乾隆皇帝书写了"古稀"匾额作为寿礼，并赐油碌蟒袍一件。转年，雷金玉去世，清廷恩赏盘费一百余金，奉旨驰驿，归葬原籍。

雷金玉去世，他的妻子张氏改变了整个家族的命运，她怀抱幼子雷声澂（1729—1792年）在工部泣诉，据理力争，为雷家争得幼子成年后重掌样式房的资格。

雷声澂次子雷家玺（1764—1825年），与长兄雷家玮（1758—1845年），字席珍，三弟雷家瑞（1770—1830年），一同供职工部样式房，雷家玺是三兄弟中的翘楚，先后承办乾隆、嘉庆两朝的营造业，操办宁寿宫花园工程、设计嘉庆陵寝工程、筹办乾隆八十大寿庆典，由圆明园至皇宫沿路点景楼台的设计与营造工程以及宫中年例彩灯、西厂焰火等设计与实施，嘉庆年间又承建了圆明园、绮春园建设工程以及同乐园戏楼的改建、含经堂戏楼的添建、长春园如园的改建工程。此时形成第四代样式雷最为强大的阵容，迎来了样式雷家族事业的第二次高峰。

雷家玺第三子雷景修（1803—1866年），16岁开始便随父在圆明园样式房学习传世技艺，正当他勤奋学习造业技之时，父亲猝然去世。当时，雷家玺因担心雷景修难胜重任，留下遗言，将掌案名目移交郭九承办。雷景修知道父亲心意，兢兢业业尽心竭力，深通营造技艺，终于在道光二十九年（1849年），凭借着自己丰富的建筑经验和卓越的才能，夺回了祖传样式房掌案之职，主要参与清西陵、清东陵，圆明园工程。咸丰十年（1860年），英法联军焚毁西郊的三山五园，样式房工作停止。这时，雷景修除了兢兢业业、恪尽职守以外，还聚集了样式雷图档装满了三间房屋，并保护了起来。样式雷图档之所以流传到今日，雷景修保护之功不可没。

雷景修三子雷思起（1826—1876年），继承祖业，执掌样式房，承担起设计营造咸丰清东陵、定陵的任务，因建陵有功，以监生钦赏盐场大使，为五品职衔。同治十三年（1874年）重修圆明园，雷思起与其子雷廷昌因进呈所设计的园庭工程图样得蒙皇帝召见5次。雷思起与子雷廷昌还参与惠陵、盛京永陵、三海工程。

雷思起长子雷廷昌（1845—1907年），随父参加定陵、重修圆明园等工程，独立承担设计营造同治惠陵，慈安、慈禧太后的定东陵，光绪帝的崇陵等大型陵寝工程以及颐和园、西苑、慈禧太后六旬万寿盛典工程。同治十二年（1873年）被赏布政司职衔。与此同时，普祥、普陀两大工程方起，其后的三海、万寿山庆典工程接踵而至。样式房此时生意兴盛，样式雷也于雷思起、雷廷昌父子两代闻名遐迩，迎来了样式雷家族事业的第三次高峰，地位更加显赫。[1]

样式雷的设计事务贯穿清代皇家建筑工程的全过程，包括相地，勘测，完成总体规划、建筑设计和施工设计。以及装修陈设等设计，制作画样、烫样并编制施工设计说明的《工程做法》等；施工中还要参与抄平、灰线、放样，并适时制作工程进展及竣工实况的画样及说帖等等。这些事务，均由样式房的样子匠在钦差承修王大臣及辖官监督下完成。[2]

样式雷在建造皇家工程时，其设计手法和施工过程都是十分精细的。宫廷修筑首先要选好地址，然后按照实际用度来丈量土地，接着，内廷提出建筑要求，最后由样式房总体设计，开始绘制设计图。这类设计图包括绘制地盘样（平面图）以及透视图、平面透视图、局部平面图、局部放大图等分图，由粗图到精图，设计过程才算结束。雷氏家族的图纸设计，已与现代设计理念十分相似。

雷氏家族设计图的内容十分齐全、精细，大到整体的宏观设置，小到细节关注等，都体现在设计图纸上面。在绘制过程中，还需要确定具体的建筑比例，这就需要更为精细的计算和规划，它必须要将实体大小按照一定比例缩放到设计图纸上，比例越精细，最后施工成实物的时候，误差也就越小。同时，雷氏家族设计图还通过透视的方

---

[1] 参阅秦夏明主编：《赣商研究》，经济管理出版社2014年版，第215—216页。
[2] 安沛君，杨瑞主编：《营造》，大象出版社2016年版，第302页。

法，对从庭院陈设到山石、树木、水池、船坞、花坛，或从地下宫殿的明楼隧道到地室、石床、金井，均按比例进行安排。

而最为人们所称道的是，雷氏家族还会用硬纸板做成建筑物模型，这种模型用草纸板热压制成，故名"烫样"。烫样几可乱真，同时还可以拆卸，以便预测在之后的施工过程中可能出现的问题。雷氏家族烫样技术独树一帜，是了解清代建筑和设计程序的重要资料。

二、著名匠师——张涟、李渔、梁九

清代鲜有匠师入列史传等文字记载。在《清史稿》的列传中，有梁九、张涟等，凤毛麟角，寥若晨星。

张涟（1587—1673年）为清初造园名匠，字南垣，原籍松江华亭人，后迁嘉兴秀水，又称浙江秀水人。他少时学画，善绘人像，兼工山水，擅长叠山造园，所造名园之多、创意之新、工艺水平之高，饮誉大江南北。

张涟有四子，皆能传其技，以仲子张然最为著名。其所造园林，水石之妙，有若天然。张然字陶庵，工诗画，跟随张涟的时间最长，也最得其父真传。据《清史稿·张涟传》记载，大学士冯铨聘赴京师，张涟以年老辞，"遣其仲子往"，仲子即张然。《张涟传》又载："后京师亦传其法，有称山石张者，世业百余年未替。"张然先在江南已负盛名，应召入京供奉内廷30余年，南海瀛台、畅春园和玉泉山静明园都是他所造。冯溥万柳堂、王熙的怡园、广泉寺禅房叠石等也都出其手。卒后由其子张淑继续供奉内廷，世代相袭，直到近代还有传人。张涟和张然开创了一个园林流派，人称"不问而知张氏之山"，为中国园林艺术的发展做出了贡献。

叠山之技看起来并不复杂，但要做出佳作，又并非一件容易的事。张涟及其家族等人，均初学山水、人物画，继而遍游江南诸名山，遂得其中奥妙与情趣，改攻叠山之艺。正因为张涟家族既有绘画的基础，又有自然景观的实地考察，所以才能在叠山实践中别出神韵。张涟反对传统的缩移摹拟大山整体的叠山手法，他从追求意境深远和形象真实的可入可游出发，主张堆筑"曲岸回沙""平岗小坂""陵阜陂陀""然后错之以石，缭以短垣，翳以密筱"。主张以截取大山一角而让人联想大山整体形象。这种做法，开创了叠山艺术的一个新流派。

值得一提的是，清代造园名家李渔，浙江钱塘人，字笠翁，善诗画，也长于园林建筑。他在北京紫禁城东北弓弦胡同所筑的半亩园，叠石垒土，导泉为池；池中建水亭，通双桥；平台曲室，幽静与平旷相间，是北京园林的杰作。

梁九，木工，明末清初建筑家，顺天府（今北京市）人，生于明代天启年间，卒年不详。曾拜明代善造宫殿的名匠冯巧为师，尽传其技。冯巧死后，梁九接替他到工部任职。清代初年宫廷内的重要建筑工程大都由梁九负责营造。清康熙三十四年（1695年）紫禁城内主要殿堂太和殿焚毁后，由梁九主持重建。动工以前，他按十分之一的比例制作了太和殿的木模型。其形制、构造、装修一如实物。据之以施工，当时被誉为绝技。

第五章

燕京八绝

所谓"燕京八绝",是指景泰蓝、玉雕、雕漆、宫毯、京绣、牙雕、金漆镶嵌、花丝镶嵌八类北京特种手工艺。这些特种手工艺品,都是靠着双手的熟练技巧来进行艺术加工的。譬如说:北京制出的象牙雕刻,不仅能把图案雕镂精致,而且力求写实,雕刻的昆虫、蔬菜、果品等物,竟与真品无异。又如北京的玉器工人,他们能够利用玉石的天然纹理、光泽和色彩进行施工,琢磨出各种不同的器皿、花鸟和人物,使器物的形态和颜色的配合恰到好处。[①]"燕京八绝"制作,主要是为皇家御用的宫廷工艺,集中展示了北京工匠精湛的手工技艺和追求尽善尽美的制作精神。

[①] 胡嘉:《北京》,中国青年出版社1954年版,第128页。

第一节　北京景泰蓝

景泰蓝是北京特有的传统手工艺，因高超的制作技术和精美的艺术风格而驰誉中外。景泰蓝制作，始于元代，盛于明景泰年间和清乾隆时期，民国时期总体水平不及前代。

一、明代景泰蓝

景泰蓝又称"铜胎掐丝珐琅"，是明代宫廷工匠吸收了域外传来的铜胎珐琅技术加以发展而成。有史料记载："大食窑器皿，以铜作身，用药烧成五色花者，与佛郎嵌相似。尝见香炉、花瓶、盒儿、盏子之类，但可妇人闺阁之中用，非士大夫文房清玩也。又谓之鬼国窑，今云南人在京，多作酒盏，俗呼曰鬼国嵌。内府作者，细润可爱。"[①] "大食"是中国史籍对西亚阿拉伯国家的称谓。"佛郎"即"佛林"，是中国史籍对东罗马帝国的称谓，"佛郎嵌"即是指东罗马帝国的掐丝珐琅。"大食窑"、"鬼国窑"与"佛郎嵌"实际指的都是景泰蓝的制作。

元人吴渊颖有《大食瓶》诗曰："西南有大食，国自波斯传，兹人最解宝，厥土善陶埏。素瓶一二尺，金碧灿相鲜。晶莹龙宫献，错落鬼斧镌。粟纹起点缀，花毯蟠蜿蜒。定州让巧薄，邛邑斗清坚。脱指滑欲堕，凝瞳冷将穿。逖哉贾胡力，直致鲛鳄渊。常嗟古器物，颇为世所捐。襆衫易冠衮，盘盏改豆笾。礼图日以变，戎索岂其然。在时苟适用，重译悉来前。大寰幸混一，四海际幅员，县（悬）度缚绳絙，娑夷航革（海）船。凿空发使节，随俗混民编。汉玉堆楟桷，蕃罗塞鞍鞯。城池信不隔，服食奈渠迁。轮囷即上据，鼎釜畴能肩。插葩夺艳冶，盛酪添馨膻。当筵特见异，博识无庸诠。藏之或论价，裹

[①] ［明］曹昭著、王佐增补：《新增格古要论》卷七《古窑器论·大食窑》，中华书局1985年版，第155页。

此犹吾毡。珊瑚尚可击，碛路徒飞烟。彼还彼互市，我且我杯圈。角端独不出，记取征西年。"①

这首咏大食瓶诗，具体描述了瓶的尺寸、色彩花样、胎盘的光滑清坚，说明这是从波斯来的物品。吴渊颖卒于至元六年（1341年），此诗所说的"大食瓶"在当时还是一种新东西。元代的武力所及曾经包括阿富汗、伊朗一带，并且初期有一条征伐的路线曾经由波斯一带到了云南的大理。《格古要论》中所说"今云南人在京，多作酒盏"，云南人有制"大食窑"的技术，和这条路线不无关系，可能"以铜作身，用药烧成五色"的制作方法，是这样从波斯带到云南的。②

景泰蓝的工艺流程要经过制胎、掐丝粘面、圈花、焊烧、填色烧造、错工、磋磨等复杂的工序。景泰蓝虽不是通体蓝色，却以莹石蓝般的蓝釉为最出色，而这种釉色又是在明景泰年间烧制而出的，所以称之为"景泰蓝"。

景泰蓝的初盛时期是在元末明初，见于实物以明宣德年间（1426—1435年）为多。这一时期，景泰蓝制造技术已达于成熟阶段。品种有盘、碗、炉、瓶、盒、熏炉等，后来还出现了鼎之类的欣赏品。制胎的物质材料有金、铜两种。纹样有蕉叶、饕餮、番莲等。釉料色彩多蓝色地，外加红、黄、白、绿等花色。如番莲大碗，口径尺许，上有红、黄、蓝、绿等色大番莲数朵，图案简练，色调鲜艳、花形饱满、枝蔓舒卷有力，是宣德时期的代表作品。

到了景泰年间（1450—1457年），景泰蓝工艺大大繁荣起来。无论从艺术手法、制作技术、质量等方面都有了新的提高，规模远远超过前代，宫廷内的御用监设有专门制作景泰蓝的作坊。制胎水平已达到了相当的高度。胎型有方有圆，并向实用方面转化，除宣德年间胎型外，还有花、花盆、面盆、炭盆、灯、蜡台、樽、壶等器物。装饰纹样方面有龙戏珠、夔龙夔凤等寓意吉祥的题材，也有云鹤、火焰等

---

① ［元］吴莱：《渊颖集》卷二《大食瓶》，四库全书本。
② 参见朱家溍：《铜掐丝珐琅和铜胎画珐琅》，载《文物》1960年第1期。

表现道教、佛教内容的题材。①大番莲的纹样也日趋丰满，枝蔓形状活泼有层次。釉色也出现了葡萄紫（作紫晶色，有玻璃的感觉）、翠蓝（在天蓝、宝蓝之间而色亮）和紫红（如玫瑰色）等新色，釉色光彩夺目，光亮如有一层玻璃釉。此外在装饰手法上，非常注重金工的处理，在器物的顶、盖、耳、足边线等部位，多有錾活装饰。朱家溍曾评价这时期的制品："'掐丝'整齐，'磨光'细润，'镀金'匀实等等，都是在宣德时代基础上的又一步提高。"②

大体说来，明前中期的景泰蓝，造型以器皿居多，铜质较好，多为紫铜胎，体略显厚重。③景泰蓝主要用以宫廷摆设，就造型和纹样而言，大都仿照古瓷器和古铜器。常见的花纹，有饕餮纹、勾子莲、缠枝莲，还有各种花、鸟、虫、虾、鱼等，形成豪放而华丽、洒脱而不拘谨、浑厚而有力的艺术风格。景泰年间以后，色釉发展到15种之多，这时以孔雀蓝底色为主。用釉的技法上，使用混合色，可以表现出花瓣的深浅变化层次，使其更具真实感。就题材方面而言，除了沿用原有的图案外，新增加了人物、山水等，用轮饰和根据器形转折加以装饰。④

明代宣德景泰以后有款识的景泰蓝，现在已发现的有嘉靖款的盘，"大明万历年造"宝蓝色地五色双龙捧寿纹，四铜镀金龙首吞足，天蓝色地五色双龙镂空盖，铜镀金火焰顶鼎式四足炉。不用铜镂空而用珐琅镂空作盖，是这个时期的新做法。还有蜡盘，淡青色地，上有黄、红、白色花骨朵，也颇清雅可爱。又有菱形掐丝连环钱纹锦地，上带红白赭诸色花蝶炉，其图案花纹是这一时期的新花样，赭和淡青是新的釉色。另外有用端（一种瑞兽的名称）香熏，是以动物造型的

---

① 参见邓喆：《论景泰蓝的色彩风格特点及形成原因》，载《大众文艺（理论）》2008年第4期。

② 朱家溍：《铜掐丝珐琅和铜胎画珐琅》，载《文物》1960年第1期。

③ 参见林超：《传统景泰蓝工艺及其历史渊源浅谈》，载《山东工艺美术学院学报》2007年第2期。

④ 曹子西主编：《北京通史》（第六卷），中国书店1994年版，第276页。

新器皿。

明代很多无款的景泰蓝，和瓷器、漆器的花纹来对照，可以知道多是嘉靖、万历前后时期的作品。其中也有不少出色的，例如无款瓜形灯座，与真实的大南瓜尺寸相若，下有铜镀金枝蔓作足，上有铜镀金叶蔓以承灯颈，瓜色在黄绿之间，绿叶黄斑，似画笔烘染，景泰款诸器中尚未见此种做法。还有梅雀绣球大盆以及器形上仿古铜器而纹饰用花鸟图样等的各种作品，都是前此未有的。

无款器皿除了这类精品之外，还有些一般的，大小俱备，但掐丝不匀，且无镀金（也可能是镀金较薄，日久脱落），露红铜本色，胎骨较轻，与官款器皿重量相去甚远。和官款器皿相比，釉料成色较差，滞暗而少光。至于花样，也有些新题材，如鸳鸯卧莲罐和以白色为主略缀简单花草的盒、盆等等，都是较朴素活泼的另一种风格。[①]

二、清代景泰蓝

到了清代，在前100多年的时间里，景泰蓝发展并不显著。康熙和雍正年间，景泰蓝制作精美，但其造型主要是模仿明宣德和景泰时期的风格，以制造炉、鼎等祭器为主。乾隆时期，景泰蓝制作进入全盛时期，当时，在内务府造办处专门设有景泰蓝生产机构——珐琅作，能工巧匠云集。景泰蓝生产产量之多、规模之大、做工之细是前所未有的。

乾隆时期的景泰蓝一改明宣德和景泰年间朴实、粗犷、豪放的风格，向清秀、华丽、鲜明的方向发展。制作数量较之以前大为增加，凡帝王后妃活动的大殿、寝宫等场所景泰蓝制品比比皆是。除大量制作祭器外，逐步替代了一些如玉器、象牙等易碎的贵重日用器具，品种上还发展了围屏、屏风、绣墩、枕头、筷子、鼻烟壶等实用品和陈设品。制作技术也有了进一步提高，不仅能制作极小的精致器物，还能制作一丈多高的大佛塔，以及与人同高的大型法器。这样大型制品

---

① 参见朱家溍：《铜掐丝珐琅和铜胎画珐琅》，载《文物》1960年第1期。

在制胎、烧蓝等工序上都需要有较高的技术与设备才能完成。

明代时景泰蓝的胎、丝绝大部分是用青铜铸造锤打而成的。到乾隆年间，在原料方面也有了革新，采用延展性能较强的红铜为原料，制胎、制丝工艺也相应得到改进。应用新的打胎拔丝技术，使制品胎骨比明代精致，铜丝匀细，胎形更加富于变化。这时期还有了简单的脚踏磨活机，提高了打磨质量与效率。

在构图和花纹布置上，清代景泰蓝广泛采用锦地开光密布于主题花纹四周的办法。"八宝吉祥图案""自然风物图案"的应用，使乾隆时期的景泰蓝更富有绘画、刺绣和缂丝的艺术效果，形成了与明代截然不同的细腻、秀美的风格。花鸟虫草图案更加生动多姿，龙凤图案越显刚柔相济，大明莲也演变成精美细秀的勾子莲，并出现了利用历代文人名画掐制的作品。釉料出现了粉红、银黄和黑等新釉色，使乾隆制品的表现力越加充分。色釉除比明代增多外，往往还以几种颜色为主，再配几种复色，效果较之明代含蓄，成品光滑。由于是制作御用品，造办处用料极尽奢华，镀金之厚重远超出于明代，甚至常在釉料中直接加入金银使色彩更玉润。

乾隆时期的景泰蓝还与竹木、牙雕、漆器等工艺品相结合。如在紫檀木、红木等家具中嵌入景泰蓝饰件，在挂屏、屏风中装置一些景泰蓝山水、花鸟，还有用开光的形式在景泰蓝中嵌入珠宝、瓷画等。既是独立的工艺品，又可作为镶嵌用品，丰富多彩，变化无穷。

嘉庆以后，景泰蓝生产走下坡路，工艺的发展平平。[1]

嘉道以后，景泰蓝生产工艺逐渐转向民间作坊。据记载："历嘉道而至咸丰，市肆之间，始有珐琅专业，所出精品，都人士咸相于尚。"[2] 随着商品经济的发展，"咸丰年间，有德兴成、全兴成、天瑞堂等数家，精心研究，珐琅一业，始又渐盛"。景泰蓝作为内销产品，

---

[1] 以上内容主要参阅，唐克美：《景泰蓝》，见王绂、王明石主编：《北京工艺美术集》，北京出版社1983年版，第20—21页。梁秀伟：《景泰蓝史话》，载《中国科技史料》第5卷（1984）第3期。

[2] 《北平市景泰珐琅业概况》，载《国货年刊》1934年。

在咸丰中期之后的一段时间里，只有北京一地可以买到。[1]同治年间的掐丝珐琅制品，以浅黄色釉为地者居多，饰红、绿彩图案，色彩较单调，掐丝均匀细腻。

光绪二十六年（1900年），八国联军侵入北京，此后"海禁大开，各国人士，见其精美，亦争来订购"[2]。由于不少外国人对景泰蓝的兴趣很大，景泰蓝出口数量大增，因之民间的作坊纷纷开业，其中比较著名的商号兼作坊有老天利、德兴成以及杨天利（俗称洋天利）等。清末，北京的景泰蓝工艺品，多次参加国际博览会。光绪三十年（1904年），老天利生产的宝鼎炉在美国芝加哥世界博览会上荣获了一等奖。

20世纪初，清廷在北京设立工艺局，局内即有专制景泰蓝的作坊。这时已经成为外销产品的景泰蓝，在对外贸易的刺激下，除官营作坊外（制品刻有"大清工艺局造"六字款），私营作坊纷纷开设，北京的景泰蓝业呈现了一派繁荣的景象。这一时期的制品，打胎、烧蓝、磨光技术有提高，但胎薄、釉薄、镀金也薄。胎体借助于机械成型的方法，器型规矩。由于金属拉丝技术的运用，掐丝线条匀细。填料有以赭红、淡黄、苹果绿、灰白和墨色釉作地者，前期那种以浅蓝色釉为主色调的作品减少。图案装饰多以折枝花卉为主，亦常表现整株的花卉及花鸟虫鱼。花朵和花叶的翻卷转折层次较多，注重色彩的晕色效果，有浓厚的西方韵味。造型多以各式瓶为主，式样多有变动。有些作品上下比例失调。仿照景泰年制的珐琅作品，其器型、花纹图案和釉料色彩，均与原器相差甚远，给人以轻浮飘逸之感，而不似明代沉稳凝重的风格。"大明景泰年制"款的处理，亦过于拘谨或随心所欲，极易区别。镀金艳黄，浮光亮泽，有别于传统的用金方法。现存北京故宫博物院所藏的光绪年间大型熏炉和仿雍正九桃大瓶、大盘、番莲鱼缸等都是民间作坊生产的制品。老天利的制品以仿

---

[1] 《北平珐琅工业近况》，载《经济半月刊》第2卷第14期，1928年。
[2] 《北平市景泰珐琅业概况》，载《国货年刊》1934年。

古铜器、古瓷器著称，德兴成则以制作陈设品为主。①

晚清景泰蓝的一度繁荣，使其在国内外的声誉日隆。宣统元年（1909年），兰陵忧患生所编《京华百二竹枝词》写道："工艺局成侈美观，各般制造尽追探。就中绝技高天下，压倒五洲景泰蓝。"其后注文曰："工艺局开设琉璃厂，已历年所。凡制造各物，极意改良，惟景泰蓝一品，实为我中国独绝之技，东西洋赛会屡占优等。"②北京景泰蓝的精湛技艺及其社会影响于此可见一斑。

三、民国景泰蓝

自1911年辛亥革命后，北京景泰蓝业基本上处于发展的趋势。民国初年，在国内市场上，水烟袋等实用品销量很广。国外市场之扩展亦很迅速，英、美、法等国商人在北京设立洋行，争相购买景泰蓝。当时王府井大街的仁立公司，是专为外国人代收之机构。由于出口贸易的刺激和张謇、蔡元培、朱启钤等一些有识之士的扶持倡导，北京政府还组织手工艺品参加各种博览会，对特种手工艺的发展起到了促进和提高的作用。例如，1912年，在意大利都灵博览会上，老天利作坊生产的景泰蓝获最优奖。1915年，在美国旧金山举办的巴拿马太平洋万国博览会上，德昌号作坊生产的景泰蓝荣获金奖。③

1923—1924年，北京景泰蓝业比较景气。私营景泰蓝作坊已有15家，仅老天利一家，全年交易额就达30余万元（景泰蓝产品计值50%，其余是标牌、证章之类），雇佣工徒356名（1924年统计）。老天利分设有制造厂和售品处。制造厂设在阜成门内宝禅寺街，租赁旧的新丰市场作厂址。骡马市街有其销售门市部。此外，前门外打磨厂

---

① 唐克美、李苍彦主编：《中国传统工艺全集·金银细金工艺和景泰蓝》，大象出版社2004年版，第220页。

② ［清］杨米人等：《清代北京竹枝词（十三种）》，北京古籍出版社1982年版，第129页。

③ 唐克美、李苍彦主编：《中国传统工艺全集·金银细金工艺和景泰蓝》，大象出版社2004年版，第231—232页。

的德兴成、东城演乐胡同的杨天利等厂家，全年交易额也多在万元以上。各自雇佣的工匠，计二三十人。当时若把大小规模的工厂加在一起，足有四五十家。①

1927年，由于战乱，铜贵且缺，景泰蓝生产成本增加而又不能提高产品价格，加之海外流言景泰蓝带有传染病菌，致使销路大减，小厂纷纷倒闭。随后，景泰蓝又有几年的回升阶段。据当时海关出版的《中国进出口额贸易统计月报》记载，景泰蓝出口总值，1927年为148909海关两，1928年为163317海关两，1929年为223703海关两（当时1558元＝1海关两）。②

1929年，北平景泰蓝的大小厂坊有八九十家，著名厂商有老天利、杨天利、德兴成、达古斋等。产品除历代工艺品外，流行素活，有鱼鳞纹、单丝蔓儿、洋花。掐丝工艺技巧更精细、规矩，有一定的装饰效果。③

关于景泰蓝业发展的兴盛期，文献记载有出入。鲁迫、李和平《旧中国北京的珐琅业及工人状况》一文认为，1919年至1930年是该业最兴盛时期，大小工场、作坊近百家，从业人员2600余人，品种也有了增加。④而唐克美、李苍彦主编《中国传统工艺全集·金银细金工艺和景泰蓝》则认为，1931年是北平解放前景泰蓝业最兴盛时期，产品在国内外有一定影响。这一年，私营作坊发展到100多家，从事生产的工人2000余人。但从景泰蓝生产规模来看，只有老天利、德兴成等少数几个作坊才具备生产的全部工序，大部分小作坊仅是某一

---

① 唐克美、李苍彦主编：《中国传统工艺全集·金银细金工艺和景泰蓝》，大象出版社2004年版，第232页。
② 唐克美、李苍彦主编：《中国传统工艺全集·金银细金工艺和景泰蓝》，大象出版社2004年版，第232页。
③ 唐克美、李苍彦主编：《中国传统工艺全集·金银细金工艺和景泰蓝》，大象出版社2004年版，第232页。
④ 鲁迫、李和平：《旧中国北京的珐琅业及工人状况》，见北京市总工会工人运动史研究组：《北京工运史料（第一辑）》，工人出版社1981年版，第14页。

工序的加工作坊。①

1931年以后，截至1936年，景泰蓝业又处于停滞衰退时期。此时期内，景泰蓝业无较大发展，出口量起落不定，呈徘徊下降之势。据当时海关出口数据，景泰蓝海关出口价值，1932年为179995海关两，1933年为165740海关两，1934年为105202海关两，1935年为80680海关两，1936年为135298海关两，1937年为170492海关两。②在内销方面，也有显著减少，行业逐渐萧条。1935年，景泰蓝厂商锐减为30余家，工人仅1000多人。此期，由于同行间互相倾轧，同时又为了迎合部分买主的喜好，不少产品出现了繁缛庸俗的低级趣味。

1937—1945年，为中日作战时期，北平沦陷，市场因之发生剧烈的变动。先是交通隔绝，国内市场减少；继则外销出口，亦告中断。据海关之统计，自1937年起，景泰蓝出口量逐减，至1942年乃告中断。唯日本人在战争初期，尚有一部分购买力，之后，日本人的购买力亦逐渐减少。本国消费者的财产又被搜括，因而景泰蓝一时陷于停顿状态，工人转业，工厂倒闭，造成景泰蓝业有史以来最黑暗恐慌时代。③

日伪统治时期，北京景泰蓝业为降低成本，做工上出现偷工减料、粗制滥造的倾向，有所谓"不崩不漏就是好活"的说法，有的作坊生产的制品"十蓝九砂"（砂眼多），有的由于胎骨太薄，放在水里也会漂起来，人们戏称之为"河漂子"。④

在此期间，北平有专门为天主教服务的景泰蓝作坊——晋丰工厂。该厂有40名点蓝工人，30名掐丝工人，胎型请佛作代打。该厂

---

① 唐克美、李苍彦主编：《中国传统工艺全集·金银细金工艺和景泰蓝》，大象出版社2004年版，第232页。
② 李琳琳：《清末民国景泰蓝兴衰之研究》，首都师范大学2006年硕士论文，第5页。
③ 唐功烈、胡文镐：《北平的手工业——景泰蓝》，载《工业月刊》第4卷第12期，1947年12月。
④ 杨洪运、赵筠秋：《北京经济史话》，北京出版社1984年版，第164—165页。

生产的品种有圣水罐、圣水池、带方座的十字架、带三角座的十字架、墙上挂的大十字、身上戴的小十字以及教堂吊灯上的铃铛等。在纹样方面，带十字的单丝蔓较多，此外还有卍字、云彩地。在色彩上，红、白二色居多，其他还有淡黄、粉、绿等。[①]

1945年抗日战争胜利后，外国人来华者日见增多。为适应需要，新兴的出售商店如雨后春笋，先后设立，各厂商亦重整旗鼓，重新发展生产，一时颇呈欣欣向荣的局面，但市场仅限于平、津、沪、青等美军驻扎地区。这种好景不长，由于美军的陆续撤退，以及在华外国人的购买量已达饱和点，故自1946年10月之后，销售量再呈递减，而且一无运销国外者。[②]据1947年3月间调查，北平生产景泰蓝的厂家，大小30余处，出售商店40余处，自产自销者10余处，大多集中于崇文门大街、王府井大街及前门外大街一带。其中规模较大，具有代表性的厂家见下表。

厂名	厂主	职工人数	地址
德鑫	蒋万颙	5	内一区孝颙胡同11号
老亨记	彭鑫甫	3	前门外劝业场7号
瑞源兴	郭有兴	8	崇文门外头条61号
天义和	徐欣生	11	崇文门大街小报房胡同1号
天新成	何宝珍	6	崇文门大街51号
永泰成	梅树深	4	薛家湾29号
瑞祥生	张绍瑜	5	前门外劝业场48号
宏兴	王润东	3	东安市场霖记商场20号
北中兴	王润东	6	东安市工丹柱商场24号
南中兴	王润东	5	前门外劝业场4号

---

① 唐克美、李苍彦主编：《中国传统工艺全集·金银细金工艺和景泰蓝》，大象出版社2004年版，第233页。

② 唐功烈、胡文镐：《北平的手工业——景泰蓝》，载《工业月刊》第4卷第12期，1947年12月。

续表

厂名	厂主	职工人数	地址
恒兴隆	戚子兴	2	崇文门大街16号
仪兴昌	刘玉珍	4	前门外劝业场13号

资料来源：唐功烈、胡文镐：《北平的手工业——景泰蓝》，载《工业月刊》第4卷第12期，1947年12月。

在这些厂家中，有专做细活的，如天新成、天义和、恒兴隆。也有专做较为粗活的，如老亨记、瑞祥生、仪兴昌等家。它们大多为卢沟桥事变前旧有的厂家，与其同时的老厂家到这时已有半数倒闭。如老天利、杨天利、永茂荣、德兴成、金兴成等厂家，或歇业，或停止生产。

这一时期景泰蓝制品有400余种。其中最为习见者首推瓶类，其次如壶、炉、樽，再次如杯、碗、烟碟，此外尚有茶盘、烛台、纸烟架、挂衣钩、水烟袋套、手杖头、带头等等，花样繁多，形式不一而足，且有新兴的装饰品，如别针、发卡、镯子等等，以及实用物品如门牌、徽章等。①

解放前夕，铜价不断上涨，珐琅成本不断提高，海运汇价昂贵，出口商人不敢轻易尝试，掮客苛刻的盘剥以及作坊流动资金的缺乏，使得景泰蓝业奄奄一息，从业人员仅剩下60余人。做活的作坊，以烧蓝的为多，打胎和掐丝的复工很少。开工的作坊，多是赶做尚未交清的订货，也有极少数有实力的作坊，自己做些存货。还有些商人，准备存些景泰蓝制品，等能出口时发些财，便向作坊定做些瓶子洗子之类。②

---

① 唐功烈、胡文镐：《北平的手工业——景泰蓝》，载《工业月刊》第4卷第12期，1947年12月。

② 北京档案馆全宗号：4—2—27北京市人民政府财政经济委员会贸易合作类（1949年3月21日）《特种手工艺基本情况》(1949年)，《北平市景泰蓝（珐琅）业调查报告（1949年4月12日）》。转引自李琳琳：《清末民国景泰蓝兴衰之研究》，首都师范大学2006年硕士论文，第7页。

第二节　北京玉器

一、先秦至汉代的玉器

北京玉器的制作历史悠久。20世纪70年代，考古工作者在北京平谷刘家河商代墓葬、琉璃河西周燕国墓地和丰台大葆台的汉墓中，都出土了不少珍贵的玉器。平谷刘家河商代墓葬出土的玉器有斧、柄、璜各1件。其中青玉斧制作相对考究，器型规整，磨制光润。[①]这是目前北京地区发现最早的玉器。

琉璃河西周燕国墓地出土的玉器数量较多，种类丰富。1973—1997年，琉璃河遗址共出土玉器267件，另有串饰4套数目无法统计。品类有玦、璧、璜、戈、圭、斧、柄形器、佩饰、坠饰及镶嵌饰等。这些玉器按其用途，大致可以分为礼器、仪仗、实用工具及装饰品四大类（不包括用途不明者及玉珍）。其中，礼器有琮、璧、环、璜、玦、圭等，其中以玦为最多，共9件；圭3件；璧2件，琮、环和璜各1件。仪仗玉数量和种类不多，仅有戈4件，斧1件。实用工具只有玉刀柄1件。装饰品大致有佩饰、坠饰和镶嵌饰等，造型有动物形和几何形两类。佩饰和坠饰多雕成动物形象，有虎形、凤形、鱼形、蚕形、蝉形、鸟形、龟形等。饰物上分别钻有可供佩戴的小孔，雕琢精巧，形象生动逼真，是精美的艺术品。再加上各种材质的玉珠，总数为150多件。从数量上看，礼器、仪仗、实用工具和装饰品的比例达到了17∶5∶1∶150，显然，玉器的制作与使用已经不仅仅局限于礼器和仪仗，其装饰功能有所增加。

琉璃河燕国墓地的玉器，除了单独使用的玉佩外，还出现了组合使用的组玉佩。而在商代的墓葬当中，很少发现有完整的组玉佩。组玉佩，又称全佩、大佩、玉组佩。作为人体主要佩饰的组玉佩，在

[①] 袁进京、张先得：《北京市平谷县发现商代墓葬》，载《文物》1977年第11期。

两周时期最为兴盛。琉璃河西周燕国墓地出土了5套组玉佩，其中ⅡM251：30，为1串179件，是组玉佩中最繁复的一件。该组玉佩以中心玉璧为主，下缀一管状形人面饰，其下再缀一牛头形饰，其余的佩饰由玛瑙珠串连。这些玛瑙珠有束腰管状形、圆形、扁圆形、算珠形等，大小不一。穿孔大多从两面钻，呈马蹄形，只有少数穿孔为同心圆。其绿松石饰件形制有棱形管状、圆形管状、扁圆状、自然体状等，穿孔都为马蹄形，器表较粗糙。由于受浸之故，表面有白斑，色泽不光润。玉饰中多为管珠之类，少数为肖形器，如蚕、兔、鱼等。[1]西周燕国墓地出土的玉器，不仅反映出当时的加工水平，也折射了当时燕地人民的风俗和文化。

大葆台汉墓中出土玉器共70余件。主要器形有璧、璜、环、螭虎饰件。大葆台汉墓发现的玉器不仅数量、品种较为丰富，而且玉雕的制作工艺达到了很高的水平。玉雕以表现人物、动物形象的最为出色，多为片状双面线刻透雕，整体形象单纯简洁，强调曲线趣味的表达，形态规整，结构清晰，线条流畅，如透雕龙凤玉璧、玉螭佩、凤形玉觿、玉舞人等。

透雕龙凤玉璧做工精湛，纹样优美。圆形玉璧透雕龙凤纹样，龙凤形体均为S形结构，与线刻云纹相协调。龙凤的西部亦有线刻纹饰，各部分线刻相互呼应，镂空的部位与璧体在块面大小与形态上形成对比，使整个玉璧产生强烈的装饰效果。[2]

玉螭佩，主体为环形，上部镂雕成缨花，中间镂雕一盘曲螭虎，虎体用阴线条刻出虎形，均两面刻，形象生动简朴，边缘阴刻两圈弦纹，中间夹以双弧形纹。

玉觿成对，每件长12厘米，是镂空琢的凤头云纹，线条柔和而富旋律感。

玉舞人长5.5厘米，两面镂雕线刻舞俑人像，长裙甩袖弯腰，一

---

[1] 杨学晨：《琉璃河西周燕国墓地出土玉器初探》，载《中原文物》2007年第3期。
[2] 李福顺主编：《北京美术史》，首都师范大学出版社2008年版，第180—181页。

袖高扬,一袖下拂,姿态蹁跹,栩栩如生。①

二、元代玉器

元大都时,北京的玉器生产已有相当规模。元代的玉器雕琢,据传其技术是由长春真人丘处机传入,从业者达1万多人,使京师玉器琢磨居全国之冠,丘处机遂被尊为玉器业始祖,称丘祖。南城彰仪门外二里许,"望南有人家百余户,俱碾玉工,是名磨玉局"②。南城外有村名黄土坡,"凡铸治佛像、供器、印篆,并及万亿库钞板,势须此处取土为沙模"③。

元代重要的大型玉器是现存北海公园前团城内的渎山大玉海,又称黑玉酒瓮、玉瓮。玉海的琢造年代,据《元史·世祖纪》载:至元二年(1265年)十二月"己丑,渎山大玉海成,敕置广寒殿"④,这是最早见于史籍的记录。渎山大玉海是北京玉器中最大的一件器皿。其高0.7米、直径1.35米,椭圆径围4.93米,底深0.55米,壁厚0.22米,重约3500公斤,可贮酒30余石。

渎山大玉海

大玉海在当时北京制成的可能性较大。其原因在于,玉海制成之前,元尚未正式建都于北京,但金代都城所在地的北京,早已在蒙古族的统辖之下,而另一个琢玉中心地的江、浙地区还属南宋的势力范围,元朝兵力只是偶尔在其边沿地区与南宋王朝发生战争。

玉海制作的工艺流程,据考察大致分如下几步:先设计平面图样,在玉料上按图勾画出玉海的基本轮廓。动工时,先是"断底",

---

① 北京市古墓发掘办公室:《大葆台西汉木椁墓发掘简报》,载《文物》1977年第6期。
② [元]熊梦祥:《析津志辑佚》,北京古籍出版社1983年版,第115页。
③ [元]熊梦祥:《析津志辑佚》,北京古籍出版社1983年版,第115页。
④ 《元史》卷六《本纪第六·世祖三》。

208

即断平玉海的底部，把下面及四围凸出的余料切掉，显示出大致的形体；再就是"掏膛"，用各种工具将玉海中部掏空；第三步是进行器物外部的景物加工，先用管钻取出深浅浮雕物的余料，这道工序必须十分仔细。今玉海正面龙头上部还可见到两个制作时留下的败钻口（即管钻下错了部位或钻得比原要求过深，后又无法磨去的痕迹），其中一个直径1厘米、一个2厘米，可见当时钻子是有不同口径的规格。余料取完，再用压铊、钻铊、勾铊等工具铊磨出各种景物的具体形象和纹饰，最后是碾磨、磋磨和光亮表面。

渎山大玉海的制作，继承和发展了我国琢玉工艺上"量料取材"和"因材施艺"的传统技艺。玉海外部景物的琢磨，基本上是如陶宗仪所说的"随其形刻"[1]而作纹饰的。这从南北两面虬龙的设计中可以看出，北面玉料下凹，龙是采用浅浮雕的技法表现的；南面玉料上凸，故采用高浮雕的手法，琢制成一条腾跃出海面的蛟龙。其他如水波、旋涡等，也无不根据玉料的高低形状进行恰当的安排和设计。各种海兽出没于惊涛骇浪中，起伏自然，恰到好处，绝无矫揉造作之感。大玉海在运用"巧色"的技法上也有"变瑕为瑜"的独到之处。如玉海南部的一处"白章"，用来点缀了一颗旋转如飞的大龙珠，几处激流旋涡，都是利用玉色较浅的地方，而大片的深碧色处，则刻成汹涌起伏的波涛。这样，就把玉料的自然质地合理而充分地利用起来，使其根据器物内容的要求完美和谐地融为一体，充分显示出当时工匠们卓越的才华和技艺。[2]

元代北京玉器的生产，除器皿等陈设品外，还专做金属器皿炉、鼎上的玉顶盖及其"玉镶金"器物等新品种，颇有特色。在做一些带钩、带板以及浅浮琢的玉珮时，喜用白玉外皮上的秋梨色皮，因此更显得古雅精致。一些稍小饰物，在向木雕的镂雕技艺学习的基础上，提高了作品的镂空琢磨技巧，使其玲珑精巧。但是，也使得不少作品

---

[1] [元]陶宗仪：《南村辍耕录》卷二十一《宫阙制度》，文化艺术出版社1998年版，第292页。

[2] 周南泉、王名时：《北京团城内渎山大玉海考》，载《考古》1980年第4期。

过于琐细，而失去了玉器质朴、厚重的质感。

三、明清时期的玉器

明代朱棣迁都北京，广罗各地玉器匠人为宫廷服务。所谓"中国贩玉者，至此互市而得之，东入中华，卸萃燕京。玉工辨璞高下定价，而后琢之"[①]。反映了当时全国玉雕原料和良师聚集帝都的状况。苏州的刻玉名匠陆子刚擅长浅浮琢和镂空琢磨，奉召进宫，故宫博物院陈设的一件约高五寸的翡翠笔筒，即是他的杰作。

与元代相比，明代北京玉器大件制品较少，传世品是以装饰品结合实用的器皿为主，如玉带、带钩一类小件配饰以及杯、盘、碗、花插等小型器具。玉带、带钩一类配饰在雕琢工艺上有其自身特点，如将镂雕与平雕技艺相结合的表现形式十分突出。辽金时期及元代玉雕常见的狩猎纹饰，在明代北京地区的玉制品上虽有所见，但所占比重较小，取而代之的是各式花鸟、婴戏及受到织锦纹样影响的云龙纹、几何纹等。在北京海淀区工商大学明太监墓出土的花卉纹带饰和北京魏公村民族大学明太监墓出土的云龙纹带饰，反映了明代北京地区宦官阶层所拥有的玉饰品的基本面貌。[②]

清代的玉器制作是我国古代玉器史上空前繁荣的阶段。清代前期的宫廷玉器代表了京师地区玉器制作的最高水平，清宫养心殿造办处和圆明园如意馆两处玉作作坊，由于得到雍正帝和乾隆帝的支持，又有充足的优质玉材和技艺精湛的工匠，因而在发展制玉生产方面发挥了重要作用。

清代前期，宫廷玉器的繁荣昌盛期是在乾隆二十五年至嘉庆十七年（1760—1812年）。这52年间，制玉业空前繁荣，技艺成熟，琢碾了若干大件玉器。此期玉器生产蓬勃发展，但发展情况并不平衡。从乾隆二十五年（1760年）以后逐年上升，至乾隆四十一年（1776年）

---

① ［明］宋应星：《天工开物》卷下珠玉第十八，世界书局1936年版，第308页。
② 李福顺主编：《北京美术史》，首都师范大学出版社2008年版，第683页。

共进贡2万余斤的6块大玉和后来的9000余斤大玉，至乾隆五十二年（1787年）琢成《大禹治水图》玉山为高峰，这10余年琢玉工艺达到了高潮和顶点。

《大禹治水图》玉山，原名《大禹开山山子》，全名《密勒塔山玉大禹治水图》玉山，是现存最大的古代玉雕。以宋人画《大禹治水图》为蓝本，经造办处、如意馆设计。乾隆四十六年（1781年），先画出玉山的前、后、左、右4张纸样，由宫廷画家贾铨临画在玉料上，并浇铸蜡样一座，一同运往扬州，着两淮盐政监制。玉山前、左、右三面，依据材料的原有形状，以高浮雕和圆雕相结合的形式，表现大禹率领民众开山引水的壮观场面。玉山费时6年琢制完成，重达9000斤，做成后高9尺5寸（224厘米），金丝铜座，于乾隆五十二年（1787年）运回北京。次年，乾隆帝又令如意馆工匠朱永泰将其题写的七言诗和自注文刻在玉山的背面。这件巨型玉雕，从选料设计到刻字完成的全部工程共花了10年的时间。

《大禹治水图》玉山

乾隆四十一年至四十四年（1776—1779年）琢制的"大玉瓮"，原玉重4000斤，瓮高1尺6寸，面宽4尺，进深3尺8寸，是清代造办处制作的第一件巨型玉器。

宫廷玉器制作有严格的程序，一般要经选料、画样、锯料、打钻、做胚、做细、光玉、刻款几道工序，仿古玉还要加做旧（烧古）工序。其中选料、画样是关键，由处于领班地位的工匠承担，做细、刻款、烧古等技术难度大的工序都有专职玉工负责。造办处玉器的制作在乾隆帝的直接监管下，绝大部分制品都经画样呈览，"奉旨准做"后，再琢制。有些重要器物的每一环节都要经乾隆帝过目。造办处尽管集中了一批能工巧匠，但玉器制作的整体水平仍不及苏州和扬州。造办处玉作以琢制小型玉器、刻款、镌字为主，以琢工精细见长。

造办处、如意馆玉作的玉匠，有北京、苏州的匠人和满族八旗的家内匠，通常保持在四五人的规模。如有特殊需要，即自民间临时雇用工匠。如乾隆四十四年（1779年）为太庙制玉宝、玉册，临时从苏州调两批共16名玉匠进宫，用1年的时间刻汉字4000余，满文8000余。见诸档案记载的名工巧匠有邹景德、陈宜嘉、张君先、鲍德文、贾文远、张德绍、蒋均德、平七、朱玉章、沈瑞龙、李均章、吴载岳、王振伦、庄秀林、姚肇基、顾位西、王尔玺、陈秀章、朱鸣岐、李国瑞、王嘉令、朱时云、朱永瑞、朱光佐、朱仁方及旗人六十三（人名）、七十五（人名）、八十一（人名）等。

乾隆朝玉匠中以姚宗仁的成就最为突出。据《清代钞档》记载，乾隆时雕造玉器常由姚画样。姚还善做仿古玉器，乾隆十八年（1753年），乾隆帝误将清代烧伪沁的双耳玉杯认作汉代玉器，经姚宗仁指点方知是姚祖父所造，乾隆帝为此特作《玉杯记》一文以记之。该文记姚宗仁所述其祖（约康熙时人）做旧的方法："染玉之法，取器之纰颣且恋者，时以夏取热润也，炽以夜阴沉而阳浮也，无贵无瑕，谓其坚完难致入也，乃取金刚钻如钟乳者，密施如蜂蛋，而以琥珀滋涂而渍之，其于火也，勿烈勿熄，夜以继日，必经年而后业成。"[①]

值得注意的是，宫廷玉器在制作工艺上还受到来自中亚的痕都斯坦玉器的影响。"痕玉"胎体极轻薄、透明，琢磨精细绝伦，被乾隆帝誉为"薄如纸更轻于铢""水磨磨成制绝伦"。由于"痕玉"备受乾隆帝的推崇，便采取鼓励进口的政策，以致驻藏大臣争相竞购贡进。乾隆帝还命造办处、如意馆玉作仿制"痕玉"。传世的白玉砚滴、

---

① 转引自田自秉、华觉明主编：《历代工艺名家》，大象出版社2008年版，第156页。

碧玉六瓣碗、碧玉菊瓣盘等均是仿"痕玉"制作的。尤其是白玉嵌金丝碗是内廷玉工仿"痕玉"的代表作。碗为桃实双耳，外壁饰错金花叶纹，并用红宝石镶嵌花瓣。碗心镌刻乾隆帝御制诗，内有"巨材实艰致，良将命精追"句。此碗从总体效果来看是相当成功的，但在薄、光方面，仍有一定差距，因此"非中土玉工所能仿佛"的评论并非虚语。

之后的一段时间，玉器琢制仍然不衰。虽然大件玉器制作减少了，但宫廷和各玉器产地的玉器生产仍维持一定的规模。例如，嘉庆十七年（1812年），造办处接到嘉庆十六年（1811年）的贡玉，仍画样制玉山、瓶、花觚、卧马、卧牛等63件，一半留如意馆，一半发往地方加工。嘉庆十七年（1812年），嘉庆帝命新疆的年贡玉减半，玉器产量骤减。据《啸亭杂录》记载："今上亲政时，首罢贡献之诏，除盐政、关差外，不许呈进玩物，违者以抗旨论。谕中有'诸臣以如意进者，朕视之转不如意'之语。时和阗贡玉，辇至陕、甘间，上即命弃诸途中，不许解入。故一时珠玉之价，骤减十之七八云。"[①]此后，玉器生产渐趋衰落。

四、民国时期的玉器

清朝末年，北京的玉器生产趋向消沉，风格烦琐，并对以后的生产技艺影响很坏。延续到辛亥革命后的十几年中，北京玉器在生产和技艺上畸形发展，不仅缺乏创新，而且产生了仿古、泥古、粗制滥造等不良倾向。[②]

辛亥革命后的十几年，北京玉器大量流入欧美诸国，引起了上层统治者的兴味。以后由于国内军阀混战和第一次世界大战，曾一度影响北京玉器外销。而战后欧美一些国家以及日本经济复苏，使北京玉器的外销有了好转，并且形成了自18世纪末叶开始的北京玉器出口

---

① ［清］昭梿：《啸亭杂录》卷一《却贡玉》，中华书局1980年版，第27—28页。
② 杨洪运、赵筠秋：《北京经济史话》，北京出版社1984年版，第168页。

贸易的一个高潮时期。当时的崇文门、花市一带以及前门外的廊房头条、羊肉胡同、炭儿胡同等处，大小玉器作坊林立，沙沙磨玉之声不绝于耳。著名的瑞兴斋、富德润、宝珍斋、荣兴斋、永宝斋、义珍荣、义珍斋、济兴成等玉作就分设在这些街道上。这一时期北京玉器从业人员已达6000余人（其中有一半以上为季节工，即农闲时进城来的农村玉匠）。①

玉器行庄因其销路对象不同，大致分为4类：一是本庄，出品销平、津、沪、汉各地；二是蒙古庄，出品销蒙古、新疆一带，民国以前为最盛；三是东洋庄，销行日本；四是（西）洋庄，销往美、英、德、法等国，市场不一，需供遂有分别。②

据许善述等《旧中国北京的玉器业及工人状况》一书记载，1919—1920年，"西洋庄"兴起，做大件的多了。西洋庄主要做瓶炉、兽等摆设品。西洋庄又分"法国庄""德国庄"（法国庄做的活糙，德国庄做的活细）；五六年后又有了"东洋庄"，做镯子、耳环、花片等，主要销往日本。这时期前门就有近千人，瑞兴斋作坊已经有二三百人，加上崇文门一带，有3000人左右从事玉器业生产。③应当指出，这里的从业人员3000人左右除去了季节工，与上述6000余人的一半是相符的。

1928—1937年为玉器业的"黄金时代"。北平东四、西四、永定门一带都有玉器作坊，而前门、崇文门一带最多，几乎占据了羊肉胡同等三十几条胡同。100人以上的大作坊有瑞兴斋、荣宝斋、玉祥成等十几家；30人以上的作坊也很多；一二个人的作坊极少。据赵禾《北京手工业之概况》一文统计，七七事变前北平玉器作坊有320户。④在这时期，玉器工人达7000人左右。

---

① 王绎、王明石主编：《北京工艺美术集》，北京出版社1983年版，第5页。
② 张延祝：《日趋没落的北平手工业》，载《经济评论》第1卷第16期，1947年7月。
③ 北京市总工会工人运动史研究组：《北京工运史料（第一辑）》，工人出版社1981年版，第71—72页。
④ 赵禾：《北京手工业之概况》，载《东亚经济》第1卷第10期，1943年6月。

1937年卢沟桥事变后，玉器"国内销路即不见佳，国外去路更为阻断"①。尤其是日美宣战以后的数年，北京玉器外销几乎完全中断。作坊纷纷关门，据1943年统计资料，全市只剩下137家。②这时候的作坊，只是支撑个门面，掌柜最多留着个学徒混饭吃，工人减少90%以上。

抗战胜利后，北平玉器业"尚未有起色"，1946年一年出口数量甚微，尚不及战前1/10。到1947年，北平玉器"制作厂家为数甚少，不过10数家，全属作坊组织；而出售玉器商店则甚多，有120家左右，散处琉璃厂、廊房二条三条、王府大街一带"，"玉器行多改做滑石器皿，借以苟延；至商号多兼售古玩或营有关之副业，以资维持现状"。③

根据联合征信所调查，1947年5月北平"尚有玉器业者六十七家，手艺作坊工厂十五家。作坊之设备为琢玉之洗磨盘砣，名为凳子，一架称为一张，大作坊昔均设凳子四五十张，今则仅二三张，因原料、销路、资金等问题，现均陷于半停顿状态"。④

在1948年2月28日的《大公报》上，曾这样记述了当时北平玉器业的景况："玉渐渐没有了……将要到'玉碎'的手工艺人，正在寻找他们新的服务对象。"所以到北平解放时，玉器全行业，只剩下100多名手工艺人了。⑤

---

① 张延祝：《日趋没落的北平手工业》，载《经济评论》1卷16期，1947年7月。
② 赵禾：《北京手工业之概况》，载《东亚经济》第1卷第10期，1943年6月。
③ 张延祝：《日趋没落的北平手工业》，载《经济评论》第1卷第16期，1947年7月。
④ 张光钰：《北平市手工艺生产合作运动》，1948年印本。
⑤ 引自王绎、王明石主编：《北京工艺美术集》，北京出版社1983年版，第6页。

第三节　北京雕漆

雕漆，是漆工艺中的一个品种，它是用调色后的笼罩漆一层层地涂在器胎上，积累到相当厚度，然后用刀雕出花纹。[1]根据髹漆颜色与装饰花纹，雕漆可以进一步划分为剔红、剔黄、剔绿、剔黑、剔彩等种类。

雕漆始于唐，精于宋元，盛于明清，尤以明代达到最高峰。中国雕漆以北京雕漆最有代表性。[2]北京雕漆与一般漆器不同。通常所说的漆器是把漆涂在漆胎上，或是在漆器上刻花之后再涂一层漆，也有的是镶上和利用漆色绘上图案花纹，漆器的品种主要是室内家具。而北京雕漆不然，它是以雕刻见长，在漆胎上涂上几十层到几百层厚15～25毫米的漆，再用刀进行雕刻，因所雕的是漆，故称为"雕漆"。[3]

一、元代雕漆

元代雕漆的制造中心主要在浙江嘉兴西塘一带。从元末开始，嘉兴涌现出一批雕漆艺人，以张成、杨茂的剔红漆器最为有名。《新增格古要论》载："元朝嘉兴府西塘杨汇有张成、杨茂，剔红最得名"[4]。元代雕漆传世的主要是张成、杨茂的作品。雕漆一般为锡胎和金银胎。髹漆较厚，雕法圆润，不露刀锋。器型多盘、盒，尊和盏托次之。纹饰包括花卉、山水人物、几何纹3种。花卉图案多为"死地花"（即不雕刻锦纹图案的花卉），富有浓厚的装饰趣味，给人们以

---

[1]　朱家溍：《元明雕漆概说》，载《故宫博物院院刊》1983年第2期。
[2]　乔十光主编：《中国传统工艺全集·漆艺》，大象出版社2004年版，第173页。
[3]　凡奇、共工编著：《当代中国工艺美术品大观·上篇》，北京工艺美术出版社1993年版，第360页。
[4]　[明]曹昭撰、王佐增，舒敏编：《新增格古要论》卷八《古漆器论·剔红》，中华书局1985年版，第159页。

浓厚古朴的印象。张成的作品，故宫博物院收藏有剔红山水人物圆盒和剔红花卉圆盘各一件。剔红山水人物圆盘呈枣红色，底及里为栗皮色，涂漆约80层，有针刻"张成造"字铭。盒画刻观瀑图。人物山石树木，都富装饰性。杨茂的作品，故宫博物院藏有剔红漆渣斗和剔红观瀑图八方盘各一件。张成、杨茂制作的漆器作品，不仅在当时名噪一时，而且影响到明初的雕漆器。现存传世的明永乐、宣德雕漆器，继承了张成、杨茂一派的优秀传统，又有所提高和丰富。

虽然元代雕漆风格以嘉兴派为主，但云南雕漆在当时也是不可忽视的存在，对明代嘉靖以后北京雕漆的发展产生了不可低估的影响。明代沈德符在《万历野获编》中描述云南漆器曰："今雕漆什物，最重宋剔。其次则本朝永乐、宣德间，所谓果园厂者，其价几与宋埒。间有漆光黯而刻文拙者，众口贱之，谓为旧云南，其值不过十之一二耳。一日，偶与诸骨董家谈及剔红香盒，俱津津执是说，辨难蜂起。予曰：'总之皆云南也。唐之中世，大理国破成都，尽掳百工以去，由是云南漆织诸技，甲于天下。唐末复通中国，至南汉刘氏与通婚姻，始渐得滇物。元时下大理，选其工匠最高者入禁中。至我国初收为郡县，滇工布满内府，今御用监。供用库诸役，皆其子孙也。其后渐以消灭。嘉靖间，又敕云南拣选送京应用。若得旧云南。又加果园厂数倍矣。'诸古董默不能对。"[1]元代，云南的工匠大量涌入内府，势必带来云南的工艺技术。云南雕漆之于北京雕漆的影响，当不可免。

二、明代雕漆

明代，北京雕漆一改元代雕漆之法，刻款不再个人署名，而是刻制造年代的年号。从现在保存下来的雕漆品看，明代北京雕漆可以分成早、中、晚三个发展时期。

---

[1] ［明］沈德符：《万历野获编》卷二十六《玩具》，中华书局1959年版，第661—662页。

明代早期的北京雕漆以永乐、宣德年间的制品为代表，继承并发扬了元代的特点，造型规矩，用漆精良，雕刻圆熟，磨工精细。永乐年间，御用监在北京西什库一带建立了专为皇家服务的漆器作坊——果园厂，并且四处寻访名匠，张成之子张德刚被召入京，主持和监督漆器生产。同时，也从南方征调了一批能工巧匠充实果园厂的力量，专门制作漆器，以满足皇家对漆器的大量需求。果园厂是明代雕漆的皇家制作中心，集中了全国的漆工精英，制作的雕漆代表当时的最高技术水平。雕漆主要用金银锡木4种原料为胎，在宋代多以金、银为胎，明代则多以锡、木为胎。雕漆品以剔红为主，由于皇家的支持，剔红的品质达到一个前所未有的高度，漆质坚实，漆色鲜妍而沉稳，磨抛圆润而细腻，有均衡适度的雍容之风。剔红，要上"朱漆三十六次，镂以细锦，底漆黑光（针刻大明永乐年制字）"[1]。

这一时期雕漆器型以盘、盒多见，新增小柜、香几、盖碗、小瓶等，器物尺寸普遍增大。纹饰种类丰富，远胜元代，以花卉纹最多，花鸟和山水人物次之，龙凤纹最少。以花卉为题材的作品，多用黄漆作地，不刻锦纹，上压朱漆盛开花卉，色调鲜明，花间禽鸟飞翔，意境浪漫。现故宫博物院珍藏的明永乐年间的"牡丹孔雀盘"，即是其中的佳作。漆盘漆色朱红含紫，稳重典雅。盘面布满牡丹，盘中一对孔雀，气势富丽而豪放，花筋叶脉雕刻精致，雀身羽毛纤细如丝。盘外刻缠枝牡丹花纹，花纹透空处，露出黄色漆地，以增加色彩对比和立体效果。这件孔雀纹盘在继承元代的基础上雕刻更加精致，尤其是孔雀羽毛的雕刻极其独到，就有了与元代有别的精致面貌。

剔彩是此期新创的雕漆品种。剔彩即雕彩漆，在漆胎上逐层换髹不同颜色的厚料漆，逐层待干，层层累积至需要的厚度，然后刻出红花、绿叶、彩云、黑石以及深浅回纹一类的图案，绚烂夺目。例如，宣德年间的"剔彩林檎双鹂图捧盒"，通体采用红、绿、黄、黑4种

---

[1] ［明］刘侗、于奕正：《帝京景物略》卷四《西城内·城隍庙市》，上海古籍出版社2001年版，第240页。

色漆交替髹饰，剔彩层自下而上依次为红、黄、绿、红、黑、黄、绿、黑、黄、红、黄、绿、红，共13层。盖面饰圆形开光，雕红漆斜格锦地，压雕林檎树，上栖两只黄鹂，空隙间点缀以蜻蜓、蝴蝶等。出奇之处是把"大明宣德年制"款刻在贴近开光上缘处，这是一般雕漆刻款中少见的。

剔彩林檎双鹂图捧盒

明代永乐时的器物款识，是以竖式针刻"大明永乐年制"行书细款，位置多居于器底部的边侧。宣德间的款识，绝少采用针刻法，改用刀刻大字填金，大部分刻在器物反底的中央。不是采用行书字体，而是采用隶书字体。

明代中期的北京雕漆历经六朝经百年，刻款作品很少，雕漆工艺发展缓慢，雕漆风格由早期的简练大方逐渐向晚期的纤巧细腻过渡。器型方面，明中期的立体造型增多，新见梅瓶、高足碗、笔筒、插屏、提匣等。装饰纹样仍以花鸟和山水人物居多，普遍雕刻方格或斜方格锦纹为地，锦纹较早期大而稀疏。

明中期一个突出特点，出现了一种风格大异的雕漆作品。这种作品民间气息浓厚，常以花卉、昆虫、飞鸟、怪兽、草龙为题材。刀法快利，刀刻痕迹外雕不加掩饰，磨工不细，漆的润滑质感渐而淡薄。图案构思直观单一，绘画感不强，刀工显得琐碎。有的剔彩作品，在雕工完结后，再用色漆在某些部位髹涂一层范漆。有的雕漆作品干脆不用漆，而是用漆灰先堆出图案，打磨光亮后，再罩以薄漆，以达到润亮润滑的目的。[①]

明代晚期的北京雕漆经历了嘉靖、万历两朝的兴盛。此期，雕漆的品类以剔红、剔彩为主。雕漆造型多样化，笔筒、方盒、碗、各

---

① 李一之编著：《中国雕漆简史》，轻工业出版社1989年版，第35—36页。

类捧盒、扁壶、箱子，种类显著增多。从题材内容上看，歌功颂德、宗教神话、吉祥如意的占主要成分，民间习俗的题材也不少。例如，"剔红岁寒三友图圆盒"，此盒绿地朱漆，盒盖上的图案，雕刻松、梅、竹的枝干缠绕盘结成草书的"福""禄""寿"三字。寓意吉祥，绘画民间化。这种处理吉祥寓意的手法，无疑是雕漆发展中的又一种新元素的加入。

嘉靖时代的雕漆，图案、色调、刀法表现都和以前不同，除一部分剔红山水人物的盘盒之属，造型和画面仍基本上继承传统，在刀法上也有变化。由于这个时期拣选云南工匠来京，在制造机构中增加了一批民间工匠，所以有一部分作品，也可以说主流的风格起了变化。自此以后，张成、杨茂一派的作品减少，雕漆技法又向一个新的方向发展。[1]

此期雕漆风格最主要、最鲜明的变化，是一反元、明初的"藏锋""圆滑"，而趋向刀锋外露，构图复杂，浮雕味道强烈，不尚磨工的风格。[2]花纹的组织趋向繁密，比较特殊的如"剔黄龙凤三足盘"，双凤组成一个团花，借飘带的翩翩自成三格，龙与飘带缠绕组为图案，鳞甲作云头式。盘边刻六角形锦地，上刻海棠开光、龙纹，把龙凤都高度图案化了。[3]嘉靖时代的漆器款识，都是在底足内刀刻填金楷书"大明嘉靖年制"六字款，或直书一行，或横书一行。

万历时期的雕漆，继承了嘉靖时期的风格，剔彩艺术有一定发展。即所谓"重色雕漆""增色雕漆"，尤其是"堆色雕漆"颇具特色。例如，"剔彩龙纹长方盒"，红龙绿鬣、红绿相间的波涛、黄色天锦、开光正龙的外面四角深黄色球锦地红色轮廓的云纹，显示着凝重而鲜明的色调。

此期的剔彩器，花卉用色变化很巧妙，在一个花瓣或叶上用刀斜剔出不同深浅以及不同颜色的渐变，水锦纹中波涛轮廓的第一笔刻画

---

[1] 朱家溍：《元明雕漆概说》，载《故宫博物院院刊》1983年第2期。
[2] 李一之编著：《中国雕漆简史》，轻工业出版社1989年版，第39页。
[3] 朱家溍：《元明雕漆概说》，载《故宫博物院院刊》1983年第2期。

特重，这些都是万历朝的新手法。款识有一行、二行。例如，"大明万历己未年制"，年款中加干支，字体与万历刻本刷印书体相似。[①]

明末，雕漆逐渐流入民间。高濂在《燕闲清赏笺·论剔红倭漆雕刻镶嵌器皿》中说："民间亦有造者，用黑居多，工致精美，但几架、盘合、春撞各物有之……有伪造者，矾朱堆起雕镂，以朱漆盖覆二次，用愚隶家，不可不辨"[②]。可见，民间制作的雕漆良莠混杂，不过上乘之作亦"工致精美"。

三、清代雕漆

北京雕漆经过明末清初的短暂萎缩，到了清朝中期又出现了鼎盛的局面。不但雕漆数量非常多，造型题材广泛，雕刻技法翻新，雕漆工艺与其他艺术工艺手段交叉结合，形成极为鲜明，极为多样化，极富时代个性的艺术风格。剔红的颜色更加鲜艳明丽，剔黄、剔绿、剔彩、剔黑的数量明显增多，其中局部加色的剔彩法，作为对传统竖色法的进一步发展，达到了历史上的最高水平。清代雕漆除一部分无刻款，极个别刻"嘉庆"款外，绝大多数是"大清乾隆年制"刀刻款。这与明代有永乐、宣德、弘治、嘉靖、万历等多朝刻款不同。

清代乾隆皇帝酷爱雕漆制品，因此，雕漆工艺得以空前提高，品种也有了很大发展，创作了屏风、桌、椅、盘、盒、瓶、罐等多种产品，这些产品，多为宫廷造办处制造。[③]造办处下设有金玉作、造钟作、鞍甲作、油木作等。其中油木作附有雕作、漆作，漆作承做宫廷大量的漆器用品。

清代雕漆胎骨与明代相同，以木胎、锡胎为主，也有用脱胎的，造型精致，富于变化，颜色也增多，还有与玉石镶嵌结合而成的产品。图案方面，除花鸟、人物外，开始有吉祥如意的各种图案。在构图上绵密多层次，以多见长，和明代不同的是不注重磨工，但是具有

---

① 朱家溍：《元明雕漆概说》，载《故宫博物院院刊》1983年第2期。
② [明]高濂：《遵生八笺》，巴蜀书社1992年版，第555页。
③ 王绎、王明石主编：《北京工艺美术集》，北京出版社1983年版，第26页。

严谨、精致、华丽的特色；以花卉题材为多，有穿枝过梗、自然灵活、层次鲜明、立体感较强等特点。①

"礼物盒"是清代雕漆中与其他工艺相结合的比较典型的作品。其造型似扁桃，盖面雕红漆，中间用五彩玉石镶嵌蟠桃、花果、蝙蝠等，有福寿万年、庆贺吉祥的含义。树枝用木片嵌成，红、青、黄色相间，艳丽悦目，显露出绝妙的构思与技艺。②

乾隆朝以后，盛极一时的北京雕漆逐渐衰退。到光绪二十二年（1896年）已无官营作坊，技艺几乎失传。后由于清宫内需要修理雕漆工艺品，北京的民间雕漆又兴起。据记载，光绪二十六年（1900年），"慈禧皇太后所素宠之雕漆捧盒，不慎坠裂，乃饬两太监于城内遍寻雕漆匠人修补，卒于今之东四牌楼附近，觅得忠和局油画作之宋兴桂、萧兴达两油画匠人。萧宋二人费时累月卒将漆盒修补完好如初。慈禧太后乍喜之余，乃赏银五百两，并为赐见。自是，萧宋之声名大噪，雕漆业亦因之重兴"③。而雕漆技艺，"亦遂分萧宋两派，萧派之刻工见细，磨工较粗；宋派则适相反。两派所用之雕刻刀亦有所区别，宋派刀为硬木柄，下端镶以铜箍，萧派则刀柄裹布"④。

咸丰十年（1860年），圆明园劫变，雕漆制品亦被掠至西方。自此，雕漆品渐为西方人所器重。1900年以后，雕漆品"颇为外人所乐购，乃复渐有起色，与景泰蓝、地毯等同为外销货品之大宗。且因外人嗜古，间亦仿制明代色式，行销外洋。并于钢胎而外，或改为铁胎，以期成本减轻。又另制一种土胎，专雕各类朱漆人物、亦觉别饶古趣"⑤。据记载："光绪二十八年，萧乐庵君始仿古雕漆，创设集（继）古斋于北京剪子巷，所出各种雕漆器具异常精致，一瓶之制，

---

① 杜炳臣、刘书印：《北京雕漆的历史和发展》，见北京市政协文史资料委员会编：《文史资料选编》第13辑，北京出版社1982年版，第252—253页。

② 王绎、王明石主编：《北京工艺美术集》，北京出版社1983年版，第26页。

③ 唐功烈：《北平的手工业——雕漆》，载《工业月刊》第4卷第9期，1947年。

④ 唐功烈：《北平的手工业——雕漆》，载《工业月刊》第4卷第9期，1947年。

⑤ 池泽汇等：《北平市工商业概况》第一编《特品·雕漆业》，北平市社会局1932年版，第33页。

有费时三四年，价值数千金者。"①继古斋专门仿制清代雕漆风格，并有了一些提高，其技艺超过了乾隆朝，并有明显的北京地方色彩。刀法棱角清晰，题材以花鸟龙凤、山水人物、吉祥图案为多。光绪末年，在荷兰博览会上，北京继古斋雕漆作，曾将各色出品运往赛会，得有奖品。有评论称："对于北京雕漆的恢复，清末时期的'继古斋'在雕漆历史上占有一定地位，并对近代北京雕漆技艺的发展，起了相当重要的作用。"②

清代中后期，雕漆货品的种类有瓶、盒、盘、罐、箱、文具、玩物、造像、几杖等。制作主要有5步程序，先制胎，后打底，再上漆，漆有上至百余层，少者亦有数十层，趁漆尚未干透，开始雕花，最后是磨光。雕漆制品极费时间，大件需费时至数月，甚至一年以上。

四、民国雕漆

民国初期，北京雕漆业呈现出兴盛的局面。据记载，1912—1921年，"北平之雕漆业呈极度之蓬勃繁荣，城内以及散处城郊乡镇之雕漆匠人，不下五百之众，蔚为空前"③。

在艺人们的努力下，北京雕漆业取得了一定的成就。由继古斋著名艺人萧乐庵、吴瀛轩等人设计、制作的剔红"群仙祝寿"大围屏，在1915年美国旧金山举办的"巴拿马太平洋万国博览会"上获得金奖。当时的黎元洪总统为此题写了一副匾额"雅艺绝伦"。

1921—1937年，"雕漆品之销售量递减，且经营斯业者，率多沿袭旧法，师徒相传，抱残守缺，虽未至废坠，然较之民初已黯然无光"④。

---

① 《经济半月刊》第2卷第10期，1928年5月15日。
② 杜炳臣、刘书印：《北京雕漆的历史和发展》，见北京市政协文史资料委员会编：《文史资料选编》第13辑，北京出版社1982年版，第253页。
③ 唐功烈：《北平的手工业——雕漆》，载《工业月刊》第4卷第9期，1947年9月。
④ 唐功烈：《北平的手工业——雕漆》，载《工业月刊》第4卷第9期，1947年9月。

1925年，"领有执照的雕漆铺子有十余家，产品主要是几、杖、椅、箱、瓶、罐、盘、玩具、文具，胎体主要是铜、锡、木、灰"①。

据1932年12月北平市社会局印行的《北平市工商业概况》记载："雕漆作业家数有字号称为作坊者十余家，散居乡镇，领活单独作工者约有数十家之多，其工人总数约八十余人，其中以学徒为多。"②

又据1935年北平市政府秘书处编《故都文物略》估计："现平市雕漆作业，有字号称作坊者，约十余家，和合雕漆局最著。散居乡镇领活，单独作工者，约有数十家。"③

再据1936年6月北平市政府秘书处第一科统计股的调查，北平从事雕漆业的有14家，工人80人。④

综上可见，北京（北平）雕漆业，在这10多年间"概无起色"。不过，值得一提的是，1930年，张学良曾以约4000元大洋委托当时北平财政部印刷局顾问萧鲁源，定制仿宫廷家具一堂，计有宝座、龙书案、宫灯、宫扇、围屏等多件，承雕者为雕漆行耆老楼宝善氏，历时一年多方告竣工。这些雕漆制品虽非空前，然恐将绝后。当时参与工作的还有萧乐庵、李殿英等人。⑤

自1937年七七事变至1941年太平洋战争爆发之前，华北虽已沦陷，然而海外交通尚未断绝，北平雕漆作品仍能外销一时。1938年8月间，一名日本人曾将其调查雕漆业的结果，为文刊载于同年8月16日的北平一日文报纸《北京新闻》上，兹摘译其原文："昭和十三年八月（按指1938年8月）之调查，北平雕漆之专门作坊九家，职工百人，工资除供膳宿外，学徒每月三元，熟练工每月十元。"

太平洋战争爆发后，北平"雕漆业者亦随之风流云散，雕漆工人

---

① 北京雕漆厂写作小组：《北京雕漆》，载《北京工艺美术》1980年第2期。
② 池泽汇等：《北平市工商业概况》第一篇《特品·雕漆业》，北平市社会局1932年版，第36页。
③ 汤用彬等：《旧都文物略》，书目文献出版社1986年版，第252页。
④ 唐功烈：《北平的手工业——雕漆》，载《工业月刊》第4卷第9期，1947年9月。
⑤ 唐功烈：《北平的手工业——雕漆》，载《工业月刊》第4卷第9期，1947年9月。

纷纷转业他图，改业车夫者有之，改业走贩者有之，雕漆品肆间虽仍有出售，但悉为陈货"①。

据民国雕漆老艺人胡增瑞口述曰："北平沦陷期间，景况更惨，一点销路也没有，有些铺子想靠卖存货维持开销，可是存货贬价也卖不出去，许多艺工都改行做小买卖，做小工，拉黄包车。"②可见，战乱使北平雕漆的外销逐渐难以维持，雕漆的生产经营逐渐崩溃。

抗战胜利后，美军和外籍人士在北平竞相购买特产以作来华纪念，北平雕漆业因之再度活跃，先后恢复生产。据1947年二三月间调查，"北平城内共有雕漆作坊十家，工人五六十人，但十家中仅有霞公府雕漆生产合作社、福英厚、永兴成雕漆处三家已于北平市社会局呈报营业在案，而领有营业执照，其余七家悉未呈报营业，而仅以家庭手工业方式，纠集一二工人或学徒从事制作，此外散居城郊，如东直门外、朝阳门外之村镇，领活单独作工者尚有百人之众"③。

但是好景不长，在国民党统治下的北平，物价飞涨，钱不值钱，货卖出去之后，买不回来原料，于是，除了极少数几家铺子勉强维持之外，大部分雕漆业都关了门。大批艺工又改行摆小摊、拉三轮。④

在抗日战争爆发后一直到北平解放这十几年中，有的作坊主因买不起昂贵的大漆和国产银朱等原料，遂用桐油、洋银朱、铅油来做雕漆。有些恪守传统的雕漆艺人，在铜胎上焊接錾有自己作坊名称的薄铜片或在铜片底部铜片边缘錾凿作坊名款，以示区别。

民国时期的北京雕漆，主要有以下特点：其一，以清代风格为主，是对明清两代雕漆风格的综合继承。其二，雕漆的制造和研究，完全是民间承担。以小资本为主，一般都是前店后坊的形式。北平除

---

① 唐功烈：《北平的手工业——雕漆》，载《工业月刊》第4卷第9期，1947年9月。
② 胡增瑞口述、刘志笃笔录：《乾隆以后雕漆工艺的兴衰》，载《故宫博物院院刊》1960年第2期。
③ 唐功烈：《北平的手工业——雕漆》，载《工业月刊》第4卷第9期，1947年9月。
④ 胡增瑞口述、刘志笃笔录：《乾隆以后雕漆工艺的兴衰》，载《故宫博物院院刊》1960年第2期。

市内有雕漆作坊外，郊区的东坝乡、花椒地、西郊海淀乡，都有制造雕漆的场所。其三，雕漆与金属制胎作坊的关系日益密切，大量采用铜铁材料。[①]

---

① 乔十光：《中国传统工艺全集·漆艺》，大象出版社2004年版，第185页。

第四节　北京地毯

北京地毯，又称京式地毯，是在元明清三代宫廷用毯基础上，吸收西藏、甘肃等地的制毯特点，逐渐形成独特的艺术风格，不仅是理想的铺设品，而且是珍贵的装饰品。北京地毯始于辽代，元代有一定发展，清代有了突进的发展，逐渐形成了自己的风格特色，庚子事变后，一跃成为重要的出口工艺品。第一次世界大战后，北京地毯生产有过起落，但总趋势是上升的。20世纪30年代后，北京地毯呈逐渐衰落之势。抗日战争胜利后，地毯业有所恢复，但程度甚微。

一、元代地毯

北京地毯制作是与北京成为都城密切联系在一起的。辽代立燕京为陪都后，地毯被用作宫廷里的专用铺设品。

元朝统治者对毡罽有特殊爱好，定都大都后，宫廷贵族的需求量越来越大，举凡铺设、屏障、庐帐、蒙车等，均饰以毡罽，大都的毡罽业因此而发展起来。毡罽是用羊毛、䟭毛、野蚕丝等织成的毛织品，其中地毡的生产，即今日的地毯占有较大的比重。

据《大元毡罽工物记》记载，元成宗大德二年（1298年），工部奉旨，在大都青塔寺专门为皇宫编织地毡，对地毡的尺寸、染料、羊毛用量等都有严格的要求。北京遂出现了第一个集约化生产的织作工场。

元代官府和贵族所控制的诸司、寺、监都大量生产毡罽。以大都毡局为例，在中统三年（1262年）立局的当年，就织造了羊毛毡3250段，以后三年内又陆续织就白毡810片，悄白毡180段，大糁白毡625段，熏毡100段，染青小哥车毡10段，大黑毡300段，另外还织染毡1225斤。泰定元年（1324年），随路诸色民匠打捕鹰房都总管府属的察迭儿局，一次织就送纳入库的就有白厚毡2772尺，青毡8112

尺，四六尺青毡179斤。[①]

据《大元毡罽工物记》记载，当时毡罽工业的原料和产品的种类甚为繁多，原料除羊毛（分白羊毛、青羊毛、黑羊毛三种）外，还有回回茜根、淀、白矾、黑沙块子灰、大麦面、松明子、槐子、黄芦、荆叶、牛李、棠叶、橡子、绿矾、落藜灰、羊头骨、羊筋、花䪻、石灰、醋、黄蜡、寒水石、白芨等20多种物料。出产的毡类品种有：入药白毡、入药白矾毡、无矾白毡、雀白毡、脱罗毡、青红芽毡、红毡、染青毡、白鞯毡、白毡胎、大毡、毡帽、毡衫、胎毡、帐毡、毡鞍笼、绒披毡、白羊毛毡（内有药脱罗毡、无药脱罗毡、里毡、扎针毡、鞍笼毡、裁毡、毡胎、好事毡、披毡、衬花毡、骨子毡）、悄白毡（内有药脱罗毡、无药脱罗毡、里毡、杂使毡）、大糁白毡（内有脱罗毡、里毡、裁毡、毡胎、披毡、杂使毡）、熏毡、染青小哥车毡、大黑毡（内有布答毡、好事毡）、染毡（内有红毡、青毡、柳黄毡、绿毡、黑毡、柿黄毡、银褐毡）、掠毡（内有青毡、红色毡）、白厚五分毡、青毡、四六尺青毡、苫宝箪毡、蒙鞍花毡、制花掠绒染毡、海波失花毡、妆驰花毡等。毯类品种计有：绒栽毯、毛毯、剪绒花毯、地毯、铺设毯、杂用铺陈毯、白毯廉、剪绒毯、剪绒花毡、掠绒剪花毡等。毡毯品种达六七十种之多。生产的毡毯，不仅品类繁多，花式新颖，而且质地细软，精巧美观。

到了明代，北京宫廷用毯由御用监织造，做工、花色都已考究奢华，同期，地毯还作为贡品大量从我国西北等地征集进京，北京故宫至今还藏有许多明代地毯。

二、清代地毯

北京用羊毛织造栽绒地毯的技艺，最初是从西藏传来的。据《嘉庆大清会典事例》记载，清雍正元年（1723年）在北京织染局里有九

[①]《大元毡罽工物记》，见[日]菊地清：《大连市榊町四八番地》，大连市伏见町一四番地1942年版，第685、687页。

名毯匠专门为皇帝编织地毯。咸丰十年（1860年），西藏达赖喇嘛进京，带来大批藏毯进献咸丰皇帝。咸丰帝极为欣赏，将一部分赐给皇宫大臣，并准许清廷内务府造办处召喇嘛艺人鄂尔达尼玛带弟子二人进京，设织造局于彰仪门（即今广安门）报国寺，并招徒学织。后鄂尔达尼玛返藏。织造局事由其两徒主持。旋因二人意见不合，形成两派，并分别由该寺东西两门出入。又由于两派织法各有特点，遂有所谓"东门法""西门法"之分。

织造局的产品最初专供清宫、贵族和喇嘛寺庙陈设、玩赏等用。以后逐渐传入民间，并在少数作坊生产。较早的厂坊有继长永、永和公、万成永等。当时是以内销为主。外国使馆、教堂，以及外交人员、传教士、商人、游客等个人，也有购为自用或回国送人的，但数量甚少。[1]

光绪二十六年（1900年）庚子事变以后，帝国主义势力进一步渗入北京，纷纷在北京设立洋行，这些洋行将地毯等特种手工艺品贩运出国牟利，开始了北京地毯的外销。据记载："直至光绪二十六年，德商鲁德（一说鲁麟）洋行购样毯二张，运往德京，彼都人士始知我国地毯原料细软花样新奇，并且颜色可以历久不变，遂争向该行订购。"[2]鲁麟洋行遂"利用时机，转向继长永定购，永和公地毯工厂，亦乘时而起，承造美商新旗昌洋行地毯甚多"[3]。

光绪二十九年（1903年），在美国圣路易斯的万国赛会上，北京地毯以品质优良、经久耐用、式样美观等优点，压倒土耳其地毯而获得一等奖章，一跃而为国际市场上的珍品。此后，艺人们又施展更高的艺术表现手法，编织出了新的产品——艺术挂毯和盘金丝毯。艺人

---

[1] 北京市政协文史资料委员会编：《文史资料选编·第7辑》，北京出版社1980年版，第156页。

[2] 池泽汇等：《北平市工商业概况》第一篇《特品·地毯业》，北平市社会局1932年版，第8页。

[3] 彭泽益：《中国近代手工业史资料（1840—1949）第二卷》，生活·读书·新知三联书店1957年版，第380页。

们模仿壁画的艺术效果，用细毛纱和细棉纱，采用巧妙的手法编出立体感强，主题突出，有故事情节，形象优美，花纹细腻的图案，并配用丝线编出边穗装饰，烘托了艺术挂毯的华贵、洁雅。艺人们在编织盘金丝毯时，采用金丝线和丝绒线，在经线上盘绕出各种纹样，手法精巧细腻，风格独特。这两种产品成为当时的高级艺术欣赏品和贵重的艺术装饰品，图案有八仙人和天女散花等。艺术挂毯的出现，反映出北京手工编织地毯技术达到了很高的艺术水平。这时的北京地毯图案还出现了美术式、彩枝式和八大绣等品种，显现出北京地毯的繁荣景象。①

关于光绪二十六年（1900年）前后北京地毯的生产销售情况，《中国经济通报》记载："一九〇〇年以前，北京地毯仅供本地销售，从一九〇〇年开始，地毯的出口量才大量增加……一九〇三年中国地毯在美国圣路易斯州国际博览会上吸引了广大而热情的观众。这对中国地毯业起了很大的推动作用，结果是对北京地毯商提出了大量的需要，当时北京的地毯商，还没有足够的经验来有效地满足这一新的需要……满清末年，有织机十台以上的地毯工厂还不到十家。"②数量少、规模小、资力微弱反映了清末北京地毯业的基本情况。

显然，外销的畅滞决定着整个行业的兴衰，这是北京地毯业的一个重要特点。《北京市工商业概况》称，1903年以后，"地毯输出外洋，数量盛时可达二百万元之巨。宣末民初，殆为全盛时代"③。在国外，地毯的售价高于国内数倍。帝国主义洋行见经营地毯能获厚利，就在北京竞相采购，贩运出口，北京的地毯手工业也在这种刺激下大大发展起来，出现了一些工厂、大作坊，并使北京地毯由内销为主逐

---

① 鄢钢：《地毯》，见王绎、王明石主编：《北京工艺美术集》，北京出版社1983年版，第42页。

② Chinese Economic Bulletin, No. 12.March 10, 1922, Series Ⅱ, pp.2-3. 引自彭泽益：《中国近代手工业史资料（1840—1949）第二卷》，生活·读书·新知三联书店1957年版，第380—381页。

③ 池泽汇等：《北平市工商业概况》第一篇《特品·地毯业》，北平市社会局1932年版，第9页。

渐转变为外销为主。1905年前后，北京有八九家地毯厂。如继长永、继承恒、兴和、隆利、泰山涌等，共有工人和学徒200人左右。[1]

清末地毯行业已在北京形成了东门（今崇文门）、西门（今打磨厂一带）和鸡门（今西城广安门一带）三派，成为北京地毯生产的先驱。此时，北京地毯生产已初具从工艺革新到图案衍变的规模。

清末，北京地毯生产除在品种上更趋丰富之外，在编织、工艺和染色、配色、图案、纹理上都发生了新的变化，一改中国传统地毯的浅褐色，单色调的配色习惯，出现了"白三蓝"配色图案，以及红、黄、绿、蓝等各种植物染色原料和几十种配色方法，在图案纹理方面更加集中地表现了几千年中国艺术传统的精粹，纹理也更趋流畅、协调。在图案内容方面则注入了宗教哲理与民俗思想，如象征镇服邪恶的"万字不到头"，象征中国四方一统的龙凤图案，反映民间故事的"踏雪寻梅""八骏图""六骏马"等。尤其是以民俗思想为基础的，借谐音、暗喻、象征取其吉祥富贵之意的图案更具代表性。如：蝙蝠寿字称为五福捧寿；鹤鹿同春，借鹤之长寿，鹿之"禄"音；各式各样的花瓶，取其"平安"之意；毛笔、银锭、如意，合称"必定如意"；等等，不胜枚举。

在图案结构上，中心以夔形为主，四角所织的纹样对称，还要织出各种纹式的大小边相配，组成四周呼应的格律体构图，有重点，有铺垫，于平静中见起伏的含意极深的构图思想。

从今天代表中国地毯图案的四大传统流派——北京式、美术式、彩花式、素凸式中，我们都可以看出北京式地毯的潜在影响——对称、平和、内向、富贵、典雅，富于装饰性和适应性。[2]

三、民国地毯

第一次世界大战爆发后，因受战争的影响，近东各国如土耳其、

---

[1] 杨洪运、赵筠秋：《北京经济史话》，北京出版社1984年版，第186—187页。
[2] 王晓军：《北京地毯的演变及特色》，载《中国对外贸易》1988年第1期。

波斯等国的地毯输出锐减，我国地毯出口迅速增长，北京的地毯业因之获得了一个发展的良好时机。1916年北京的地毯厂和作坊骤增至一百数十家，出口总值近百万元，比1913年增加好几倍，地毯工厂规模也有进一步扩大。据粗略估计，当时北京从事地毯业的工徒达一二千人。[①]

　　第一次世界大战以后，随着外国对地毯需要的增减，北京的地毯生产有过起落，但总的趋势是上升的，至1927年达到了这一时期的高峰。1920年北京大小地毯工厂、作坊共计约354家，有60架毯机的工厂只有1家，33架以下15架以上有10家，总共有毯机278架。20年代以后地毯业外销情况一直迅速上升，地毯厂在竞争中不断增加工人，扩大规模，1924年出现了有毯机百架以上，工人三四百人的大厂。全行业共有工厂207个，毯机518架之多；有15架以上毯机的工厂已有14家，从业人员达到了6800余人。[②]

北京地毯业调查（1924年）[③]

厂名	地点	工人数（人）	学徒数（人）	机数（架）	每日产量（平方尺）	每日工作时间（时）
万成永	内宫监	200	230	100	5000	$9\frac{2}{3}$
仁立	后拐棒胡同	30	300	120	180	8
开源	烂缦胡同	80	120	32	3000	10
燕京	内羊市口关帝庙街	100	80	40	5000	11

---

　　① 参见杨洪运、赵筠秋：《北京经济史话》，北京出版社1984年版，第187页。北京市总工会工人运动史研究组：《北京工运史料（第二辑）》，工人出版社1982年版，第3—4页。

　　② 王季点、薛正清：《调查北京工厂报告》，载《农商公报》第122期，1924年9月。

　　③ 引自彭泽益：《中国近代手工业史资料（1840—1949）第三卷》，中华书局1962年版，第130页。

续表

厂名	地点	工人数（人）	学徒数（人）	机数（架）	每日产量（平方尺）	每日工作时间（时）
京隆	演乐胡同	60	60	22	2000	11
北京	大径厂	70	59	30	2500	10
华盛全	苏州胡同	30	70	30	1000	11
实业	下斜街	20	80	24	2000	9
一得	车辇店胡同	40	60	17	2000+	10
金台	交道口	60	30	21	2000	11
祥聚	齐内大街	20	50	16	1000	9
林聚	迺兹府后花园	5	70	79	每年6000+	10
如意成	宝钞胡同内国祥寺	30	30	17	1200	11
继长永	北新桥瓦岔儿胡同	10	30	30	800	10
周泰永	彰仪门大街	3	40	6	30+	9
德隆厚	什锦花园	12	28	9	600	$11\frac{2}{3}$
常记	范子平胡同	1	31	10	1200	11
明顺成	打磨厂	18	20	6	700+	11
瑞生祥	瓷器口	10	20	8	30	10

资料来源：王季点、薛正清：《调查北京工厂报告》，载《农商公报》第122期，1924年9月。

北京规模较大的地毯厂如万成永厂、燕京厂、仁立厂等，皆与外国资本有直接或间接的联系，或获得了外国资本的投资，或直接获得外资的产品包销。北京地毯出口对象主要是美国。美国资本家不但通过洋行收购而获得超额利润，而且还直接投资地毯的生产。

万成永是北京最大最老的地毯厂之一。1924年该厂获得了美国商人的投资，发展成为有2个工厂，430名工人，100架毯机的大工厂。该厂位于王府井大街和厂桥地区的内宫监，1923年在内宫监新建洋式楼房作厂房，楼房有2层，布置整洁，采光通风等条件均较好。工厂还设有徒工宿舍，比其他工厂条件稍好。工厂在王府井大街还设有批发门市部。①

燕京地毯厂于1920年在崇外关帝庙街开业，由于以美国花旗银行作后台老板，资本雄厚，一下发展到6个分厂，分别设在后鼓楼院、谢家胡同、菜园子等处。拥有工徒1700人，控制了北京地毯生产的1/4到1/3。②20世纪30年代，燕京地毯厂创出新颖别致的绣类图案——串枝花。绣类图案借鉴明清两代绣法花纹自成一格，有汉朝绣、唐朝绣、明朝绣、清朝绣、永乐绣、茶花绣等几大类。图案采用串枝花构图，边饰由直线组发展为较活泼自由的处理方式。边饰花纹施点缀色彩，地纹暗，色彩配置上的点缀手法由此产生。绣类图案纹样美观大方，配色上暗中透漂，具有鲜明的织绣工艺特色，在北京地毯工艺中别开生面。③

仁立地毯厂由中国民族资本家开设，于1922年直接设厂生产，迅速发展，除在朝阳门大街设总厂外，还先后在烧酒胡同、拐棒胡同、北锣鼓巷等处设立了几个分厂。尽管仁立厂的资本比较雄厚，但也不能摆脱外资的控制。④

---

① 袁熹：《北京城市发展史·近代卷》，北京燕山出版社2008年版，第69页。
② 杨洪运、赵筠秋：《北京经济史话》，北京出版社1984年版，第187页。
③ 阮荣春、胡光华：《中国近现代美术史》，天津人民美术出版社2005年版，第181页。
④ 北京市总工会工人运动史研究组：《北京工运史料（第二辑）》，工人出版社1982年版，第11页。

到1931年，北京已有地毯厂（场）220家，工人7400多人，年产量达20多万平方米。[①]

民国中期是北京地毯大发展的时期，不仅在图案设计创作上有了新的建树，生产工艺处理也有所创举。20世纪初开始出现铰活，20年代出现地毯生产工艺的后道工序片剪技术，使地毯图案具有浅浮雕式的立体感，更为美观精致、绚丽多彩。从此，京式地毯的图案在内容和形式上日渐考究，色彩配置及工艺织作也不断成熟，有了自己独特的艺术风格。[②]

1932年以后，由于世界经济萧条、美国等资本主义国家采取机器织毯，加之波斯、土耳其地毯的竞争，北平地毯业呈逐渐衰落之势。据1935年6月的《国际劳工通讯》记载："北平地毯业……近三年来，受世界经济不景气深刻化的影响，输出则锐减，致遭衰落，当民二十时，北平毯业厂家共有二百二十家之谱，今（1935年）则仅存九十余家矣，二十年时之执业工人及学徒，据调查约有七千四五百人之数，至今记者据多方面之调查，则仅及二千三四百人之数。工人工资除食宿由厂方供给外，各厂之平均数为八元，二十年时平均数约为十一元。综上三项之统计，则现时存在之厂家，抵民二十时百分之四十五，现时执业工人（及学徒）数，抵民二十时百分之三十二，现时工资平均数，约抵民二十时百分之七十三。从上记数目字中，即可窥该业——北平地毡业衰落与艰窘之情形矣。"[③]

不仅是地毯厂家、工人及学徒数量以及工人工资方面有明显下降，在入会家数和生产量等方面也有大幅减少。1936年5月的《国际劳工通讯》又说："北平地毯业，在民国十六年极盛时期，执此业者，约三百余家，工人三千九百余名，每年可织地毯一百万方尺。据

[①]《当代北京对外经济贸易》编辑委员会编：《当代北京对外经济贸易》，中国对外经济贸易出版社1988年版，第76—77页。

[②] 阮荣春、胡光华：《中国近现代美术史》，天津人民美术出版社2005年版，第181页。

[③]《国际劳工通讯》第9号，1935年6月。

该业工会最近调查，从前入工会者一百五十五家，至最近只余七十余家，在会工人约一千六百余名，年可出地毯四十余万方尺，较之极盛时期，产量减低百分之六十。年来地毯出口呆滞，工厂倒闭，工人多数改业，现在（一九三六年）平市仅存一千六百余名工人，工徒只有一百余名。近数年来，以营业不佳，无论大小工厂，均不招收工徒，以现在年龄计算，各厂如不招收工徒，则五年之后，平市工人，只余五百，不待十年之后，毯业工人，即将绝迹矣。"①

1937年日本入侵北京后，不少地毯厂停工减产，其间由于日本为了争取外汇，鼓励地毯出口，曾一度有过发展。据仁立的职工说1939年时仁立的营业就相当发达，同时据曾任北京最大的特艺品出口商店之一的郑德兴的经理王庚九说，当时日本为了鼓励出口曾有意识地提高外汇牌价，出口多就可以多赚钱。1938—1939年，郑德兴输出的地毯数量也不少。②

1941年太平洋战争爆发，海运封锁，出口完全停止。在内无原料、外无销路的情况下，地毯厂坊大量倒闭，全行业几乎处于停业状态。据《北京市工业调查》说："北京地毯业在抗战后期，更屡遭敌伪压迫与摧残，苟延残喘，只剩下30余家"。又据《经济评论》第1卷第16期《日趋没落的北平手工业》一文中说，在抗战时最后只剩下10余家。③

抗日战争胜利后，海运重开，外销复苏，地毯业才有所恢复。如仁立地毯厂在日本投降后即立刻组织地毯出口。此外，当时美国军队侵入北京，美国军官常在回国时，挟带大量地毯走私出国，也在一定程度上刺激了北京地毯业的生产。但总的说来当时地毯生产恢复的程

---

① 《国际劳工通讯》第20号，1936年5月。
② 北京市总工会工人运动史研究组：《北京工运史料（第二辑）》，工人出版社1982年版，第21—22页。
③ 北京市总工会工人运动史研究组：《北京工运史料（第二辑）》，工人出版社1982年版，第22页。

度甚微。与战前生产水平比较相差甚远。[1]

1946年北平仅生产地毯9万方尺，不足战前1/10。[2]据刘宝忠、曹宗坎《北平的手工业——地毯》记载，1947年左右北京地毯业，专门从事地毯制造的只有26家，且大都是小厂，当时地毯厂的规模比起战前已经不可同日而语了。[3]

1948年上半年北平地毯业继续有小的发展。据调查，地毯厂坊有54家左右，工徒990余人。到新中国成立前夕，由于国民党的腐败统治，经济崩溃，物价飞涨，地毯生产又有所下降。1948年底厂数50家，工徒473人。1949年初厂数为40余家，工徒443人。[4]

---

[1] 北京市总工会工人运动史研究组：《北京工运史料（第二辑）》，工人出版社1982年版，第23页。

[2] 张光钰：《北平市手工艺生产合作运动》，1948年印本。

[3] 刘宝忠、曹宗坎：《北平的手工业——地毯》，载《工业月刊》第5卷第1期，1948年1月。

[4] 北京市总工会工人运动史研究组：《北京工运史料（第二辑）》，工人出版社1982年版，第25页。

第五节 京绣

作为中国传统刺绣工艺的一种,京绣是以北京为中心的刺绣品的总称,主要绣制皇室宫廷用品和日常生活用品。京绣悠久的历史可以追溯到西汉时期,历经辽、金、元、明、清各朝的传承发展。由于京绣地处皇城,颇受宫廷绣精工细丽之风的影响,加上继承和改进南北各绣派的工艺,尤其是苏绣和粤绣,如采用苏绣的针法,粤绣的色彩和构图风格,逐步形成京绣自身的特色,具有用料讲究、做工精细、装饰华丽、格调高雅等北京地域文化特点。

一、西汉至元代的织绣

1974年6月,西汉大葆台汉墓出土丝织品12件,有绢类、刺绣、漆纱和组带等。绛紫绢地刺绣残片有2件,绣绢的密度为每平方厘米46×28根,绢厚0.18毫米,织造得很结实。绛紫色,色调沉着、艳丽,应是战国以来名贵一时的"齐紫"传统染法染成的。刺绣花纹,是典型的汉代式藤本植物图案,单位纹样由1条反S形为主干,两端再饰以蓓蕾和花穗构成。绣工也很精致,在绢底上先以墨线绘出底稿,然后全部采用锁法绣成。由于纹样单位较小,条蔓花叶都很纤细,故须分丝劈缕着意刻画,尤其针法灵活多变,富于表现力,五彩缤纷,实为一件优秀作品[1]。这是目前北京地区发现最早的刺绣品实物。

2000年9月,老山汉墓出土的丝织品,布满云纹等精美图案,好似马王堆汉墓出土的帛画。大葆台西汉墓和老山汉墓出土的这些丝织品,制作精致,美观大方,为我们研究北京地区汉代织绣艺术提供了实证,填补了空白[2]。

隋唐时期,幽州城织绣得到迅速发展。据房山云居寺石经记载,

---

[1] 中国社会科学院考古研究所编:《北京大葆台汉墓》,文物出版社1989年版,第56—58页。

[2] 北京市文物局编:《北京文物精粹大系·织绣卷》,北京出版社2001年版,第9页。

丝织业已拥有一定规模，绫绢是当时幽州的土产贡品，幽州城内开设30余家绢行，出售丝织品。

辽金时期，北京地区的丝织业迅速发展，技术日益改进。当时在燕京专门设有"绣院"，负责织绣生产。1978年，在北京门头沟区清水河畔的斋堂发现一座辽代壁画墓，在人骨周围残留有彩绣花卉蝴蝶的棕黄色锦和黄锦残片，其精美程度表明当时的染色和纺织技术达到了很高的水平。[1]

元代定都北京后，随着社会稳定和经济发展，宫廷对于服饰及艺术装饰有了进一步的要求。元朝统治者将河北织绣工匠掳掠来京，如中统三年（1262年）三月，"徙弘州锦工绣女于京师"[2]。忽必烈又将分处在漠北等地的织绣工匠迁来大都。"当时元大都人匠府设有文绣局，取良家女子为绣工，造办各种日用品"[3]。全国各地优秀工匠进京，使刺绣技艺和绣品质量进一步提高。

元蒙贵族所穿皮袄，习惯用金线刺绣，故金线绣得以较大发展。元人喜欢在两肩及前胸部位以刺绣装饰，为便于施绣，常加贴绸垫绣，很有立体感。所绣纹样题材丰富，动物纹如鹿、野兔等，植物纹如水草、芦苇等，绣色浓艳。当时在皇族中还流行织绣肖像和宗教挂饰，这些作为观赏性绣品，费工、费时、费钱，工艺技术要求很高[4]。

1955年，北京双塔庆寿寺出土了一批元代织绣品。这些织绣品品种丰富，其中包括四片最具特色的纳失失金锦，上面织有唐草纹，出土时金光耀目。小花几何纹绫、柿蒂窠莲花纹绫，这两件丝织品图案为元代典型的纹样。缂丝紫汤鹅戏莲片，紫色地，上施黄绿相间水

---

[1] 北京市文物局编：《北京文物精粹大系·织绣卷》，北京出版社2001年版，第11页。
[2] 《元史》卷五《本纪第五·世祖二》。
[3] 王亚蓉：《中国民间刺绣》，地球出版社1986年版，第14页。
[4] 邵文红：《中国艺术设计发展史研究》，中国科学技术大学出版社2013年版，第112页。

波纹和卧莲图案。卧莲之间有鹅嬉戏其中,故称之为"紫汤鹅戏莲",其构图自然,用色简单,织造粗犷,工艺以平缂为主,为元代缂丝精品。刺绣"香花供养"云龙纹包袱,以平纹绢为地,中心瓣窠内绣祥云、龙戏珠图案。瓣窠外绣缠枝梅、野菊、牵牛花等各种花卉。四角绣莲花、芍药、牡丹、菊花四朵大花,中心为楷书"香花供养"四字。绣工运用平绣、打籽绣、钉金、钉线等多种刺绣方法。刺绣纹样为元代典型的瓣窠状。还有贴罗绣僧帽等。这批元代出土的织绣品,工艺精良,品种齐全,为我们研究北京地区丝织、缂丝、刺绣的发展提供了实证[①]。

传世珍品刺绣《妙法莲花经》第五卷,现藏于首都博物馆。为元代至正二十六年(1366年)之绣品,卷轴式,展长2326厘米,宽53厘米,经卷落款中记载刺绣时间、地点及刺绣人。经卷以黄色五枚缎为绣地,绣蓝丝绒楷书《妙法莲花经》经文

缂丝紫汤鹅戏莲片

第五卷,10752个字。经卷首尾各有一幅刺绣精美的佛教故事图,其中以卷首所绣释迦牟尼说法图内容最为丰富;卷尾绣韦驮像。经文中有154个"佛"字,除一个用丝线钉金绣佛造像外,其余均为金线绣字。经卷刺绣工艺精湛,施针匀细,采用平绣、网绣、缠针、打籽绣、松针、戗针、钉金、贴金箔等多种工艺,颜色古朴典雅,色调柔和沉静。这件绣品具有鲜明的时代特征,是元代北京地区出类拔萃之珍品[②]。

[①] 北京市文物局编:《北京文物精粹大系·织绣卷》,北京出版社2001年版,第22页。

[②] 北京市文物局编:《北京文物精粹大系·织绣卷》,北京出版社2001年版,第22页。

二、明代绣品

京绣在明清时期大为兴盛，因其代表性作品多用于宫廷，又被称为宫绣。明代，在北京、南京分设有两京织染局。丝织物的纹样、质地均有所发展。明代北京地区除传统丝织品外，妆花工艺最具时代特征。妆花的品种有"妆花缎""妆花纱""妆花罗""妆花绸"等17种。妆花工艺是在传统的织锦基础上，吸收了缂丝通经断纬的技术，采用局部挖花盘织的织造方法而形成的一种丝织新品种。这种织造技术在明代以前就已经出现，但作为织物整体纹样的妆花形式和织造方法，是明代织丝工艺的重大成就。妆花图案有代表皇权、象征帝后的龙凤纹，有取材于大自然的生物形态纹，有以仙道宝物组成的图案，有吉语文字及其他题材组成的吉祥图案等。在织造方法上，妆花采用不同色彩的纬绒作局部挖花盘织，配色自由，在一件丝织品上花纹配色可达十几种，甚至几十种。以金线、孔雀羽毛线织出的花纹用金线绞边，以彩绒织出的花纹则用金线绞边。妆花织物属御用品，因其生产过程复杂，织造费工费时，民间有"寸金换妆花"的俗语。[1]

1958年定陵出土了大量纺织品，保存有匹料177匹，衣物467件。定陵出土的丝织品中最具代表性的品种是妆花。出土的170余匹袍料和匹料中妆花织物有17个品种，占了一半以上。红织金妆花奔兔纱，是万历棺内随葬物。兔口衔灵芝，奔驰行云之中，背负灵芝托，生动活泼。第一排托内承团鹤，第三排托内承无极纹；第二、四排兔在奔驰中回首相顾，灵芝托内承一"卍"字，花纹图案每四排一循环，为妆花织物精品。万历棺内柿蒂形龙云肩通袖织金孔雀羽妆花罗龙袍，从设计、选料、妆花、织造技术等，都极其精美，代表了明代妆花织物最高水平，显示出我国传统丝织手工的高超技艺。

1958年夏末，西城慈因寺出土织绣品4件。其中蓝闪白机头缎记载了织物颜色、纹样、质料、用途、尺寸及产地等。绛色勾莲八宝纹

---

[1] 《北京文物百科全书》编辑部编著：《北京文物百科全书》，京华出版社2007年版，第576页。

妆花缎月牙形残片，是用绛色丝线与紫赤明金织成叠胜万字纹地，填五彩吉祥八宝纹样。此件为典型明妆花缎。

1961年南苑苇子坑夏儒夫妇墓出土明代衣衾83件，有妆花缎、妆花绸、妆花罗、妆花纱、暗花缎、暗花纱等。妆花织物38件，其中四合云地柿蒂窠过肩蟒妆花缎袍，形制为斜襟、右衽、裙式。蟒袍前胸及后背柿蒂形内饰过肩蟒纹，蟒首在前胸主要部位，两袖各有一条长53厘米、宽14厘米的直袖蟒。蟒袍下摆分为三大幅，前襟、后襟、底襟。此件妆花袍为明代皇家珍品。

1976年丰台长辛店英国公吴氏墓出土了明代衣衾近20件，有暗八仙黄缎方领坎肩、驼色云鹿纹补子斜襟短棉袄等。缠枝莲地凤襕妆花缎裙，由两大片组成，驼色缎地，缠枝莲及祥凤襕。此裙提花规整，花型大而饱满，裙襕以莲花祥凤图案环绕整件裙围。织造精细、花满地紧，图案亮丽。用料为名贵的妆花缎，是明代裙服的典型代表。

此外，德胜门外冰窖口公主坟清墓还出土有明代凤鹤樗蒲纹妆花缎帐，黄色五枚缎地，纬线显花，以凤鹤相戏图案构成橄榄形樗蒲纹，金线绞边。樗蒲纹起源于唐，主要有龙凤、团龙等纹样。这种凤鹤樗蒲纹样自唐以来是很少见的。

除出土织物外，北京地区传世织绣的收藏和保存也很丰富，如藏于北京艺术博物馆的明金地缂丝灯笼侍女袍料。馆藏明代织绣珍品有首都博物馆的蓝闪白机头缎、缂丝人物纹壁饰、柿蒂窠过肩蟒妆花罗袍；十三陵博物馆的大红长安竹潞绸、黄素罗绣六章裳；北京艺术博物馆的满绣云龙纹方补、纳绣五彩云龙上衣等。[①]

京绣受宫廷绣影响最深，而宫廷绣从原料、针法、技巧等方面具有明显的京绣特色。明代北京比较著名的绣法有洒线绣、缉线绣等。洒线绣，又称"穿纱"，是以直径纱或方孔纱作绣底，用双股彩色合

---

① 以上参阅，《北京文物百科全书》编辑部编著：《北京文物百科全书》，京华出版社2007年版，第576—577页。北京市文物局编：《北京文物精粹大系·织绣卷》，北京出版社2001年版，第20—21、23页。

捻线数计纱孔，穿绣小几何花纹为地和较大的主花，或在几何地上再绣铺绒主花，主要作衣料用。最为典型的是定陵出土的明孝靖皇后洒线绣百子衣，是一绞一的直径纱地组织，采用了三股彩线、绒线、捻金线、包梗线、孔雀羽线、花夹线等6种绣线，运用穿纱、蹙金、正戗、反戗、铺针、缠针、接针、盘金、圈金、钉线、松针、擞和针等12种针法绣制而成[1]。这种绣法还见于房山的明代刺绣经面，故宫藏明洒线绣云龙袍织成料，北京艺术博物馆藏明洒线绣斗牛方补等，是极为珍贵的作品[2]。

缉线绣是用硬如铁丝的包梗线圈钉出花纹轮廓线，不再绣花纹内部。北京定陵明万历皇帝棺内曾出土缉线绣斗牛纹方补大如意云罗袍等珍贵文物。缉线绣流行于明代中期至清代初期[3]。

三、清代绣品

清代，北京地区织绣的生产规模略小于明代。康乾时期是北京织绣的鼎盛时期，在继承明代艺术程式的基础上，追摹唐宋遗风。清代北京刺绣，"最繁荣时期远在乾隆年间，无论宫闱民间，衣着服用皆喜刺绣，花样新奇，色彩鲜艳，美观绝伦"[4]。

康熙初年，建立内务府造办处。乾隆二十三年（1758年），造办处辖有42作，其中"绣作"专司刺绣上用朝衣、礼服、袍褂、迎手、靠背、坐褥等。在京城内设有织染局，织造御用缎匹，初属工部，设于地安门嵩祝寺后，康熙三年（1664年）划归内务府。乾隆十六年（1751年），将织染局移至万寿山。[5]清代刺绣，宫廷、王府用品大多

---

[1] 黄能馥、陈娟娟：《中国丝绸科技艺术七千年：历代织绣珍品研究》，纺织工业出版社2002年版，第289页。

[2] 北京市文物局编：《北京文物精粹大系·织绣卷》，北京出版社2001年版，第26页。

[3] 黄能馥、陈娟娟：《中国丝绸科技艺术七千年：历代织绣珍品研究》，纺织工业出版社2002年版，第289页。

[4] 张延祝：《日趋没落的北平手工业》，载《经济评论》第1卷第16期，1947年7月。

[5] 《光绪大清会典事例》卷一千一百七十二《内务府·官制》。

由如意馆画师绘制彩稿，再发送内务府及江南织造的织绣作坊生产。

清代丝织工艺有很多创新，其中最具特色的是锦缎，尤其是八枚锦的流行，把缎织物光洁平滑的特性发挥到极致。清代，各地织绣品的销售集散地主要是北京，京制锦缎是在各地锦缎的基础上得到发展。锦的产地广泛，著名品种首推宋式锦、云锦、蜀锦。缎织物名目之多、花色之丰富达到了历史高峰。故宫博物院所藏清代缎织物，包括妆花缎、暗花缎、织金缎、二色缎、闪缎、漳缎、绒缎、花缎、巴缎、贡缎、片金缎等30余种。按照织造技术和外观特征区别可归纳为：暗花缎（包括素缎）、织金缎、花缎、妆花缎4大类。

暗花缎，清代亦称库缎，为本色单重提花缎织物。清初沿袭明代织法，以五枚二飞或五枚三飞为主要缎纹组织。从乾隆初期开始，除继续织造五枚缎外，更多的是织造七枚二飞、七枚三飞或八枚三飞等缎纹组织。这是清中期以后缎织物的特点之一。暗花缎一般是经缎纹地、纬缎纹花，故又称为正反缎。如北京北郊四道口清墓出土的"行云团龙暗花缎""海水江牙暗花缎"等22件织绣品，经缎纹地非常光亮，纬缎纹花清晰，具有突起的艺术效果。

织金缎，清代又称"库金"，是在五枚、七枚、八枚暗花缎或素缎地上，以圆金线或片金线作花纬或地纬织造的一种缎织物。织金缎外观光亮耀眼，具有雍容华贵的装饰效果，可作衣服、被褥的面料以及鞋帽的边缘等。故宫博物院藏有相当数量的织金缎是专供"上用"的。北京白塔寺出土的"月白团龙杂宝织金缎包袱"是这种织金缎的代表。

花缎是指在缎纹地上以彩色起花的彩色花缎。清代花缎的品种有二色缎、闪缎、鸳鸯缎、漳缎等。其中闪缎在清代颇为流行，经纬丝常用对比强烈的两种色彩，从不同角度看，织物表面呈现闪色变化的效果。

妆花缎是以缎纹组织为地，采用挖梭或长跑梭技术织造的高级丝织品。采用挖梭技术，不仅能节约原料，减少织物厚度，而且进一步丰富了织物的色彩，是织造技术上的一大进步。故宫博物院收藏的雍正时期的"绿地彩织金龙凤云蝠花卉妆花缎被面",是一件织造技术和设计水平很高的艺术品。被面以三幅宽度相同的妆花缎织成材料所组成。中间一幅正面花纹为金龙二团,间饰五彩盛开的菊花和荷花等花卉。两边各一幅,花纹相同,对称排列。上边(靠被头处)为展翅欲飞的金凤凰,中部为升降棚对的二金行龙。二行龙中间为榴开百子和盛开的牡丹花,以此象征富贵多子。左右边饰云蝠暗八仙纹,上下两端的边饰为"瓜瓞绵绵",及"五蝠捧寿"。纹饰设计巧妙,以龙凤为主体花纹,间饰寓意多子、多寿、吉祥、富贵的图案,主题突出,生动活泼。这条被面是用挖梭技术织造,织物轻薄柔软,既美观又实用。[1]

清代宫廷绣品达到了无处不有的程度。在北京故宫和承德行宫帝后的朝殿寝宫中,到处都可看到刺绣珍品。故宫博物院所藏清代康熙帝朝服、雍正帝石青缎绣五彩金龙朝褂、乾隆帝明黄缎绣五彩云金龙朝服、光绪帝红缎绣龙袍等都是清宫廷绣的杰作。

宫廷绣的针法、绣法技艺高超,主要是宫廷绣匠来自全国各地,入宫后在原有的技艺基础上吸收各家之长,从而形成了宫廷绣的独特风格。清代京绣的发展受苏绣、粤绣等其他绣种的影响颇为显著。光绪二十三年(1897年)建立了北京农工学堂,来自苏绣的刺绣艺人沈寿就曾担任清农工商部绣工科总教习、教习,担任皇家贵族的刺绣教师,进京教绣达五年之久。此间,京绣的发展无疑受到了苏绣的影响。苏绣向来以"精细雅洁"著称,京绣吸取了苏绣的优点,并在京绣中得到强化且发挥到极致[2]。

在绣法上,到清代,明代非常突出的洒线绣被纳纱绣所取代。纳纱绣,又名戳纱,以直径纱作地,有规律地按纱眼用各色丝线戳纳花纹而成,所用的散丝或丝线都比纱地的经纬线粗,能够盖住纱地的经纬,针路规律匀整,花纹凸出,有强烈的织纹感和装饰效果。纳纱绣

---

[1] 李英华:《丰富多彩的清代锦缎》,载《故宫博物院院刊》,1987年第3期。
[2] 赵静:《京绣历史及现状研究》,北京服装学院2007年硕士论文,第16页。

的针法有长串和短串两种。串是指绣线与纱地经纬按一定规律缠绕戳纳。北京艺术博物馆藏纳纱绣百子门帘，为清光绪年间作品。整件作品用纳纱绣，斜丝串和正丝串搀用，针法规整，具有图案画的美感[1]。

拉锁子为明清时期北京地区特有的绣法。这种工艺是由上下两根绣线盘钉绣制。装饰和实用性强，耐洗耐磨，但费工费时。乾隆皇子墓的拉锁绣荷包堪称是这种绣法的精品，绣纹每厘米绣制15针左右。因该针法为北京地区独有，国际上称这种绣法为"北京针"[2]。

受宫廷刺绣文化的影响，北京民间刺绣也呈现出多样化的形式，常用满地施绣的技法和平金加绒绣的组合方法，根据图案所需，十几种甚至几十种针法组合使用，尤其是清代中晚期达到了不可逾越的顶峰。与宫廷刺绣相比，民间刺绣其色彩搭配纯朴，题材更加生活化，构图更加随意自然，呈现出多姿多彩的艺术效果，留下大量反映民间百姓真实生活的艺术珍品[3]。

京绣花纹写实，配色鲜艳，多以工笔绘画为稿本，题材有花果、草虫、庭院小景、戏剧人物等。常用各色无捻瓣绒丝，以缠针、铺针、接针等主要针法，根据物体的阴阳面，用变换色块的方法来表现立体感，绒面匀薄，针脚起落自然，花纹光亮平贴。[4]京绣在色彩上的特点是绣线配色鲜艳，其色彩与瓷器中的粉彩、珐琅色相近。讲到平、细、匀、光，与苏绣比起来，京绣甚至要超过苏绣。

刺绣服饰小品是清代北京地区民间绣的一大特点。品种包括荷包、香袋、香囊、槟榔袋、烟荷包、钱袋、扇套、眼镜套、表套、钥匙袋、火镰袋、扳指套、裙褂、名片盒等等。这些刺绣小品，既是存

---

[1] 北京市文物局编：《北京文物精粹大系·织绣卷》，北京出版社2001年版，第28页。

[2] 恭王府管理中心编：《清代王府及王府文化国际学术研讨会论文集》，文化艺术出版社2006年版，第125页。

[3] 徐慧卿、张云慧：《清代北京民间刺绣图案文化内涵初探》，载《艺术设计研究》2007年第1期。

[4] 姜松荣：《中国工艺美术史》，湖南美术出版2010年版，第133页。

放随身携带的生活用品的工具，又是随身佩挂装饰的刺绣艺术品，同时也作为赏赐、奉献、馈赠的礼物。在华丽的衣装上佩戴这些小装饰犹如锦上添花，可以平添生气；在素淡的衣装上佩戴这些小装饰犹如素地嵌宝，愈显得高雅不俗。所以清朝上自帝后，下至平民百姓，每年都根据时令季节更换花样。[1]

北京地区刺绣小品用料十分丰富，一般以优等的绸、缎、纱、织金、天鹅绒作绣地，以各色劈绒、双股捻丝线、龙抱柱线、铁梗线、捻金线、捻银线、白米珠、珊瑚珠及各色绫、绸等绣制花纹。其种类、针法的集中和多样化，是其他大件所不及的。这些刺绣小品从一个侧面生动地反映了京绣技艺的杰出成就。它弥补了宫廷绣程式化之不足，使京绣更加异彩纷呈。[2]20世纪初，北京前门外珠市口附近西湖营曾有许多专门经营刺绣品的店铺和京绣庄。

四、民国绣品

辛亥革命前后，由于社会生活习尚的改变，人们对衣着装饰的喜爱心理、固有的服饰观念也随之发生很大的变化。张延祝《日趋没落的北平手工业》说北京的刺绣业，"至清末民初，因衣着趋于简便，采用范围不及过去广泛，而所用材料如绸缎丝线亦不及往昔精细，除少数富贵人家常有考求外，普通阶级甚少问津"。[3]刘友铃等《北平的手工业——刺绣》亦谓："民国以来衣饰变更，绸布花样加多，为人乐用，于是绣业日趋没落。"[4]

袁世凯复辟称帝时，"有礼服衣裙之制，绣业一度有复兴之象，然昙花一现，瞬即消失，后来购用者仅一般外人及国内上等阶

---

[1] 李宏复：《织绣》，中国文联出版社2011年版，第51—52页。
[2] 北京市文物局编：《北京文物精粹大系·织绣卷》，北京出版社2001年版，第28页。
[3] 张延祝：《日趋没落的北平手工业》，载《经济评论》第1卷第16期，1947年7月。
[4] 刘友铃等：《北平的手工业——刺绣》，载《工业月刊》第5卷第7期，1948年。

级者"。①

1921年以后，"军阀当政，遇有喜庆祝寿之事，皆购绣品互相馈赠，且北平为各国公使馆所在地，外人甚多，喜购此类土产，寄归本国，分赠亲友，故引起外人对我手工业产品之注意与喜爱。后外商即纷纷至平订购丝绣物品以赢利，自此至太平洋战争爆发时，此业甚为发达。其产品除销售本省外，国内如上海、天津、青岛等地，国外如英、美及东欧一带，均为良好之运销市场"。②

抗日战争的爆发打破了稍稍起步后稳定发展的北京刺绣业。据刘友铃等《北平的手工业——刺绣》记载："抗战以还，沿海遭敌寇封锁，产品输出困难，而内地各省因交通梗阻，运输不便，致销路阻滞，生产萎缩，各局庄相继歇业，工友四散转业，所存仅十余家，藉制造鞋面等物维持生活。"③

这时北平刺绣业主要改做戏剧服装，同时为公馆的小姐、太太或宅门的有钱人绣制服饰等物。张延祝《日趋没落的北平手工业》记："事变后更大见萧条。现时除绣鞋面、被面、内衣、茧绸浴衣外，厥维供旧剧舞台之用，因北平为旧剧中心，对于戏衣及守旧、围垫、椅披等物向需刺绣花样，以增美观。至对外销路则为浴衣、内衣、领带等粗绣品。究因工价过昂，原料太贵，此业已濒末路。"④

抗战胜利后，"美军及外侨来平，争购土产，留作纪念或寄赠亲友，刺绣销路大增，于是绣庄复业或成立者甚多"。⑤据1947年统计资料，"刺绣工人十九为女工，数约三千人，散居朝阳门及崇文门外"。⑥

北京（北平）刺绣业产品分为粗细两种。粗活为本地粗绣花局制造，其中又分3种。一是婚丧所用仪仗诸物，有棺罩、鼓围、轿围、

---

① 刘友铃等：《北平的手工业——刺绣》，载《工业月刊》第5卷第7期，1948年。
② 刘友铃等：《北平的手工业——刺绣》，载《工业月刊》第5卷第7期，1948年。
③ 刘友铃等：《北平的手工业——刺绣》，载《工业月刊》第5卷第7期，1948年。
④ 张延祝：《日趋没落的北平手工业》，载《经济评论》第1卷第16期，1947年7月。
⑤ 刘友铃等：《北平的手工业——刺绣》，载《工业月刊》第5卷第7期，1948年。
⑥ 张延祝：《日趋没落的北平手工业》，载《经济评论》第1卷第16期，1947年7月。

绣伞、绣扇等。二是戏衣，演戏所用的戏衣蟒袍。三是绣裙、绣袜等物。

细活又可分为两种。一是本地绣，花样以平整匀净见长，所用绒线丝数较多，色彩鲜艳，其成品以服用为主。如礼服、睡衣、被面、枕头、围巾、头巾、大袍、领带、鞋面等，鞋面之绣活，又有满帮、大舌、龙凤、偏帮、前头、大舌偏帮之分。二是湘绣，绣品用绒薄，色浅，多于缎地上绣花草、鸟兽、人物、山水、文字等内容。因用绒丝数较少，故不现堆累的痕迹，以观赏陈设物品为多，如对联、镜屏、围屏、绣像等。其绣作种类又有刺绣、平金、打子3种，其中以打子最为讲究，其优点在于耐久，不怕洗濯。平金是以针线平盘金线在缎布上，呈各种花纹，非常美观，但因成本较高，1948年时已很少制作。

刺绣即为上述粗细绣活之制作，此类刺绣手工业产品的制造程序较为简单。其方法是先在纸上画样，然后再誊画到绸上，内行称之为过样，过样后以毛笔蘸化学粉或淀粉溶液重描一次，描好即按样配色装架绣制，绣成后涂少许糨糊于背面，再行烫平即告成功。[①]

[①] 刘友铃等：《北平的手工业——刺绣》，载《工业月刊》第5卷第7期，1948年。

第六节 北京牙雕

北京牙雕即北京象牙雕刻，至少已有2000年的历史。北京牙雕自明代以来逐渐兴盛，到了清代，象牙雕刻多由内廷御用作坊生产，艺人大多来自扬州、广州。良师云集，巧匠纷至，使北京牙雕吸取了全国牙雕的精华而不断丰富起来。京城传统工艺美术曾有"四大名旦"（牙雕、玉器、景泰蓝、雕漆），牙雕即位列其中。

北京牙雕，多刻制人物，以古装仕女及花鸟为主。牙雕工匠充分利用象牙质地细腻、坚韧的特点，精确地表现人物的动作和感情，比例协调，构图优美，人物生动，神态逼真，刻工谨严精致。传统牙雕常有局部加彩，与象牙本色形成鲜明对比，使产品更为生动多姿。

一、先秦至明代的牙雕

北京地区的牙雕制品，在琉璃河西周燕国墓地曾出土有象牙梳。梳齿长6.8厘米，宽7厘米，梳通长16.9厘米。梳呈长方形，顶部有一长方形柄，柄顶内凹，两侧有穿孔，下有齿引根。梳面的两面均饰兽面纹[1]。这件象牙梳是我们迄今所见最早的北京牙雕工艺品。

1965年，北京八宝山革命公墓迤西约500米，发现西晋永嘉元年王浚妻华芳墓一座。其中出土有象牙尺一件，出土时呈长24.2厘米、宽1.6厘米的象牙长条造型。尺之两面皆分刻10寸，其一面又在寸的分度内，分刻十分的分度。在寸和五分的分度线上，刻一至三个圈形纹。尺之一端有穿孔，以为系绶之用。此尺原已断为三截。中段略为弯曲，已经修复。[2]

---

[1] 马希桂：《文博耕耘录·马希桂文集》，中国林业出版社2007年版，第15页。
[2] 北京市文物工作队：《北京西郊西晋王浚妻华芳墓清理简报》，载《文物》1965年第12期。

象牙尺

  辽金时期宫廷有少府监，其所掌管的手工业中，有金银犀象饰。如金政府规定，民间造车，"马鞍许用黑漆，以骨角、铁为饰，不得用玉较具及金、银、犀、象饰鞍辔"[①]。说明象牙雕饰只许宫廷使用。

  元代象牙雕刻愈益精巧，皇室特设象牙工匠从事制作[②]。据记载，在元代，燕京（大都）设有一个大规模的工场，罗致150名熟练的技工，专门从事象牙物品的雕制，并镶嵌雕成图案的象牙于家具上；而且那时的雕刻品，大都染上了各种的彩色，非常悦目[③]。元代工部掌管的大都留守司属下有犀象牙局，"掌两都宫殿营缮犀象龙床卓器系腰等事"[④]，专门制作象牙等器具，以满足他们奢侈生活的需要。据《新元史》工部节注云："《元典章》：仪鸾器物、金丝子、犀象牙、木，大都银器皿局大使，俱从五品。"[⑤]说明元统治者视象牙雕刻与金银器皿为同等重要。"蒙古、色目人或不能执笔花押，例以象牙或木刻印之"[⑥]，反映象牙图章的制作，也是从元代开始流行的。此外，元代象辂用象牙雕刻装饰也最为华丽。《新元史》记载："象辂。黄质，金妆，青绿藻井，栲栳轮盖。外施金妆雕木云龙，内盘描金象牙雕福海圆龙一……柜上周遭朱漆勾阑，云拱地霞叶百七十有九，下垂牙护泥虚板，并朱漆画瑞草。勾阑上描金象牙雕行龙十，蹲龙十……前辕引手，描金象牙雕螭头三……辕头衡一，两端描金象牙雕龙头二……辂之前额，描金象牙雕行龙二，奉一水精珠，后额如之……辂之中，

---

① 《金史》卷四十三《志第二十四·舆服上》。
② 泽人：《象牙雕刻考略》，载《学林》1940年第5期。
③ 曹达均：《中国的象牙雕刻》，载《春秋》1943年第1卷第2期。
④ 《元史》卷九十《志第四十·百官六》。
⑤ 柯劭忞：《新元史》卷五十五《志第二十二·百官一》。
⑥ 柯劭忞：《新元史》卷九十六《志第六十三·舆服二》。

黄金妆铰描金象牙雕龙椅一。"①此外，元代高官所执的笏，也是用象牙制成的。

元代大都的私营手工业作坊也不乏象牙雕刻高手。如《析津志辑佚·风俗》载，大都城中"湛露坊自南而转北，多是雕刻、押字与造象牙匙箸者"②。

元代民间已流传牙雕工艺品，"卧美人"应该是当时牙雕适应市井文化需要，产生世俗化倾向的具体表现。谢堃《金玉琐碎》中有这样的记述："元时尚牙器。今传流者，所刻图章，刀痕深入……且复追宗古法……余尝得'卧美人'，刀法不多而丰致殊雅。近人所制牙器虽极工整，转不及元人浑朴，盖一代必有一代佳制，非人力所可争也。"③

目前民间流传的元代牙雕，如牙雕带扣，采用多向打孔的镂钻工艺，因此，器件上的图纹能于三维空间展示多层次的变化，所现花草禽兽纹饰栩栩如生。元代牙雕带扣的两个搭襻，多分别雕有"春水""秋山"图案。反映当时北方游牧民族春天放鹘捕鱼、秋天射虎杀鹿的狩猎生活场面。它与玉雕中的"春水玉""秋山玉"的区别，仅在于材质不同。它们都是分上下两层镂雕，创立了一种被后人称之为"花下压花"的立体图案④。

到了明代，北京牙雕主要由内府御用监组织和管理生产。"凡御前所用围屏、摆设、器具，皆取办焉。有佛作等作，凡御前安设硬木床、桌、柜、阁及象牙、花梨、白檀、紫檀、乌木、鸂鶒木、双陆、棋子、骨牌、梳栊、螺甸，填漆，雕漆，盘匣，扇柄等件，皆造办之"⑤。御用监从全国各地征召雕刻高手进京，集中在果园厂，制作供

---

① 柯劭忞：《新元史》卷七十八《志第二十八·舆服一》。
② [元]熊梦祥：《析津志辑佚》，北京古籍出版社1983年版，第208页。
③ 转引自赫崇政等：《竹木牙雕》，上海文化出版社2002年版，第163页。
④ 张超主编：《中国雕刻文化入门》，北京工业大学出版社2012年版，第270—271页。
⑤ [明]刘若愚：《酌中志》卷十六《内府衙门职掌》，北京古籍出版社1994年版，第103页。

宫廷赏玩使用的牙雕制品。

明代象牙雕刻进入了工致的阶段，尤其是神像和人物的雕刻，十分精细可爱①。明代官府还常用象牙制作牙笏、牙牌。《明史》中记载颇多，其用材总量必然十分巨大②。明代前期的宫廷牙雕作品，精工细腻，人物、花鸟纹饰多仿绘画笔意，着色填彩都有一定的章法。现在我们能见到的明前期宫廷象牙器，如牙笏、象牙蟠龙笔架、象牙法轮以及雕牙荔枝螭纹方盒等，都是一些精品。明代牙牌是朝官进入朝廷的通行凭证，牙牌上刻有官职和姓名。明朝官吏所佩的牙腰牌，根据不同等级、不同身份，规定不同开制、不同质地的牙牌，不得僭越。这类明代牙牌与陈设性玩赏性牙雕比较起来，实用性强，艺术性则稍逊。③

明代遗留下来的牙雕，有人物、印章、文房用具、镶嵌、剑饰和簪、梳等物件。其中立体人物最为出色，刀法简练，花纹富有装饰性，人物动态借助象牙自然弯曲的料形，随形雕刻，构思新奇，面部刻画重在传神④。

明代牙雕高手，据《燕闲清赏笺》记载，"雕刻手首推宣德年间夏白眼，嗣后有鲍天成、朱小松、王百户、朱游崖、袁友竹、方百林辈，皆能雕琢犀、象、香料及紫檀图匣、香盒、扇坠之类。种种奇巧，迥迈前人"。明代牙刻多浑厚，"见一书镇，长尺许，阔厚均六分，一面浮雕一蛟螭，极为简洁，然颇古朴。又一插屏，高约六

---

① 曹达均：《中国的象牙雕刻》，载《春秋》1943年第1卷第2期。

② 如《明史·舆服志三》记载："一品至五品，笏俱象牙。"《明史·舆服志四》记载："嘉靖九年，皇后行亲蚕礼，文官四品以上、武官三品以上命妇及使人，俱于尚宝司领牙牌，有云花圆牌、鸟形长牌之异。凡文武朝参官、锦衣卫当驾官，亦领牙牌，以防奸伪，洪武十一年始也。其制，以象牙为之，刻官职于上。不佩则门者却之，私相借者论如律。牙牌字号，公、侯、伯以'勋'字，驸马都尉以'亲'字，文官以'文'字，武官以'武'字，教坊官以'乐'字，入内官以'官'字。"

③ 张超主编：《中国雕刻文化入门》，北京工业大学出版社2012年版，第272、274页。

④ 中国民主建国会北京市委员会等编：《北京工商史话》（第四辑），中国商业出版社1989年版，第7页。

寸,阔三寸许,仅于一面浮雕二孩童燃爆竹之状,神情宛然,洵为佳构"[1]。

二、清代牙雕

清代北京的牙雕已发展到鼎盛时期。康熙时设置内务府造办处,其中的牙雕作坊,集中了全国各地技艺最高的工匠,选用优质材料为宫廷制作牙雕品。除在造办处设立工场外,清宫牙作御用作坊还有如意馆。

乾隆时期,象牙雕刻达到了技艺的最高峰,许多现在认为最可贵的精品大部分是那一时期的产品。那时候,欧亚贸易已渐次发达,象牙雕刻品的输出,更刺激了技艺的发展[2]。所做牙雕工艺品,除供皇室陈设需要外,有时也作为礼品,供皇帝赠送外国使节。据英国人波西尔著的《中国美术》记载:清王室送给法国拿破仑一世的皇后约瑟芬的礼物中,就有一大型牙雕工艺品,雕刻的是中国寺院的秀丽景色和举行宗教活动的庄严场面。象牙作还能把牙料裁成一尺长,约有细韭菜叶宽的牙丝,用牙丝编织成席后,可以卷筒收存,实令人惊异,视为珍品[3]。

北京之所以能够成为象牙雕刻的中心地,还有赖于"清室提倡之功"[4]。清朝文人钱泳说:"乾隆初年,吴郡有杜士元号为鬼工……高宗闻其名,召至启祥宫,赏赐金帛甚厚。"[5]他曾见到杜士元所制象牙臂搁,刻《十八罗汉渡海图》,数寸间有山海、树木、岛屿、波涛,掀动翻天之势。乾隆时的牙雕名匠,除上述杜士元外,"尚有朱宏晋……亦以善刻象牙、金银等各种器皿得名,谓能于牙玉等坚硬物

---

[1] 泽人:《象牙雕刻考略》,载《学林》1940年第5期。
[2] 曹达均:《中国的象牙雕刻》,载《春秋》1943年第1卷第2期。
[3] 引自,中国民主建国会北京市委员会等编:《北京工商史话》(第四辑),中国商业出版社1989年版,第7页。
[4] 泽人:《象牙雕刻考略》,载《学林》1940年第5期。
[5] [清]钱泳:《四库家藏 履园丛话》,山东画报出版社2004年版,第234页。

体上，雕成极细之花鸟、楼台、亭桥等物，惟妙惟肖云。康熙乾隆二代，雕牙之工匠，或征自广东，或召自苏扬，实为众多，惜留名者殊为罕少耳"[1]。

清代牙雕，在品种、题材方面都较明代丰富，有龙舟、宝塔、花篮、牙扇、牙灯、牙席、花熏、火镰包及各种盒匣等。在制作技艺上也达到了前所未有的水平，以象牙席为例，它先把象牙劈成一尺长、二毫米宽的牙丝，然后编织而成，具有一定柔软性，可以卷起来收存。另外，深浅浮雕技法在清代表现得特别突出，层次多，立体感强，而且在同一件作品里深浅浮雕相互结合，更给人以立体美感。"十八罗汉"臂搁、"渔家乐"笔筒都是这样的作品。

此外，以象牙为主，配以玉石、金银等材料组成的镶嵌制品，在清代更为普遍，其中最有名的要算"月曼清游"。这是一套浮雕镶嵌册页，它以象牙做人物、楼阁，宝石做器皿，蜜蜡、玛瑙做山水路径，天空以薄漆衬托。料实工精，堪称当时牙雕的佳品。它是乾隆年间在造办处当差的广东著名牙匠陈祖章等五人，根据宫廷画师陈枚的画稿，用了整整100天的时间雕刻成的。在排开的12帧册页里，描绘了贵族妇女从正月到十二月不同的生活情景，内容丰富多彩，作为历史风俗画，对认识当时的贵族生活也有一定价值。[2]

乾隆时期，北京象牙雕刻在题材方面也起了变化，"不仅为中国从来之图案，且参以欧洲花样，如钱泳所述，有作洋花、洋莲者，更有雕琢西洋人物，粗视之，几疑为舶来之品，实则北平名工所作也。欧人得认识中国象牙雕刻，叹为绝技者，亦自乾隆始"[3]。

清朝早中期，北京牙雕在传统技法的基础上，把圆雕、浮雕和镂空雕等技法结合运用，并把古代绘画、石雕、泥塑等艺术形式运用在象牙雕中，逐渐形成了具有雍容华贵风格的宫廷艺术品格和工艺精

---

[1] 泽人：《象牙雕刻考略》，载《学林》1940年第5期。
[2] 王绎、王明石主编：《北京工艺美术集》，北京出版社1983年版，第13页。
[3] 泽人：《象牙雕刻考略》，载《学林》1940年第5期。

湛、富丽堂皇、精致考究的独特风貌的北京牙雕[1]。北京牙雕以圆雕仕女人物和花卉见长。有的加施彩绘，称为染色牙雕。染色有全彩和半彩两种。半彩更具特色，它着色不多，却能起到画龙点睛的作用。"蝈蝈白菜"、"三秋瓶"、象牙塔及大型组雕、微雕等，都是艺人喜欢选取的传统题材。[2]

清代象牙圆雕人物像的工艺水平较高，如《象牙雕刻半彩捧花仕女像》，高23.5厘米，形象生动。清代还大量制作象牙仿古器，像唐代盛行的雕填象牙器，自宋代以后少见，清代开始仿制，如《象牙蓝漆地花卉纹五瓣梅花式笔筒》，高13.6厘米，口径12.1厘米，底径12.5厘米，笔筒形做五瓣梅花式，髹蓝漆为地子，又以平刻之技在预先留好的象牙平地上做细致刻画，笔筒的每瓣上分别刻有梅、荷、芙蓉、水仙、长春花等[3]。

北京的牙雕花卉，可分为浮雕花卉和圆雕花卉两种；浮雕花卉作品主要有洗子、盘子、臂搁等；圆雕花卉作品主要有花瓶、花篮、盆景、蝈蝈白菜等。

牙雕制作要经过凿、铲、开脸、磨、彩熏等五道工序。凿，就是开坯成形；铲，即精细加工；开脸，是做人物面部细致表情；磨，作精细的抛光；彩熏，根据不同的要求，对作品进行染色处理，或熏制成仿古产品。雕刻手法也是多种多样的，主要运用深浅浮雕、镂空雕和立体圆雕。[4]

清代民间的象牙平刻、微雕发展较突出。象牙微雕"一粒米"之名始于清代中期，清人王士禛在《池北偶谈》中记有："（邓彰甫）虬髯白皙，双目迥然，善细书……能于一粒米上书一绝句。"这种于米粒上微刻绝句，当为北京象牙微雕"一粒米"之滥觞。清代末期，象牙平刻、微雕之技，名家辈出，有于啸轩、吴南愚、沈筱庄，时人

---

[1] 张卉妍：《老北京趣闻传说》，中国华侨出版社2013年版，第397页。
[2] 林红：《北京风物志》，北京旅游教育出版社1985年版，第196页。
[3] 张加勉编著：《象牙雕刻》，北京美术摄影出版社2012年版，第18—19页。
[4] 张超主编：《中国雕刻文化入门》，北京工业大学出版社2012年版，第292页。

称为"平刻、微雕三杰"。

于啸轩,名硕,江苏扬州人,当过清代的县令。他继承了古人技法,曾在一把宽三分左右的象牙扇骨上刻小字,数千字行行工整,字字秀丽;并能在象牙戒面上刻黛玉葬花图,背面刻整首葬花诗,共计360余字;又在一方寸的象牙片上刻6000字的文章,字迹清晰工整,无一败笔,当时报纸纷纷撰文评论他的技艺是"以方寸之牙,刻万余字,真乃鬼斧神工"。1915年,于啸轩的《象牙微雕赤壁夜游》获巴拿马万国博览会金奖。

吴南愚,与于硕齐名,赵汝珍《古玩指南全编》评他"能于五分方圆之象牙面上,刻字千余,具有帖气。非用放大之镜不可辨识,不知其何以为之。是殆所谓鬼斧神工也"。

沈筱庄,吴县(今江苏苏州)人,年轻时居于北京,善平刻、微雕,以竹刻为主,也兼作刻瓷、象牙平刻,技艺水平很高,享誉京城。老年返乡。[1]

到了清末,随着国力的衰微,北京的象牙雕刻也受到了财力、人力和原材料等方面的限制,停滞不前。以前为宫廷制作奢侈品的牙雕匠人纷纷转向了民间,开办作坊,聊以自补。到了光绪年间,北京的象牙作坊甚至曾一度面临绝迹的危险。其后有一些象牙雕刻艺人和一些专门为房屋建筑雕花装饰的艺人为古玩铺修补残旧的象牙雕刻工艺品,间或也从事牙雕生产[2]。在清末民初,北京市面上已有十几户这样的象牙作坊。主要分布在花市大街以南上下堂子胡同、上下唐刀胡同及珠市口一带[3]。

三、民国时期的牙雕

1911年,清政权覆灭后,民间牙雕作坊兴起,北京涌现出许多

---

[1] 张加勉编著:《象牙雕刻》,北京美术摄影出版社2012年版,第20页。
[2] 张超主编:《中国雕刻文化入门》,北京工业大学出版社2012年版,第276页。
[3] 北京市政协文史资料委员会编:《北京文史资料精选 崇文卷》,北京出版社2006年版,第162页。

各具风格的牙雕艺师。在民国初期，国内工艺品市场出现了一段短暂的繁荣时期。主要原因有二：其一是民国初期，国内新兴的军阀、官僚、政客，以及清王朝的遗老遗少，如同走马灯似的登上了中国政治舞台，争权夺势，大肆搜刮民财，过着奢侈腐化的生活，对古玩和工艺品有很大的需要，使工艺品的国内市场开始兴盛。其二是北京工艺品自1840年以后逐渐转向以国际市场为主，来中国的外国人喜欢北京的古玩和工艺品，有的还在北京设立洋行，从事古玩和工艺品出口贸易。北京的古玩，在民国时期主要来自前清的官僚和八旗子弟之家，他们失去了皇家的庇护，又没有谋生的技艺和特长，只得靠变卖家传的珠宝玉器、古玩祖产维持生活。这些古玩流入古玩店，受到外国商人青睐，被大量收购。"旧货"卖一件少一件，为了补充货源，生产仿古器的作坊纷纷建立。在繁华的前门西河沿、廊房头条一带有专营象牙雕刻品的商店"协和永""玉昇祥""裕盛公"等，在今崇文门外一带也有几家象牙作坊。另外有一些艺人在青山居和东安市场等地摆地摊出售象牙件活[①]。

民国时期，北京象牙雕刻品种比清代更加丰富。由于消费对象的改变，实用型象牙工艺品（象牙器）逐渐少了起来，纯欣赏性的象牙雕刻摆件逐渐增多，象牙仕女、象牙老人、象牙刀马人、象牙小活、象牙平刻、象牙微雕，逐渐形成了市场畅销的品种。这些象牙雕刻品是由古玩铺、洋行和小作坊主出面组织艺人制作，大部分作品是件头不大的"行活"。本小力孤的象牙作坊没有力量组织大型象牙雕刻品的创作，故优秀作品的数量很少。此时的优秀作品，主要得益于个别艺人有独创性的艺术构思和高超的工艺技术，注重商品性（主要体现为题材和样式），注重占料，使作品显个（大）、显活（行业术语，即显示做工的优秀、活多），是民国时期北京象牙雕刻品的特点。由于注重商品性，过于迎合社会不良风气，出现了一些不健康的"春宫人

[①] 张加勉编著：《象牙雕刻》，北京美术摄影出版社2012年版，第23—24页。

物""小脚裸体女人"等糟粕①。

民国时期,能继承清代象牙雕刻技艺,又带徒弟往下传承象牙雕刻的艺人其实不少,但大多数已不传姓名。从艺活动主要在清末民初时期如耿润田、刘苍身、李立宝等人。其中最有名望的是耿润田(1890—1940年),河北冀县人,"刻立体象牙仿古人像,每年出品数十件,皆熏焦上色,刻工亦绝佳"②。此外,刘苍身擅长雕刻深浅浮雕,李立宝擅长制作刀马武将。

1924年为牙雕行业全盛时期,有作坊二三十家,从业人员达150多人。这一行业的生产很分散,大多数是业主自己干活并雇少数工人和学徒的小作坊。也有少数是直接找加工活的单干工人。老一辈的工人多来自硬木雕作行业,后来才有直接出师自牙雕作坊的工人③。

20世纪30年代,一些小器作坊和玉雕的匠人改行雕刻象牙。当时有牙雕艺人180余人。其中较有名望的是王彬、杨士惠、曹彬、杨士忠、崔华轩、胡凤山、李洪义、邓文利、丁玉亭、仝玉舟等④。

这一时期,著名的牙雕艺人王彬设计和指导创作了许多精彩的仕女作品。如"香妃"这件精品,是他从一幅油画移植过来的。描写的是乾隆年间被纳入后宫封为容妃的回族上层贵族妇女。她的衣着打扮。容貌体型都和汉族不同。作品着意刻画香妃悠然自得的姿态,华丽的衣着裹着俊美的躯体,衣纹飘洒流畅,纤弱的手闲搁在花篮提把上,另一只手轻扶着花铲,娟秀的脸庞略带着抑郁的神情,生动地反映出她虽身居深宫过着锦衣鼎食、养尊处优的生活,但心灵的空虚和忧伤的思绪却是无法摆脱的。这件作品完成后曾轰动一时⑤。

---

① 张加勉编著:《象牙雕刻》,北京美术摄影出版社2012年版,第26页。
② 泽人:《象牙雕刻考略》,载《学林》1940年第5期。
③ 北京市总工会工人运动史研究组:《北京工运史料》(第一辑),工人出版社1981年版,第59页。
④ 北京市政协文史资料委员会编:《北京文史资料精选 崇文卷》,北京出版社2006年版,第162页。
⑤ 凡奇、共工编著:《当代中国工艺美术品大观》(上篇),北京工艺美术出版社1993年版,第40页。

1937年七七事变以后，北平的牙雕业受到冲击，"北平艺人生活不安，或改营他业，或南下经商"①。不过，到1943年，北平的"象牙雕刻现在仍相当发达，北平、广东、福州、上海都是现代象牙雕刻的中心区。北平的雕品最贵重"②。1940年出版的期刊《学林》载文曰："北平聚兴与裕盛公二家，本以制作扳指为业，迄今仍执故都象牙雕刻之牛耳也。"③

　　1945年8月，日本帝国主义无条件投降，但北京在国民党统治下，物价一日三涨，苛捐杂税繁重，本小利微的小手工艺作坊经不起反动统治的残酷压榨和买办奸商的盘剥。到1948年，北京的手工艺行业陷入万户萧条、奄奄一息的境地，停产户数占80%以上，许多名艺人都被迫改行。据统计1948年北京象牙作坊有40家，从业人员56人，除去作坊主本人外，只有7名师傅，9名徒工。北京象牙雕刻业奄奄一息，面临人亡技绝④。

---

① 泽人：《象牙雕刻考略》，载《学林》1940年第5期。
② 曹达均：《中国的象牙雕刻》，载《春秋》1943年第1卷第2期。
③ 泽人：《象牙雕刻考略》，载《学林》1940年第5期。
④ 张加勉编著：《象牙雕刻》，北京美术摄影出版社2012年版，第26页。

第七节　北京金漆镶嵌

北京漆器除了古朴沉稳的雕漆，还有被列入"燕京八绝"的金碧辉煌的金漆镶嵌。北京金漆镶嵌是以优质红松等木材制胎成型髹漆，再在漆底上运用镶嵌、雕填、刻漆、彩绘、贴金、罩漆等髹饰技法制成，尤其是将金漆和镶嵌有机地统一在一起，表现出一种富丽华贵、庄重古雅的美感[1]。北京是我国历史上重要漆器产区，尤其是元代油漆局、明代果园厂、清宫内务府造办处都为北京金漆镶嵌的发展奠定了坚实的技术基础。产品主要是家具类，尤以屏风最为著名。

金漆和镶嵌是两种技艺。金漆又称金髹，主要是对金、漆、彩的运用，又细分为描金、贴金、扫金、搜金、平金开黑、平金开彩、洒金、金箔罩漆、戗金等。镶嵌，从技法上看，可有平嵌、轿嵌、花镶嵌、百宝嵌等。金漆可单独运用，而镶嵌常常与金漆相结合。金漆镶嵌以平金开漆（又名平金开黑）、轿嵌、色嵌最为出色。其风格高雅、沉稳，显露了强烈的东方民族气派[2]。

一、先秦至元代的金漆镶嵌

在北京琉璃河黄土坡墓地中，出土了成组漆器，有罍、豆、俎、觚、壶以及漆盾等。均为木胎，一般较厚重，器表皆有漆绘，有些还用蚌片、蚌泡等，镶嵌与彩绘共同组成装饰图案。

出土的漆罍和漆觚都是朱漆地、褐漆花纹。漆豆则是褐地朱彩。这3件漆器的外表都有嵌饰。豆盘上用蚌泡和蚌片镶嵌，与上下的朱色弦纹组成装饰纹带；豆柄则用蚌片嵌出眉、目、鼻等部位，与朱漆纹样合组成饕餮图案。喇叭形的觚身上除了由浅雕的3条变形夔龙（内髹褐漆）组成的花纹带外，上下还贴有金箔三圈，并用绿松石

---

[1]　田小杭：《中国传统工艺全集·民间手工艺》，大象出版社2007年版，第277页。
[2]　王绎、王明石主编：《北京工艺美术集》，北京出版社1983年版，第31页。

镶嵌。

　　漆罍造型优美，纹饰繁缛精致。除在朱漆地上绘出褐色的云雷纹、弦纹等纹样外，器盖上还用细小的蚌片嵌出圆涡纹图案，颈、肩、腹部也用很多加工成一定形状的蚌片，嵌出凤鸟、圆涡和饕餮的图形。此外，在盖和器身上还有附加的牛头形饰件，器身中部有鸟头形器把。这些鸟兽形象的附件上也用蚌片镶嵌，使牛头和凤鸟的形象更加突出。无论是器表彩绘和镶嵌的图案花纹，还是附加的鸟兽形饰件，这件漆罍的工艺之精、形态之美，都是很突出的。这是我国早期漆器中一件罕见的精品。

　　琉璃河燕国墓地成组漆器的发现不仅反映了当地高超的手工技艺，也为研究我国西周时期的髹漆工艺提供了丰富的实物资料。出土的罍、豆等漆器，镶嵌的蚌饰大多是磨成厚不足2毫米的薄片，镶嵌的图案纹样工整精致，说明当时的工匠在制作这种螺钿漆器[①]时已经掌握了熟练的技术，达到了相当高的水平。我国螺钿工艺，过去发现最早的实物属南北朝时期，约距今1500年。琉璃河墓地漆器的出土，将我国螺钿工艺的时间至少上推到西周时期。从而使我国古代先民创造螺钿漆器的历史，又提前了1500年。[②]

　　北京丰台大葆台西汉燕王墓出土漆器及其嵌件167件。其中漆器12件，漆器嵌件155件。器形主要有漆床、卷云纹漆板、云龙纹漆器、平脱漆奁、漆弓、漆案铜马腿和漆器嵌件玛瑙珠等。漆器多为木胎，少数为夹纻胎。花纹有卷云纹、三角云纹、菱纹、云气纹、几何纹、鸟兽纹和龙凤纹等。漆器普遍采用了彩绘、平脱、镶嵌等多种技艺和朱红、黑、黄3种颜色。同时使用各色玛瑙、玳瑁、云母等作嵌饰；有的还贴金箔，饰镏金铜饰，使漆器显得格外华丽夺目[③]。

---

　　① 用蚌片镶嵌的漆器有悠久的历史，在漆器中占有一定地位。它独立形成一个较重要的髹漆品种，一般称为螺钿漆器。

　　② 殷玮璋：《记北京琉璃河遗址出土的西周漆器》，《考古》1984年第5期。李淑兰：《北京史稿》，学苑出版社1994年版，第33页。

　　③ 张罡昕主编：《中国考古文化地图》，中国环境科学出版社2005年版，第113页。

形体大者有漆床2件。其一为楸木胎，长2.7米，宽2米，床面满施黑漆，周边红漆，彩绘云纹及夔龙，夔龙飞舞，翩翩欲生。其二长3米，宽2.2米，床面施黑漆，周边饰朱色双线纹，其上朱漆隶书"黄熊桅神"4字。

平脱漆奁1件。出土时已成碎片，通长5.3厘米、宽4.4厘米。夹纻胎，圆底，外施黑漆，器上贴花草、云纹和鹤、兔等金箔。内施朱漆，上墨绘云气纹等。并遗留奁上铜衔环铺首和盖上的圆环纽饰等。铺首兽面突出，眉目清晰，鼻衔环，馏金。

嵌玛瑙珠漆器残件1件。木胎，为漆器的一个残角。上、下均髹黑漆，其上用朱、黄漆绘卷云纹和线条纹等。面上有一圆孔，内嵌扁圆形白玛瑙珠一颗。厚1厘米。

云龙纹漆器1件。已残，长92厘米、前宽17厘米、体宽8.2厘米、厚2.5厘米。楠木胎。体作扁平长条形。底平，上面微内凹呈半弧形。前端由条形向外逐渐扩呈方形，方形部分的上、下两面均为平面，后端残缺。正面体心施红漆，两边施黑漆。体心墨绘云气纹，云气纹中用墨、黄两色绘一条屈体飞龙。它的前方亦用黑、黄两色绘1匹奔跑之天马，画工精巧细致。体边用朱、黄两色绘三角纹、菱纹和涡纹。前端施黑漆，其上体心用朱、黄两色绘云气纹，云气纹中有一用朱、黄两色绘的展翅飞翔的丹凤和用黄色绘的奔鹿。构图严谨，动物形象生动。三边用朱、黄两色绘两组平行双线纹、三角纹和涡纹等。背面体施黑漆，上用朱、黄两色绘云气纹，云气纹中亦用朱、黄两色绘一似天马之兽，体边用朱色各绘两道直线纹。两侧面髹黑漆，上朱绘双线纹和云气纹，云气纹中用朱、黄两色绘飞翔的天鹅，并嵌有馏金铜帽，每个铜帽之间相距约89厘米。整个器物的漆色均匀艳丽，各种动物花纹绘画得生动细致，是一件不可多得的汉代精美艺术品。这也充分反映了汉代绘画艺术的高超和漆器制作艺术的精巧。①

---

① 中国社会科学院考古研究所编：《北京大葆台汉墓》，文物出版社1989年版，第53—55页。

辽金宫廷少府监管造床榻、鞍辔、龙凤车具、屏风等物，均与漆器相关。贵重的原料只准宫廷使用，金代规定，民间造车"马鞍许用黑漆，以骨角、铁为饰，不得用玉较具及金、银、犀、象饰辔鞍"[1]。

北京金漆镶嵌在元代已经颇为成熟，当时设有油漆局，属工部，配备副使一员，用从七品印，掌管髹漆之工[2]。元代工匠的来源，一是初期从各处掳来的工匠，再就是建元大都后，忽必烈又把漠北等地的匠人迁来，这是北京有官办漆作坊的开始。元代漆器的主要品种有雕漆、戗金、螺钿镶嵌等。

元代对各种宗教兼容并蓄，但特别尊崇佛教，因而佛教势力最大，寺庙林立。至元七年（1270年），忽必烈建大护国仁王寺，选召刘元塑造佛像。刘元于是又从在都的尼泊尔的名师巧匠阿尼哥学造西天梵像，"神思妙合，遂为绝艺"，"凡两都名刹，有塑土范金，抟换为佛，一出元之手"，他创造的雕塑方法"（先）漫帛土偶上而髹之，已而去其土，髹帛俨然像也"，手艺"天下无与比"[3]。所谓抟换，即"夹纻"造像。从《元史·刘元传》的记载中，可以窥见元代髹漆工艺已达到相当高的水平。

元代螺钿漆器的特点是螺片由厚变薄，开创了"软螺钿"的新工艺，因而更加丰富多彩。1970年，北京后英房元代遗址出土一块平脱薄螺钿漆器。这件圆形漆器直径约为37厘米，胎用1~1.5毫米的木片作骨，木骨上敷漆灰（为加沙的泥土混合物），将螺钿片直接嵌于漆灰之上，然后涂漆，再磨显出螺钿，使螺钿片与漆面相平，最后刻划细部纹饰。这种螺钿片是用盘大鲍或杂色鲍的壳，按其呈现的光泽截磨成各种不同物件的小片，组成一幅以"广寒宫"为背景的图画。螺钿所呈现的光泽，有闪红光的柱栏和树干，闪绿光的屋瓦和树叶，闪蓝、紫、红光的云气。这件平脱螺钿全部采用片嵌，不论其精

---

[1]《金史》卷四十三《志第二十四·舆服上》。
[2]《元史》卷八十五《志第三十五·百官一》。
[3]［元］陶宗仪：《南村辍耕录》卷二十四《精塑佛像》，文化艺术出版社1998年版，第335—336页。

细致密的技法，还是随彩施缀的艺术效果，都达到了很高的水平①。

二、明代金漆镶嵌

明朝建立之初，朝廷就设立了内府衙门来负责宫廷各个方面的需求，总称为"二十四衙门"，其中为宫廷制作漆器的部门主要是御用监、御前作和内官监。御前作专管制造龙床、龙桌、箱柜之类的卧室器具。御用监主管造办御前所用围屏、摆设、盘匣、扇柄等形体较小的器具，以及螺钿、填漆、雕漆等工艺品种的漆器。内官监专管宫殿建筑的油漆活计。可见，御用监、御前作和内官监虽然都承担皇宫内府的漆工活计，但各有侧重②。

永乐年间，皇室在果园厂（今西什库东）专门设立了官局制造漆器。清代高士奇《金鳌退食笔记》记载明果园厂除制造剔红外，更有精工的雕填戗金漆工艺品。"果园厂在棂星门之西，明永乐年制漆品，以金、银、锡、木为胎，有剔红、填漆二种……填漆刻成花鸟，彩填稠漆，磨平如画，久而愈新。其合制贵小，深者五色灵芝边，浅者回纹戗金边。古色苍莹，器传绝少，故价数倍于剔红，二种皆称厂制，世甚珍重之，而不可多得"③。说明了雕漆、雕填、戗金等漆工技术的发展创新状况。

明代永、宣二朝漆器，以雕漆为主，其次有戗金漆与戗金彩漆。永乐朝于器底左侧针画小字"大明永乐年制"，成为皇家专造专用的标志，开皇家漆器制款之先河。至宣德朝，将铭文改为刀刻大字，再用浓金填之，显得庄严而义气派，使皇家的标识更显要，并为后来皇家漆器工艺所继承④。

明代宫廷漆器作坊生产围屏、家具、盘盒等器物，所用木坯有花

---

① 中国社会科学院考古研究所、北京市文物管理处元大都考古队：《元大都的勘察和发掘》，载《考古》1972年第1期。
② 丛玲玲编著：《中国漆器》，黄山书社2013年版，第36页。
③ ［清］高士奇：《金鳌退食笔记》卷下，中华书局1985年版，第27页。
④ 王子林主编：《故宫学刊》总第7辑，紫禁城出版社2011年版，第157页。

梨、紫檀、乌木等名贵木材。镶嵌除软螺钿外，还发展了"百宝镶嵌"。故宫博物院珍藏的明晚期的百宝嵌花卉方笔筒，该笔筒方形委角，通体髹黑漆，用象牙、玉石、椰木螺钿等，在四面嵌成四季花蝶图案，盒内、外底髹黑漆，为明代百宝嵌中之精品[①]。

除官方作坊外，民间漆器生产也很普遍，出现了许多著名的漆艺名匠，因此这一时期的漆工艺品极为繁荣。漆器用具以日常生活用具为主，但同一种器具往往有不同的器型和装饰风格。同时也出现了很多始创的工艺，并对前代的工艺进行了改进和结合。中国现存的唯一的古代漆艺专著《髹饰录》，就是明代黄大成总结漆工艺生产创作实践经验写成的。这是中国也是世界上现存最早的漆工技术专著。《髹饰录》将明代漆器按不同的制作工艺分为14大类101个品种，但流传至今的仅有雕漆、戗金漆、戗金彩漆、描金漆、填漆、螺钿漆、百宝嵌、款彩等工艺[②]。

三、清代金漆镶嵌

到了清代，在内务府造办处下设42作中，专门设有漆作。漆器产品主要有车銮轿舆、仪仗及皇室、贵族所用的日用家具和器皿，也有各种装饰摆件。

朱家溍在《清代造办处漆器制作考》中详细叙述了康熙、雍正、乾隆时期的漆作，奉旨所做的漆器如下：①黑漆和朱漆；②金漆；③彩漆；④描金和洋漆；⑤填漆和戗金；⑥雕漆；⑦皮胎和脱胎；⑧阳识和堆起；⑨漆与其他工艺相结合的器物。九类漆工艺技法所做成的漆器有：漆屏风，黑漆铜镀金包角膳桌，黑漆床，黑漆砚盒，黑漆香几，黑漆笔管，朱漆圆香几，红漆捧盒，金漆屏风，金漆大龙椅，彩漆香几，五彩脱胎盘，圭式红漆盘，朱漆双圆式彩漆盘，海棠、梅花、菊花、葵花各式彩漆盘，退光漆安栏杆小书格，笋式百福百寿漆

---

① 张飞龙：《中国髹漆工艺与漆器保护》，科学出版社2010年版，第84页。
② 丛玲玲编著：《中国漆器》，黄山书社2013年版，第33—35页。

盒，菊花瓣式彩漆五龙捧寿盘，黑漆描金绣墩，洋漆方香几，黑漆洋金桌，黑漆西洋描金桌，黑退光漆画洋花书格、佛龛，洋漆帽架，黑漆里画洋金菠萝，黑漆画洋金花表套，彩漆描金袱系长方盒，黑漆描金手炉，描金龙凤手炉，识文描金海棠式盒，黑漆描金花卉圆盘，识文描金瓜式盒，紫漆描金松鹤长方盒，彩漆描金桃蝠方胜式几，紫檀描金椅，填漆竖柜，填漆桌，填漆铜镀金包角图塞尔根，湘色地戗金钩填漆龙纹梅花式香几，填漆戗金花卉小几，彩漆戗金海棠仙盒，菱花凤盒等。以上漆器虽主要是康熙、雍正、乾隆时期所做的漆器，但已可窥见整个清代漆器的造型、花纹和装饰技法的基本面目。[1]

康、雍、乾三朝漆器共同点是精工细作，不同处是各有重点品种。康熙朝的重点品种是黑漆嵌薄螺钿、填漆、戗金；雍正朝的是洋漆、描金（包括磁胎漆器）、彩漆、彩漆描金与硬木结合制作的家具；乾隆朝继续康熙、雍正两朝大部分品种之外，对雕漆有极大发展。故宫所藏康熙癸丑款黑漆嵌螺钿加金银片的书格，以薄如纸的五色螺钿嵌成，书格上不同的锦纹有36种，每种锦纹又各由不同形状的钿片组成，精细异常。黑漆描金、描油、描漆与硬木结合制作器物，则是雍正至乾隆年间的一项新工艺。康、雍、乾时期有名的漆器工匠有：左思恩、佛保、六达子，是有手艺又兼"漆作"管理的人员。洋漆匠李贤，洋金匠王云章，彩漆匠孙盛宇、王维新、秦景严。漆匠王四、柳帮显、达子、断六、苏七格。在磁胎洋漆碗上写诗句的书家戴临。这些工匠使所谓"洋漆"品种得到很大的提高和发展。[2]

乾隆年间颁布的《工部则例》中有《漆作用料则例》《漆作用工则例》《泥金作用料则例》《泥金作用工则例》。此外还有《圆明园漆作价值则例》《圆明园漆活彩漆扬金则例》《圆明园内工佛作则例》等，分别讲述了制作灰胎、漆胎、描漆、描金等工艺的配料、操作。可以说，这是清宫漆作的操作规程[3]。

---

[1] 朱家溍：《清代造办处漆器制做考》，载《故宫博物院院刊》1989年第3期。
[2] 朱家溍：《清代造办处漆器制做考》，载《故宫博物院院刊》1989年第3期。
[3] 柏德元：《北京金漆镶嵌》，北京工艺美术出版社2008年版，第8页。

北京故宫博物院所藏乾隆年间制"月曼清游"册页，采取传统图画册页的形式，以一年中每月所开花卉为题，描绘宫女生活，每面翻开，右为钿嵌乾隆御笔诗文，左为丰富艳美的景物图像，所用材料都极为珍贵，充分显示了漆作的华贵和漆艺的精湛[①]。

清代康熙、雍正、乾隆三朝是清代工艺美术的兴盛时期，以后水平逐渐下降，甚至到清末近于消亡，漆工艺也不例外。光绪末年，皇宫内府的官办"油漆作坊"，也支撑不下去，只有古建筑修理，彩画油漆匠性质的"中和局"还勉强维持[②]。

光绪二十八年（1902年），顺天府尹创设北京工艺局，位于彰仪门外四眼井。光绪二十九年（1903年）以后，工艺局归入商部（农工商部）办理。光绪三十三年（1907年）十月，改组后的农工商部将工艺局大加扩充，添购土地，建筑新厂，新建厂房970余间，"分设织工、绣工、染工、木工、皮工、藤工、纸工、料工、铁工、画漆、图画、井工等十二科"[③]。1904年至1908年间，其中画漆科共有工师匠徒25人，制作几架盘盒等物件，制成大小陈列器具833件[④]。

另外，在前门外琉璃厂有北京工艺商局，光绪二十六年（1900年）创建，纯为私立。有景泰蓝、羊绒地毯、木器、雕刻等10科，没有漆艺，只在木器科中有缝工、漆工20余名[⑤]。

光绪三十年（1904年）[⑥]，肖乐安（一作萧乐庵）在北京交道口北剪子巷一个小花园内，成立了第一个专门生产、制造雕漆的作坊——继古斋。之后又发展出"德成"雕漆局，地点在安定门谢家胡同。继后

[①] 田小杭：《中国传统工艺全集 民间手工艺》，大象出版社2007年版，第277页。

[②] 李一之编著：《中国雕漆简史》，轻工业出版社1989年版，第47页。

[③] 彭泽益：《中国近代手工业史资料（1840—1949）第二卷》，生活·读书·新知三联书店1957年版，第508页。

[④] 彭泽益：《中国近代手工业史资料（1840—1949）第二卷》，生活·读书·新知三联书店1957年版，第510页。

[⑤] 张宗平、吕永和译；吕永和、汤重南校：《清末北京志资料》，北京燕山出版社1994年版，第372页。

[⑥] 一说为光绪二十八年。

还开办了"明古斋"和"苏记"等雕漆作坊①。

光绪年间，镶嵌艺人王俊江在隆福寺街开办"永信局"镶嵌作坊，专应宫中之活。

此外，还有若干无字号的漆器作坊。其中韩启龙的漆器作坊位于东城沙井胡同，开业于清末，应宫中之活，光绪帝之"君棺"即为韩启龙所做。清末著名漆工刘永恒专门承应皇宫所需的彩漆描金宴桌、箱匣等器物。②

以上北京工艺商局、继古斋、德成雕漆局等私办漆工艺作坊，在清末都是小规模生产。

四、民国时期的金漆镶嵌

清末至民初，时局动荡，影响了北京金漆镶嵌的生产。当时宫内造办处也无多大作为，坊间生产更加萎靡不振。一些小作坊以修理旧活为主，以后发展成为仿制旧活，陆续开业的有10余家。到20世纪20年代中期，行业才逐渐复苏，从业人员到30年代初达400人左右，主要仿制一些大件漆器。生产作坊大体分为以生产彩漆描金类产品为主的"苏漆作"和以生产镶嵌产品为主的"小器作"。

这些作坊之开业缘起，大致有三种情况：一是原皇宫中的漆器艺人在辛亥革命后自开作坊；二是清末即有民间私人作坊，多通过太监拉关系应宫中之活；三是漆器作坊中的艺人出师后自开作坊。这些作坊虽然情况各异，但有很多共同之处。

其一，规模小。一般从业人数仅七八人或十几人。少数规模较大的作坊在生意兴隆时可达四五十人。

其二，资金少。多为小本经营甚至无本经营，往往入不敷出，难以为继。不少掌柜在资金匮乏时不得不将半成品典入当铺，待筹措到资金后再赎出。

---

① 李一之编著：《中国雕漆简史》，轻工业出版社1989年版，第48页。
② 柏德元：《北京金漆镶嵌》，北京美术摄影出版社2012年版，第28—29页。

其三，不稳定。时而开业，时而歇业，艺人们有活即来，无活即散，流动性很大。

其四，漆器作坊一般都与古玩铺有业务关系，其产品由古玩铺收购或订货。而有的古玩铺亦是前店后场，自产自销。到古玩铺购买漆器者，多是英、法、美、德、意等欧美客商。国内用户是达官显贵、巨商富贾等。[1]

民国时期北京的主要漆器作坊[2]

字号	经营人	师承关系	开业时间	从业人数	主要产品	地址
英明斋	苏明堂	原清、漆画匠首领	20世纪10年代初	十二三人	供盒、龙墩等漆器	金鱼池精忠庙旁
瑞兴斋	侯松山	苏明堂弟子	20世纪10年代或20年代初	十五六人	彩漆描金、雕填，刻灰类漆器	东单三条
瑞丰斋	陈瑞兰	苏明堂第三代传人	1934年左右	多时达四五十人	彩漆描金、雕填，刻灰类漆器	东四头条火神庙
升利	姚林五	侯松山弟子	20世纪30年代初	七八人	彩漆描金类漆器	灯市口
中和局	不详	不详	清光绪年间	不详	大漆牌匾楹联	东四六条
兴一局	张文彬张广寿父子	张文彬出师于中和局，张广寿子承父业	1914年左右	多时达四五十人	彩漆描金类漆器	东四南箭厂胡同
隆和	不详	不详	清光绪年间	不详	金漆首饰盒	西单牌楼

---

[1] 柏德元：《北京金漆镶嵌》，北京美术摄影出版社2012年版，第28—30页。
[2] 乔十光主编：《中国传统工艺全集·漆艺》，大象出版社2004年版，第186页。

续表

字号	经营人	师承关系	开业时间	从业人数	主要产品	地址
华丰斋	魏涣丰魏子言父子	不详	1914年左右	多时达四五十人	骨石镶嵌及断纹仿旧类漆器	隆福寺
关记油漆局	关茂林	不详	1920年左右	二三十人	彩漆描金及雕填刻灰类漆器	德胜门内甘水桥

1914年，由老主顾傅博文出资帮助，魏焕丰在隆福寺街36号成立了一间小器作坊，取名华丰斋。华丰斋主要做修复镶嵌类的活。早些年，宫廷、贵族府里的物件都由造办处统一打造，如果有些物件坏了，便找小器作坊找补（就是将坏的地方修补好，还不能露出修补的痕迹）。由于有傅博文的关系，华丰斋的买卖非常兴隆。后来，华丰斋又生产晒断、撅断、颤断、烤断等仿古断纹产品，由于质量好，吸引了众多外国人和国内的达官显贵前来购买[1]。

20世纪30年代，以西单牌楼隆和号生产的金漆捧盒最有名气，而画漆即采漆勾金产品，则以广安门外的巨兴号誉满京都[2]。

自1937年七七事变后，北京的漆器行业面临灭顶之灾，除少数一两家外，纷纷倒闭。有的作坊则改了行，如隆和号改为绸布庄，华丰斋改为百货店。艺人们流离失所，或回乡务农，或做小买卖，或拉人力车，或到大宅门打零工，其景况十分凄惨[3]。

到1946年，北京的"镶嵌作"包括为镶嵌活加工木胎的漆作共有14家[4]。自日本投降后至1949年，漆器行业亦未见恢复。

---

[1] 王勇编著：《京味文化》，时事出版社2008年版，第138页。
[2] 中国民主建国会北京市委员会等编：《北京工商史话》（第四辑），中国商业出版社1989年版，第14页。
[3] 柏德元：《北京金漆镶嵌》，北京美术摄影出版社2012年版，第30页。
[4] 中国民主建国会北京市委员会等编：《北京工商史话》（第四辑），中国商业出版社1989年版，第14页。

第八节　北京花丝镶嵌

花丝镶嵌又称细金工艺，是花丝和镶嵌两种工艺的统称。它是以金银（也有黄铜、紫铜）为原材料、镶嵌各种宝石的装饰工艺。明、清两代是北京花丝镶嵌的兴盛时期，因宫廷集中了全国的能工巧匠，使南、北方花丝镶嵌制作技艺得以交流提高，成为了宫廷艺术的重要组成部分。皇家所用作品主要有冠饰服饰、案几摆件、典章印册、祭祀用具、宗教等种类。北京花丝镶嵌制品原材料名贵，制作技艺精湛，具有浓郁的民族风格。

一、先秦至辽金的花丝镶嵌

相传在原始社会时期已有对自然金的运用，但目前所见到的我国最早的金属制品，出自商代。1977年，在北京平谷县南独乐河乡刘家河村一座商墓中出土的金耳环、金臂钏和金笄，可为佐证。

金耳环重6.7克，环径1.5厘米。一端作扁喇叭口形，宽2.3厘米，底部有一沟槽，用于镶嵌物（嵌物已无）。另一端呈尖锥形，弯曲成环式钩状，便于挂耳眼中。

金臂钏为套在妇女臂上的装饰品。一件重93.7克，另一件重79.8克。两件形制相同，用直径0.3厘米的金条制成。两端锤打成扇形，相对为环，环径12.5厘米。

金笄是别在妇女卷起发髻上的簪子。重108.7克，长27.7厘米。器为长形，笄头宽尾窄，尾部有长约0.4厘米的榫状结构，易于插入发内。器身一面光平，另一面有脊（出土时断为二段），截面呈钝三角形。

此外还有，金箔残片残存2厘米×1厘米，无纹饰，似为器物嵌饰。

以上三件金器，造型美观别致。制作工艺虽简洁，但比较精细，器面光净，色泽金光闪闪。从其表面和断面观察似为铸件，经鉴定，含金量达85%。另据北京钢铁学院的仪器检测分析,金内含银较多,而且还有微量的铜,未见其他杂质。从这几件金器看,无论是制作工艺水平,还是黄金的质量,都比其他地区出土的器物有较大的进步和提高。①

春秋战国时期,可以说是北京历史上细金工艺的繁荣时代。这一时期产生了一种新工艺,能把光泽悦目的金银丝或片镶嵌在青铜器或铁器上,而且能组成各种图案,称为"金银错"。

1959年,北京怀柔城北发现4件铜带钩,其中一件座呈半龟盖形,正面有错金花纹②。

1977年,在北京丰台区贾家花园的一座墓葬中,出土一组圆漆盒错金银铜扣,共4件,一件为盖顶铜扣,上饰金银错卷云纹及草叶纹;一件为盖口铜扣,上饰金银错菱形纹,内填草叶纹;另一件为底口铜扣;还有一件为底圈足铜扣。这两件铜扣面都饰有与盖口相同的金银错花纹,这一组铜扣是属于一个圆漆盒的几个附件③。

1981年,在北京通县中赵甫战国墓中出土的4件带钩,其中一件长11.4厘米,弧形,面上错金银勾连云纹,并嵌9颗圆松石④。

汉代,北京的细金工艺已具有一定的水平。北京丰台大葆台西汉墓出土有馏金龙头枕、馏金铜铺首等,造型优美,装饰华丽,表明当时继承了战国时的馏金和金银错的工艺。尤其是铜错银八棱棍,长48.5厘米。铁心外包铜,两端为银头,柄端嵌金箔一圈,金箔的两侧缠绕丝绳,周身错菱形银纹和红铜云纹,似为枧类兵器。该器设计精巧,铸造技术高超,是汉代兵器中不可多得的珍品⑤。

魏晋时期,北京地区的细金工艺多为小件饰品,由这一时期墓葬

---

① 刘秀中:《平谷刘家河商墓出土的金器》,载《中国文物报》1993年8月8日,第31期。袁进京、张先得:《北京市平谷县发现商代墓葬》,载《文物》1977年第11期。
② 北京市文物工作队:《北京怀柔城北东周两汉墓葬》,载《考古》1962年第5期。
③ 张先得:《北京丰台区出土战国铜器》,载《文物》1978年第3期。
④ 程长新:《北京市通县中赵甫出土一组战国青铜器》,载《考古》1985年第8期。
⑤ 中国社会科学院考古研究所编:《北京大葆台汉墓》,文物出版社1989年版,第102页。

出土物可窥一斑。

顺义县大营村8座墓葬出土的金银器有：金手镯1对（M2：19），直径6.5厘米，重20.5克；金指环3件（M2：20），直径1.4厘米，重1.4克；银手镯5件，其中标本M5：15，直径6.5～7厘米；银臂钏1对（M4：16），直径6.6厘米，重46.1克；银发钗3件，其中标本M5：17，长24厘米，标本M4：15，长12.5厘米；银指环2件（M5：16），直径1.5厘米[1]。

房山区小十三里村西晋墓出土有银簪1把[2]。

西晋华芳墓出土银铃1件，已残缺。铃作球状，圆径2.6厘米，球体上部以银丝捏成8个乐人的形象，乐人之间有连弧、圈状花纹。在乐人之下系有小铃，嵌有红、蓝宝石。铃之纽座饰成虎形。8个乐人可分作4组：两人捧排箫；两人持管或作持喇叭状；两人扬手作捶击状，其中一人腹前尚存圆形小鼓；两人举手横于鼻下左方，似作吹笛的形象[3]。在十分有限的形体上，装饰如此复杂的纹饰，且加以镶嵌，足以表明此期金银制作工艺具有较高的水平。

金银器皿制造，是唐代一个新兴的手工业部门，发展迅速。金银除作货币、充当流通手段外，还越来越多地用于制造器皿和首饰。金银器皿主要有碗、盘、盒、杯、壶等，首饰主要有钗、簪、环、钏、坠和妇女衣饰等。器皿和首饰制作十分精巧。器皿的制作综合了钣金、浇铸、焊接、切削、抛光、铆、镀、捶打、刻凿等多种工艺。

1972年，北京昌平唐墓中还出土有银发钗3件，均为双股，其中2件柄端剖面为圆形。长13厘米、宽1.5厘米。另一件柄端平面犹如今日之戒指面，中间平面略高于四周，并有一道凸棱。残长11厘米、

---

[1] 北京市文物工作队：《北京市顺义县大营村西晋墓葬发掘简报》，载《文物》1983年第10期。

[2] 朱志刚：《房山区小十三里村西晋墓》，载《北京考古信息》1991年第1期。

[3] 北京市文物工作队：《北京西郊西晋王浚妻华芳墓清理简报》，载《文物》1965年第12期。

宽2厘米。①

辽代北京地区有金银铺专门制作金银器物，形成专业化。早期的金银马具制作数量和种类都非常丰富，有鞍桥、带饰、缨罩、银铃等。契丹鞍尤为著称，它能够同宋统治地区的名品相媲美，被誉为"天下第一"。此据宋人《袖中锦》所记："监书、内酒、端砚、徽墨、洛阳花、建州茶、蜀锦、定瓷、浙漆、吴纸、晋铜、西马、东绢、契丹鞍、夏国剑……皆为天下第一，他处虽效之，终不及。"②

辽代金银器在北京地区出土的有：顺义县净光舍利塔、房山辽塔等。1963年，北京顺义县辽净光塔塔基中出土了银座水晶塔、凤纹银盒、荷叶纹银盒等银器7件。从经幢石刻可知塔基建于开泰二年（1013年）③。1977年，房山北郑村辽塔重熙二十年（1051年）的地宫中出土了八曲银碗、八曲银盘、银佛幡、银树等金银器④。银树与银佛幡均为辽中期制品，银树通高28.5厘米，共2株。由三种形式的银花组成14支花枝，插在刻莲花纹的砖座上。银佛幡通高17厘米，共4件。佛幡为錾花银片制成，插在刻莲瓣纹的八角形砖座上⑤。

二、明代的花丝镶嵌

元代，为满足上层统治阶级的豪华宫廷装饰需求，统治者将各地工匠集中于大都。工部、将作院、大都留守司等都设有专门机构管理金银器的生产。工部属下的诸色人匠总管府，"掌百工之技艺"⑥，专门从事金银器皿、绘塑佛像、制蜡、铸铜、镔铁、玛瑙玉器、石木油漆等行业生产。诸色人匠总管府所属的银局、玛瑙玉局、镔铁局、油漆局、石局等部门，主要是为宫廷和都城服务的机构。将作院属下的

---

① 北京市文物工作队：《北京市发现的几座唐墓》，载《考古》1980年第6期。
② 太平老人：《袖中锦》，见《四库全书》子部十·杂家类五（杂纂之属），《说郛》卷十二下。
③ 北京市文物工作队：《顺义县净光舍利塔基清理简报》，载《文物》1964年第8期。
④ 齐心、刘精义：《北京市房山县北郑村辽塔清理记》，载《考古》1980年第2期。
⑤ 朱天舒：《辽代金银器》，文物出版社1998年版，第115页。
⑥ 《元史》卷八十五《志第三十五·百官一》。

诸路金玉人匠总管府,"掌造宝贝、金玉、冠帽、系腰束带、金银器皿、并总诸司局事"①。有从事金银器皿、玛瑙金丝、制玉等手工业局院10余所。将作院等内廷系统是专司御前供奉的,因此其产品无论在质量,还是式样与种类上都是工部无法比拟的。元人对此亦有论述:"我国家因前代旧制,既设工部,又设将作院,凡土木营缮之役,悉隶工部;金玉、珍宝、服玩、器币,其治以供御者,专领之将作院,是宠遇为至近,而其职任,视工部尤贵且重也。"②大都留守司属下的器物局,"掌内府宫殿、京城门户、寺观公廨营缮,及御用各位下鞍辔、忽哥轿子、帐房车辆、金宝器物,凡精巧之艺,杂作匠户,无不隶焉"③。所辖银局,"掌造御用金银器盒系腰诸物"④。元代宫廷不惜原料和工本,有条件精工细作制造御用品,使工匠的技术充分发挥出来,使金银细金工艺由此进入了"宫廷艺术"时期。

元代统治者不许民间用金,甚至金线也不准用。至大四年(1311年),元政府要求,"今后除系官局院外,民间制造销金、织金及打造金箔,并行禁止"⑤;也不允许"将银箔熏作假金,裁线织造贩卖"⑥。元政府对金银匠人的管理尤为严格,如元政府在整治钞法"条画"中规定,"金银匠人开铺打造、开张生活之家凭诸人将到金银打造,于上錾记匠人姓名,不许自用金银打造发卖"⑦。

元代,北方金银器以錾花为主,或以各种玉石用金丝连缀起来制成器物。风格承袭了宋、金时的作品,又受蒙古西藏游牧民族和藏传

---

① 《元史》卷八十八《志第三十八·百官四》。
② [元]胡行简:《樗隐集》卷二《将作院题名记》,四库全书本。
③ 《元史》卷九十《志第四十·百官六》。
④ 《元史》卷九十《志第四十·百官六》。
⑤ 《元典章》卷五十八《工部·禁断金箔等物断例》,中国广播电视出版社1998年版,第2136页。
⑥ 郭成伟点校:《大元通制条格》卷二十八《杂令·熏金》,法律出版社2000年版,第306页。
⑦ 《元典章》卷二十《户部六·整治钞法》,中国广播电视出版社1998年版,第770页。

佛教的影响，粗犷朴实，浑厚庄重。品种有佛像、法器、乐器、马鞍饰、刀剑饰、首饰及日用餐具等，作品多以龙凤、花卉、鸟兽等纹样作装饰，后逐渐发展成为北京花丝镶嵌工艺中的"蒙镶"工艺[①]。

北京花丝镶嵌，在明代已有精湛的技艺水平，堆、垒、织、编、掐、填、攒、焊等技法样样俱全，尤以编织、堆垒这两种难度较高的技术见长，而且还常用点翠工艺，即把翠鸟的蓝绿色羽毛贴于金银制品之上，取得金碧辉煌的效果。

明代金银制品的工艺特色为精密、纤巧，喜镂空。用金丝花丝编掐成的代表作，当属北京定陵出土、现由定陵博物馆收藏的明万历皇帝的金翼善冠。冠高24厘米，直径17.5厘米，由"前屋""后山""翅"三部分组成。金冠用518根金花丝（每根丝的直径仅为0.2厘米），编织出均匀、细密的"灯笼空"花，透薄如纱。冠顶盘踞一组立体空心的二龙戏珠装饰，龙身细鳞亦一丝不苟地用花丝掐成，再经码丝、垒丝、焊烧而成，冠的重量只有826克，堪称中国花丝工艺的典范之作[②]。

明代使用点翠工艺极其广泛，无论是陈设品，还是钗、簪等首饰，均喜用点翠。明万历后妃的凤冠，也是点翠和花丝相结合的制品，上饰龙凤和云朵，配以点翠，并镶嵌有红、蓝宝石及珍珠，通冠珠光宝气，可谓历史珍品[③]。

定陵出土的发簪在制作中熟练地使用了镶嵌、花丝、錾花等多种工艺。从而成就了发簪富丽堂皇，寓意优美的特点。如编号为J119的镶珠宝花蝶馏金银簪，簪顶为云头形累丝，累丝上是花、蝶形花丝镶嵌。从整体构图上，花丝镶嵌可分为左右两部分，每一部分又分作上下两层。其中的一部分的底托为葵花及花叶，葵花之上有凸起的三个花蕊。每个花蕊上嵌宝石一颗。上层为蝴蝶。蝶背嵌蓝色宝石

---

① 孟臬卿：《中国工艺精华》，新华出版社2000年版，第252页。
② 唐克美、李苍彦主编：《中国传统工艺全集·金银细金工艺和景泰蓝》，大象出版社2004年版，第30页。
③ 孟臬卿：《中国工艺精华》，新华出版社2000年版，第253页。

一块，蝶须各系珍珠一颗。另一部分的下层为覆莲形托，托上为葵花。上层为菊花，菊花花心嵌红色宝石。此外，在左右两部分的上下层间，又饰以犀角、莲花花枝及云形花朵。此枚发簪用多种花卉作装饰，生动地表现出"花蝶相恋"，层次清晰，主题鲜明[1]。

三、清代的花丝镶嵌

清代在明代宫廷工艺的基础上，成立了内务府造办处。乾隆二十三年（1758年）造办处所辖42作经裁并后剩下13作，其中金玉作是制作御用花丝镶嵌产品的重要来源。

清代花丝镶嵌业分工更细，逐步走专业化生产。全行业分为实作、镶嵌、錾作、攒作、烧蓝、点翠、包金、镀作、拔丝、串珠等专业。其中实镶和攒丝是行业的主要部分，有独立产品和完整的生产过程，其余行业均属加工类型，但是协作关系非常密切[2]。清代花丝镶嵌工艺品造型丰富，品种繁多。造型有佛塔、盆景、挂屏、如意、花瓶、器皿、动物及小型建筑物等[3]。

以现藏故宫博物院清乾隆年间制作的金嵌松石铃形佛塔为例。该塔宽76厘米，底座长76厘米，通高173厘米。整个佛塔为一倒置铃形，底部呈仰俯莲瓣座状。塔腹正中开一佛龛，龛门錾饰莲花并镶嵌绿松石。龛旁塔腹有上下两圈纹饰，分列为兽衔缨络纹及杵形纹。塔的上端有13层宝刹，刹顶有莲花伞盖，伞盖周垂铃铛，顶托球形莲子，左右各伸一錾花幢。莲子顶的上面又有金镶白玉及珊瑚的月亮、太阳和金嵌松石的火焰伞盖飘带。佛塔配有一包银紫檀小座，包银满錾莲花、鱼子联珠等纹饰。座身四周各有一对工艺精密结构清晰的戏球金狮子。座底及四侧棱饰金花、松石、珊瑚等。整个佛塔精雕细刻，很少留白，且每一纹饰相对细小，因此整件作品有精致繁密

---

[1] 张显清主编：《明史研究》第13辑，黄山书社2013年版，第247页。

[2] 北京市政协文史资料委员会编：《北京文史资料精选·崇文卷》，北京出版社2006年版，第138页。

[3] 孟皋卿：《中国工艺精华》，新华出版社2000年版，第253页。

之感。

又如现由故宫博物院收藏的清康熙年间的金编钟。它是16只一套，其中皇帝行大典时奏乐用金钟中的一只，为金钟之首——黄钟，钟高21.2厘米，纽高6厘米，厚1.2～2.1厘米，上径13.6厘米，下径16.2厘米，重24500克。钟身分上、中、下三横带，饰以龙与祥云。钟纽为两条立雕的龙。钟有相对两面，分别竖行镌以"黄钟"和"康熙五十四年制"的字样。该钟从形态到纹饰都体现了厚重之感。其錾刻工艺借鉴了木刻手法，有刀刻的质感。例如水波纹，每条线路都剔得很深，不显轻薄；龙鳞在确定轮廓之余，也必定将每一片找出薄厚；祥云亦是在纹线之间处理出一定的弧面，以示其质感。凡此种种，加强了它的立体感、厚重感，从而也体现了工艺感。

金嵌松石铃形佛塔

另一件由故宫博物院收藏的清乾隆年间制的金嵌珠宝"金瓯永固"杯，是清代皇帝每年第一天的子时举行开笔仪式时专用的酒杯。该杯满饰宝相花，花蕊以大小不等的珍珠、红蓝宝石嵌成。口沿有一圈回纹，杯的两侧各有"金瓯永固"和"乾隆年制"的字样。在回纹间，杯的两耳被做成夔龙状，两条夔龙头顶各有一粒珍珠，三只杯足则做成象头的样子——长鼻伸展，鼻头微卷，与两只长牙汇集共同着地支撑，鼻梁及头顶各镶宝石及珍珠一粒，这件制品不

"金瓯永固"杯

279

仅通体装饰，还镶嵌了不少的珠宝。在金银器上嵌珠宝是清代金银制品的一大特色。

还有一件由故宫博物院收藏的清代银花丝花瓶则是以花丝工艺为主制成的。借鉴了"玉壶春"的式样，细颈，阔腹下垂，小敞口，瓶身的局部处理又有18世纪西方宫廷的闺脂气：瓶体分成12瓣皱褶延至瓶口，圆缓如波，宛如织物一般，每瓣满饰镂空的凤尾纹，纹内银丝细密。整个银瓶显得华贵繁复，虽同是以花丝工艺为主，但与明朝的花丝工艺制品有明显的不同，所用花丝线条柔曼细长，尽显其工艺难度，而在明朝制品中很少见到如此细长的独立线条。[1]

此外，20世纪六七十年代，出土于北京朝阳区高碑店荣禄墓的累丝嵌玉二龙戏珠金项圈为清代贵族男性装饰品。直径18厘米，高2厘米，现藏于首都博物馆。

该作品以黄金为材料制作二龙戏珠和狮首造型的镶口，镶嵌8条弧形柱状的白玉骨，形成近圆形项圈。金和玉两种材料刚柔并济，黄白相间，集张扬富丽与内敛温润为一体。整体结构因可开合的佩戴功能，分三段：后半段、左前段和右前段。后半段项圈的两端为龙首，中间龙体镶嵌6条弧形白玉，白玉之间嵌以包镶宝石的花式金托，整体约占项圈的三分之二；项圈的左前段和右前段形制相同，左右对称，两端为龙首和狮首造型。这两部分向内的狮首相迎，内装搭扣，方便佩戴。这两部分向外的龙首与后半段的龙首相对，中间连接作为活动关节的金球，形成两对双龙戏珠的造型。本案例综合地运用了传统花丝镶嵌工艺，造型语言丰富多样，以不同的工艺手法来表现不同形态特征，设计与工艺浑然一体。如龙首以累丝为主体，龙髯用锻造扁平金丝，起伏婉转，来表现其飘逸之感。龙角表面采用近似磨砂工艺来达成粗犷有力的质地。交错叠加的"掐丝花"，巧妙地形成龙鳞的效果，繁复而细腻。而狮首鬣毛的造型采用倒锥形的螺旋纹来表

---

[1] 唐克美、李苍彦主编：《中国传统工艺全集·金银细金工艺和景泰蓝》，大象出版社2004年版，第32—34页。

现，生动而精巧。除龙首、狮首以外的项圈内外侧面采用了同样的累丝工艺，最上部为卷云纹的组合掐丝纹样，应有腾云驾雾之意，卷云纹之下紧接螺丝素丝的组合，底部排一列"枣花锦"的适合纹样；项圈的背部采用平面錾刻和"枣花锦"花丝纹样组合相间的造型手法，极尽丰富造型语言之能事，令人叹服。

累丝嵌玉双龙戏珠金项圈可称为是清代晚期累（花）丝镶嵌工艺较为典型的代表。从出土来源、题材内容和造型风格来看应出自清代宫廷造办处。其造型工艺不厌繁复，处处显示细腻精美的功力，从制作工艺角度来讲达到了历史的巅峰水平。[①]

通过上述几件作品，可以了解清代金银制品的特点：一是喜爱满饰，少留空白；二是多用錾刻工艺，纹饰喜立体、厚重；三是金银工艺与宝石镶嵌结合；四是花丝工艺不再如明朝那样追求玲珑剔透，而是追求工艺的难度与视觉的繁复华丽；五是无论采用何种工艺与装饰形式，其宗旨都是尽显华贵及寓意吉祥，有过于装饰及图解的倾向。[②]

四、民国时期的花丝镶嵌

清朝覆灭后，宫廷作坊随之解体，皇家征用的工匠大部分返回故里，加入了民间私人开设的作坊，继续施展手艺。其中也有少部分工匠自立门户重操旧业。一部分工匠离开皇家宫廷作坊后，依然逗留在北京，继续从事工匠手艺[③]。

辛亥革命后，宫廷艺术流向民间，工艺品的国内市场也进一步扩大。那时，北京的金店、银楼有100多处，集中在前门外大栅栏、崇文门外花市、东四牌楼、西四牌楼一带。比较有名的是廊房头条的天

---

① 邓静主编：《中国设计全集·卷7·服饰类编·佩饰篇》，商务印书馆2012年版，第192页。

② 唐克美、李苍彦主编：《中国传统工艺全集·金银细金工艺和景泰蓝》，大象出版社2004年版，第34页。

③ 唐克美、李苍彦主编：《中国传统工艺全集·金银细金工艺和景泰蓝》，大象出版社2004年版，第40页。

宝金店、宝恒祥金店、东四牌楼的宝华楼和西四牌楼的西宝华楼等。这些金店、银楼和作坊一般分三类，俗称"东洋庄"、"西洋庄"和"内路活儿"。"东洋庄"的销售对象主要是日本。"西洋庄"的销售对象主要是英、美等，"内路活儿"则是为国内生产。最盛时，从业人员有两三千人，生产以小件银活和金首饰为主，产品销路较好[1]。当时的著名艺人、被誉为"花丝王"的张聚伍，技艺全面，尤以掐制人物闻名。当时的工匠，多出身贫苦，从小学徒，没有绘画基础，一般掐制花草鱼虫已属不易，能表现人物者极少。而张聚伍不但能做，而且人物比例适当，结构准确，形态生动优美。据说他曾掐制过"二十四孝图"，被外国人购去。此外，艺人于海擅长填丝首饰，工艺精细，赵子元擅长錾活，王子厚锼錾立体人物有独到之处，他们在花丝行业里均负有盛名[2]。

民国时期，北京金银作坊和金店、银楼主要的业务除买卖经营金银制品、承接金银首饰和珠宝首饰、玉器加工外，也推出部分自行设计制作的制品，承接少量的摆件、饰品、礼品。由于作坊的规模不大，人数不多，因此作坊间的技术分工较细，一般以工序为准。如专门制胎的打坯子作；专门把金、银条拉成金银丝的拔丝作；镌刻花纹图案的錾作；专事花丝工艺的攒作；为首饰镶宝的实作；点蓝、烧蓝工艺的蓝作；点镶鸟类羽毛的翼作。其他还有镀金作、包金作等。此时只有"蒙镶"发展成为一种独立的工种，"蒙镶"主要生产蒙刀、藏刀、刀鞘，以及实用的餐具、酒具、烟具。当时这些作坊之间是以工种工艺互补、结合而生存发展的。

民国时期，北京的金银厂商虽然数量众多，但大多以一家一户、子承父业、两三个师傅带几个徒弟者居多，技术工种较为分散，资金微薄。因此，工艺繁复的高档、大型的陈设摆件不多见，大部分制品为婚娶、生子、生日庆典的礼品和首饰、银盾以及实用的银碗、

---

[1] 孟皋卿：《中国工艺精华》，新华出版社2000年版，第253页。
[2] 王绎、王明石主编：《北京工艺美术集》，北京出版社1983年版，第36—37页。

银筷、银刀、银勺等。陈设摆件只做些小型的帆船、粉盒、首饰盒、罐、瓶、狮子、麒麟等。首饰被民众普遍喜好，戒指、手镯、项链、饰坠、胸针、发卡等花式品种多样，数量可观。[①]

20世纪30年代末至20世纪40年代，北京花丝镶嵌行业急剧衰落，店铺作坊大多倒闭，艺人四散。只有极少数专门为洋人和富人制作的店户和技术出类拔萃的艺人还能继续经营。

[①] 唐克美、李苍彦主编：《中国传统工艺全集·金银细金工艺和景泰蓝》，大象出版社2004年版，第41页。

第六章

北京特色手工艺

北京的手工艺品，除景泰蓝、雕漆等燕京八绝特种手工业外，还有料器、刻瓷、京式家具等特色手工艺。这些手工艺品，凝聚了工匠优秀的技术经验，继承着民族文化传统而发展的"手工艺术"，表现了匠人对自己的技艺要求之严苛，并为此不厌其烦、不惜代价地做到极致。

第一节　北京料器

料器，在古代被称为"琉璃"或"玻璃"，是在中国传统琉璃工艺基础上发展起来的特种工艺美术品。

料器和琉璃、玻璃一样，采用自然界中大量存在的硅酸盐和其他金属氧化物为原料，经过高温熔化，拔制成各种规格的料棍，再用料棍在灯上烧软，手工加工而成。和琉璃比较，料器没有底胎，是艺人在灯火中，一次加工完成的即兴之作。和玻璃比较，料器熔点比较低，比重大，颜色多而鲜艳。

我国料器制作工艺历史悠久。在远古时代，人们为了生存和美化自己的生活，采掘和打制各种颜色的石头来做生产工具和装饰品。当找不到满意的颜色和形状时，往往就产生了熔化彩石，铸成一定粗形再精雕细刻的想法。中国优美的神话故事"女娲补天"，就是熔炼五彩石的最早传说。在古籍的文字记载中，也有"销烁五石，铸以成器，磨砺生光"的记载。在2000多年前的山东"中山王"古墓陪葬品中，就发现有琉璃碗和料器珠子。

魏晋时代（220—420年），据史籍记载，当时有琉璃碗、卮、砚匣、榻、枕、屏门等日用品，还有一些门窗装饰品。南北朝（420—589年）受战乱之苦。经济遭受严重破坏，人们多有遁世、超度的幻想，宗教盛极一时。人们为表示自己的虔诚，大量修建寺院庵观，以求来世能有宁静美好的生活，因此大量制作佛像璎珞装饰，使得琉璃在百业俱废的时候，继续得以发展。当时的琉璃多用蓝色和浅绿色。

隋唐（581—907年）一统天下，政治、经济、文化得到全面发展，琉璃工艺也得到广泛的发展和应用。除日常生活使用的器皿外，重要的发展是建筑琉璃瓦的出现，增加了翠绿、黄、紫等颜色。美丽别致的"唐三彩"就是唐代琉璃工艺品的代表作，至今仍受到世人的喜爱。

宋代（960—1279年）正月十五元夕观灯之风盛行，出现了五彩琉璃灯，宫禁中有五丈多高的琉璃灯山。在建筑上，出现了琉璃砖和装饰浮雕，使楼台殿阁金碧辉煌，给人以威严神圣之感。同一时期出现一种透明的琉璃，时人称之为"玻璃"，宋徽宗赵佶的宫苑里，就摆放了许多这样的"玻璃"工艺品。

北京，是元、明、清几朝的都城，云集了全国各地特种工艺的手工匠人，也是料器的主要产地。北京料器生产，始于元代，明代至清代逐渐发展起来。

元代（1271—1368年）定都大都，在和平门外琉璃厂一带先后建立许多琉璃作坊，为修建皇宫准备材料，保存至今的北海公园里的"九龙壁"，体态生动，栩栩如生，充分表现了元代无名艺术家的高超技艺，至今仍吸引着国内外的旅游者。

以前各个时期，琉璃和"玻璃"有个简单的区别，即透明者为"玻璃"，不透明者为琉璃。被称为"玻璃"者，又有别于今日的玻璃，实际上就是今天的料器。可以说料器的发生和发展是和琉璃的发展分不开的，它是琉璃工艺的再发展。料器出现以后，就是名贵的工艺品，除供皇宫内赏玩以外，只有少数皇亲国戚、豪门富贾才能享用。据《明史》记载，查抄奸相严嵩府邸时，就有"玻璃"香炉3座、香筒2个、镜子3面。

明代（1368—1644年），北京料器继续发展，出现了既可供人欣赏，又有实用价值的民间玩具。据《帝京景物略》记载，"向夕而张灯，灯则烧球，料丝则夹画、堆墨等"，可见北京正月十五的灯节上，不但有圆球的灯，还有许多经过彩绘的人物、花鸟、山水的料丝灯。每年都吸引着大批的观灯者。另外，北京和平门外的厂甸、西城的白塔寺，每到节日期间卖料器鱼缸。人们用它"盛朱鱼，转侧其影，大小俄忽"，甚是好看。还有可以"嘘吸成声"的儿童玩具"倒掖气"，深受少年儿童的喜爱。

据民间传说，明代有一位广东张姓秀才，赴京应试，三考未中，衣食无着。一天闲逛，他偶拾一只残破的料镯，回到旅店后放在炉火上烧烤，捏制出具有自然形状的彩色石头，看一看可以当首饰石头用，就把它送到首饰楼去碰碰运气。待用这些石头镶嵌成戒指、耳坠、项链后，深受欢迎。从此这位张秀才，再也不进考场了，买点"广料"，专心致志地做起了首饰石头。

　　清代（1644—1911年），料器进一步发展，康熙年间（1662—1722年），皇帝命工部在今琉璃厂设置御厂，派官监制料器和琉璃制品，专供内宫玩赏和使用，时称"宫料""御琉璃"。

　　到了乾隆年间，作为史上出了名"讲究"的皇帝，乾隆皇帝认为"玻璃"或"琉璃"发音不吉利，正式命名带工艺的琉璃为"料器"。自此，"料器"这个名词正式被写入史册。

　　乾隆元年到乾隆三十年（1736—1765年）成为料器制造巅峰时期。制作和存放料器的厂房、库房多达42间。年产数万件典礼品、陈设品、装饰品、佛堂用品。乾隆二十年（1755年）特传旨做料器鼻烟壶500个，器皿3000件，以备赏赐之用。可见当时料器的生产力与地位之高。

　　清宫廷造办处生产的料器质量上乘、色彩丰富，光单色料就有30多种，还有金星、搅料、缠丝等，造型也极富有中国特色。套料可以套2~8种颜色，成为当时料器最高超技艺的体现。

　　这一时期的宫廷中也涌现出了一批擅长造料器的高手，尤以乾隆年间一胡姓总监最负盛名。他烧制料器，均以最上等的白料做胎，吹制成鼻烟壶、花瓶、碗、盘。再于极薄的胎上画珐琅釉彩，高温烧制。出于他手的这些精妙绝伦的作品，不仅做工十分精湛，连绘画的笔触也很是细腻。其中最负盛名的莫过于他所做的鼻烟壶了，后人称之为"古月轩"。为和内画壶区别，也有人称稀世珍品"古月轩"为"外画壶"。

　　套料是北京料器一项重要发明。从赵之谦《勇庐闲话》的记载，可知它始于清康熙年间，以白玻璃地套贴彩色玻璃图案，以套一彩为主，套二彩以上的称"兼套"，还有彩色玻璃地套彩玻璃者，图案均经碾琢方成；至乾隆年间（1736—1796年），套料盛行起来，国外称为乾隆玻璃。乾隆年间北京料鼻烟壶也颇负盛名，有辛家、勒家、袁家3所名店，而以辛家料鼻烟壶最为清洁，光彩夺目。晚清时又发明了在透明料鼻烟壶内壁绘画肖像、人物、山水、禽兽、鱼藻等图案，称作内画壶。名家有周乐元、叶仲三等。

清中期后，随着国势的逐渐衰微，内务府造办处用人也急剧萎缩，不少宫廷匠人进入北京城里谋生，但这反而促进了宫廷、民间技艺的相融合，料器造型也更加丰富了起来，使得北京脱颖而出，成为了全国料器生产的代表。

清道光二十年（1840年），北京有张昆和徒弟贾福来用"广料"和"洋料"（即日本料棍），烧制戒面石、尖石、麻花针出口。

民国时期，京城生产料器的玻璃厂、料器店和大大小小的字号，在城南一带相继出现。料器行艺人的产品有料鸟、料兽、料花等，并能制成仿宝石、翡翠、玛瑙的佛珠、耳环、指环、别针、走兽等出口美、加、法、印等国。

1914年，江朝宗出资兴办光明玻璃料器厂，生产料器供出口，这也是北京第一家民办玻璃厂。1929年，有一批日本西餐叉子，要求每支上都要烧制一只料器小鸡作为装饰。此后料器手工艺人们便开始烧制独立的小动物，最受欢迎的造型是十二属相的小动物。后来便出现了两家专门制作料器动物的料器作坊："蒋家门"（志源号）、"汪家门"（长丰号）。由于两家操作工艺不同，作品神韵气质则各有千秋。在之后的30年间，"志源号""长丰号"竞相发展，先后培养出许多出色的徒弟，后来徒弟们又独自生产并招收艺徒，使料器作品从制作工艺和题材内容上都有很大的发展。

到1941年，太平洋战争爆发前夕，北京料器从业人员已发展到近百人，其中制作料鸟、料兽的有近30人，花色已发展到20多个。但后来由于连年战乱，人心惶惶，出口停止，内需也变小，料器和其他手工艺行业一样纷纷歇业改行。手工艺人们为了生计，拉洋车、当小贩、打短工，全行业一片凄凉景象。战后初期，料器行业虽然有所恢复，但受到战乱重创的影响，很多手工艺人仍然不敢回归老本行，重操旧业的人也收入微薄需要兼搞副业，艺术与技巧均停滞发展。

北京料器的生产工具比较简单。随着各个时期生产技术的发展，料器工具也有很大的变化。很早以前，制作料器是将各色料棍放在木炭上烧烤，用镊子捏塑成型。后来改用香油火灯，用嘴吹气加温烧烤料棍，再边烧边用镊子捏塑成型。由于长年用牙咬着皮管吹气，许多人门牙都掉了，至今有些老人仍称呼料器艺人为"吹料活的"。到了19世纪20年代末的时候，这种方式被改成用气筒子打气，只是这种方式的缺点就是太浪费植物油，加之生产环境条件也较差。1965年，北京一家新的料器厂大楼建成了，生产料器的方式也重新改进，主要采取煤气喷灯的方法，这种方式甚至一直延续到现在。

料器工艺中掌握好火候是关键。火烤温度太高，料器容易变形，温度太低又会炸裂。制作料器的工艺有点像捏糖人的技法，主要靠的是匠人对于物体形态的适度把握，另外其制作配方也很重要，总体上来讲，料器和琉璃、玻璃的原材料没有什么区别，都采用的是硅酸盐或者其他的一些金属氧化物，只不过对于不同的作品，其中所添加的金属氧化物是完全不一样的，有的会放入一些像金、银等成分的贵金属，北京料器厂有一位叫陈德海的匠人，他制作料器的手艺堪称一绝，他曾经制造过"唐三彩"与"青铜器"之类的造型，鲜活逼真的造型加上形象逼真的质感，看过的人无不惊叹不已，这些都是料器制作的精品，前面提到的被称为"古月轩"的料器，由于没有人知晓其当时制作所采用的配方及具体的加工工艺，至今没有人能够制造出同类的料器来，这些早期料器行业的精品已经开始慢慢地被大家所遗忘。

下面再单独说一下料器葡萄。

说起料器葡萄，老北京人都知道有名的"葡萄常"。别看一串串玻璃料葡萄不起眼，却有京城手艺人常氏家族不寻常的一段传奇故事。

葡萄常是北京独有的料器工艺品种，它是以玻璃为原料制成的一种葡萄形艺术品。由于技艺高超、特别，制成的葡萄可以以假乱真，在国内外享有盛誉。

关于葡萄常的来历，还有一段不平常的故事。那是在清代咸丰年间，北京花市大街有一位叫韩其哈日布的蒙古族老人，由于家境贫穷，就以做泥葫芦、泥人谋生。后来，他受泥玩具的启发，用泥仿做葡萄珠，涂上颜色，用细篾儿串成一嘟噜，远远看去，像真的一样，受人喜爱，生意红火起来。后又进一步改进工艺，以玻璃为原料，烧制出玻璃葡萄，拿到集市上去卖，很快被人抢购一空，开始有了名气。光绪二十年（1894年）十月初十，是清代慈禧太后60岁生日。当时的北京，树叶早已枯黄，被阵阵秋风扫落在地。慈禧太后在颐和园大戏台看戏，发现戏台前挂着一串串水灵灵新鲜的葡萄，就要人摘来给她吃。大臣跪奏说那是装饰品假葡萄。慈禧不信，当她亲手触摸后，才确信是假的，命人叫来韩其哈日布，对其精湛的技艺大加赞赏，并赏名"常在"，还赐给了一块亲笔手书的"天义常"匾。这事轰动京城，葡萄常名声大震。常在于是在北京崇文门外东花市开设"天义常"作坊，一些外国商人也赶来订货，产品很快畅销海内外。

常在老人去世后，子承父业。他的儿子伊罕布、扎伦布兄弟继承发展了葡萄常的手艺，制作的玻璃葡萄，远销美、法、英、德等许多国家和地区。1914年，葡萄常兄弟俩精心制作的一套各种色泽的料器葡萄在巴拿马博览会上展出，获得奖状。至今，美国旧金山博物馆还陈列着伊罕布的杰作。我国北京故宫里，还存放着葡萄常制作的"子孙万代"葫芦。

伊罕布兄弟故去后，葡萄常这个家庭作坊就靠常玉龄和她的三个姑姑、一个姐姐来经营，由二姑常桂禄主持。为了保住葡萄常这门绝技不传外，五人发誓终身不嫁人，人称葡萄常五处女。

常家制作的玻璃葡萄风格独特、技艺复杂，要经过熔料、吹珠、沾蜡、灌把儿、攒活、染色、上霜、制叶、拧须和组枝等十几道工序才能制成。其中吹珠、沾蜡、染色、上霜都是常家拿手的绝活，只传家人，不传外姓。由此制作出来的葡萄各具特色，如《玫瑰香》深紫透亮，白霜尚存，颗粒饱满，含汁欲滴；《白马牙》一色碧绿，珠长粒疏，肥硕逼真，惹人喜爱。20世纪80年代初，常家唯一健在的传人常玉龄老人打破门户观念,开始招徒传艺,把绝技传给了许多外姓青年,使"葡萄常"技艺得以流传下来。"葡萄常"的传统品种以单串葡萄为主,现在,经过几代人的努力,又发展出了许多新品种,如壁挂葡萄、盆景葡萄、葡萄架、葫芦架,以及其他多种规格的系列品种,受到国内外人士的广泛欢迎。

第二节　北京刻瓷

刻瓷是一种传统工艺。即用特制的合金刀、钻石刀在瓷器上錾刻和镌刻。由于刀法的变化以及用力的不同，使瓷器的表面形成参差不齐的点和线，用墨色渲染后，便露出一幅优美的画面。一件好的刻瓷作品，讲究章法、布局、构图、点与线的运用、空间的处理以及图章、题词等等。要做到自然、和谐、不落俗套。

刻瓷，据说早在东晋就有了。史学界认为那是原始的刻瓷，到了清代中期，独具一格的刻瓷艺术才算真正形成。关于刻瓷起源的说法，众说纷纭，其中有一个说法。说早在宋朝的时候，皇帝喜欢把一些名人的书画作品，勾画在瓷器上。但是又担心时间久了，瓷器上的彩绘会脱离，为了长期保存这些瓷器上的书画，就命令当时的陶瓷工匠用刀子把书画的线条轮廓刻画出来。这样一来，瓷器上的彩绘就不容易脱落了，由此刻瓷开始流行开来。

也有人说，清朝乾隆皇帝常在自己特别喜欢的瓷器上题诗，用以抒发感情，为使御迹能保留长久，就命宫廷艺人想办法，最后陶瓷工匠们想出了将其刻于瓷器上，从而真正产生了刻瓷。

由于北京刻瓷所处的特殊地理、政治和文化环境，决定了它在技术、艺术发展进程中起着引领作用，同时作品本身也充满着宫廷特点和文人特色。

一、清代宫廷刻瓷

清代中叶，乾隆皇帝广采国内名瓷，对特别喜欢的瓷器或题字为号，或盖印章做记，为使其长期保存，宫中御师用刀子把皇上的题字或印章仿刻在瓷器上，使刻瓷成为了一种独立的瓷器装饰艺术。

乾隆帝对非常喜欢的瓷器，还会即兴在瓷面上提笔赋诗。在他所作的诗词中有很多都是赞美瓷器的。1929年郭宝昌先生命其儿辈逐卷抄录《清高宗御制诗集》中的咏瓷诗，共199首，还有的御制诗是直接镌刻或书写在器物之上的，所以没有收录到诗集中，由此推测乾隆皇帝的咏瓷诗要远远超过200首。以乾隆御制诗装饰瓷器画面，成为了乾隆时期御窑瓷器的主要装饰风格，盛极一时。

如《咏白玉金边瓷胎》诗："白玉金边素瓷胎，雕龙描凤巧安排。玲珑剔透万般好，静中见动青山来。"又如《题瓷如意枕》诗："出自虞朝几万秋，舜帝传下至今留。淘成宝器供皇用，异国西洋景德求。源源商贾颁天下，灿灿霞光遍九州。于今技艺多精巧，赛玉欺珍玳瑁羞。"为了将皇帝的墨迹永世保留，宫内的能工巧匠用硬质工具将诗句錾刻在瓷面上，再用墨填色，墨色浸入瓷胎之内，经久不变。

乾隆年间收藏的一个宋代瓷枕是这一时期瓷面錾刻的物证之一。枕形为银锭式，腰部收细，两端放大，以棕黄色为主的三彩釉古朴却不失绚丽。枕面上刻有乾隆五十三年（1788年）的一首《咏古瓷枕》诗："何年窑冶器，似赵却非柴。火气销全尽，宵眠静与皆。神安忘枕藉，手举称摩揩。欲笑王武子，惟知宜石佳。"诗的尾部落"乾隆戊申夏御题"款，并有"乾隆御赏"和"几暇怡情"的朱白文印。

北京故宫博物院曾收藏有乾隆御制诗歌瓷器20件，御制诗全部镌刻在器物内、外底及外壁上。根据有关专家、学者的研究、考证，这些用来镌刻乾隆御制诗的瓷器，小部分是本朝烧制的官窑瓷器，另一部分则是清宫旧藏。乾隆帝十分赏识历代古瓷珍品，特别是宋代天青釉的汝瓷。

乾隆以后，不但在瓷器上镌刻书法艺术有了进一步发展，而且还可以在瓷面上雕刻出风景、花鸟、虫鱼等作品。还有人将山水等纹饰镌刻于瓷板之上，再用紫檀木镶边，做成挂屏供室内陈设之用。故宫博物院就藏有这时期的一块绿底瓷板，上刻单线山水画，相当精美。这一时期，由于工业技术的限制，使用的工具只是一般的高碳钢凿刀，因此刻出的花纹比较粗糙。根据对乾隆御题刻瓷器资料和图片的研究，这些御题刻瓷器几乎都是采用阴刻的手法，将诗文刻在器物的釉面上，故其文字都是低于釉面的凹形字体。

到19世纪，随着工业革命的完成，先进的生产方式和技术传播到中国，钻石工具开始使用，这使得刻瓷艺术在表现手法和艺术效果上有了很大的发展和提高，出现了"双钩""刮磨"等表现手法，刻制的山水、人物、花鸟等，线条清晰分明，画面生动活泼。刻瓷艺术的兴盛时期是清光绪年间，用刻瓷技艺装饰的瓷器品种也逐渐增多，有花瓶、茶壶、帽筒、罐、缸、盖碗等。

光绪年间，文人墨客对刻瓷艺术产生了不可忽视的作用，他们高层次的精神需求对瓷面刻画起到了推动作用，使作品题材更加广泛，手法也更为多样。他们将山水、花鸟、书法等绘画题材巧妙地雕刻在瓷板或其他器皿上，栩栩如生，并把中国画的气韵和笔墨融于刻瓷技法之中。作品中一锤一刀錾出的金石味，中国画的水墨韵致与原来质地细腻、釉面光润的瓷器表面，形成了极大的对比和韵律，极富有艺术性，从真正意义上促进了刻瓷艺术的发展。

从清代存留下来的刻瓷藏品中不乏精美之器。比较知名的器物如光绪年间的一件刻瓷仕女大花瓶。花瓶高53厘米，画面汲取了中国传统绘画的特点，构图缜密，楼阁、树石等场景分为三层，50多位人物穿插安排在楼台庭院之中，有聚有散，疏密得体，人物神态生动，镌刻的线条刚劲流畅，精致细腻，虽然只是单墨色，却将清代宫廷绘画的华丽和精致表现得淋漓尽致，底款刻有"储秀宫制"，说明这件作品是清代光绪年间宫内的陈设用品。

底款同为"储秀宫制"的，还有一件光绪年间的刻瓷笔筒。其画面以山石、楼台亭阁为主，配以30

光绪年间的刻瓷仕女大花瓶

多位人物，绘画风格与清代宫廷画家画风相符，可见与上一件器物相同，都是清宫造办处的工匠所刻制。这一时期的刻瓷多用线刻法，用线去组合成面，如人物的头发、山石的暗部等，也有用点刻法刻制的，但所占比例较少。

二、清末民国时期的民间刻瓷

北京作为都城，皇帝的喜好首先影响着居住在这里的官宦以及平民百姓。清末开始，北京已经出现了以刻瓷为生的艺人，并逐渐形成了一个行业。在1905年由英美烟公司设计的一幅烟画作品中，可以看到刻瓷师傅正在依照顾客的要求，在新购买的茶具上雕刻书画。

在清末烟画的一幅作品中可以看到刻瓷师傅正在依照顾客的要求，在其购买的茶具上雕刻书画

当时有一首顺口溜，形象地描绘出刻瓷匠的工作状况："叮叮当当刻瓷声，大千世界在其中。有心留得明月在，将伊镶在瓷盘中。"

清代画家孙继所绘的《刻瓷器》和《卖瓷器》两幅画，也真实记载了清末刻瓷摊的情况。

清末官办工艺局的创立，是宫廷艺术走入民间的里程碑式的举措。1900年，八国联军入侵北京后，各行业生计衰落，百姓流离，游民增多，社会纷扰，于是有人提出筹办北京善后工艺局的倡议，希望解决"无业游民生计日细"的问题：倡议说："苟不早为之所，则民不聊生，人心思变，更何堪设想。今欲地方安静，必先为若辈筹其生路，然后继以峻法，使之进有所图，退有所畏，善后之策，如斯而已。"此倡议一经提出，立即得到北京和许多省的响应，只是各地所用名称不一，除工艺局外，又有工艺厂、平民习艺所、传习所、农工学堂等。当时北京规模较大的有农工商部工艺局、北洋工艺局和北京首善工艺厂等。

1. 北京工艺商局

工艺商局位于前门外琉璃厂。光绪二十六年（1900年）八国联军攻进北京，致使北京的失业者骤增。当时翰林院侍读学士黄思永和他的儿子黄中慧，以救助为目的，创建了这所工艺商局，专门收养流民，并教授他们各种工艺，一为赈济贫民，二为开振兴实业之风气。

工艺商局不受官府补助，纯为私立，制造10余种工艺品，曾向安南、东京博览会及美国圣路易斯博览会提交各种陈列工艺品，并获得金牌及银牌，开创了清代北方工艺品在外国博览会上获得奖牌之先河。但工艺商局内没有开设刻瓷。

2. 北京工艺官局

该局为光绪二十八年（1902年）由陈璧任顺天府尹时创设，位于彰仪门（今广安门）外四眼井。后至商部设置，于光绪二十九年（1903年）八月归商部。专制工艺品。在工艺局内设有劝工场，贩卖徒弟制作的作品。在前门外观音寺的宾宴楼内还设立了陈列所，专门销售工艺局的产品。

工艺局按工艺门类分为15科，约有工匠徒弟500人，各科又分官办及官商办，官办科由总局发给工人薪俸及徒弟食费。15科中6科为官助商办。由商人向总局派一人从事制作，总局只发给食费，不发工人薪俸。镌瓷科为官助商办，聘请南方刻瓷名手华约三为教师，教授镌刻各种瓷器，当时有学生20多人。

3. 艺徒学堂

光绪三十二年（1906年）十月开办，地点在西城旧端王府。由农工商部直辖，校舍、宿舍全系新建。学科分为预备科（修业期限一至二年）、本科（修业期限四至五年）及速成科（修业年限二年）。预备科是专为升入本科做准备的，教授普通学、日语等。本科对普通学进行补充，讲授各科工艺，包括实习。速成科略授普通学，主要讲授各科工艺及实习。学校承诺："该校教育完备之日，将为北京工业界开辟新纪元。"

民间刻瓷作品的画面多以民间传说和神话故事为题材，构图多将主题布于器型正面，背面落跋文。艺术风格简洁、明快、疏朗，注重神韵，镌刻的线条流畅潇洒，随意性强。不足之处是所用瓷胎的质地和规整度较差，形体结构准确性较差，不能与官窑产品相比。如清末的这件刻瓷大缸，画面为通景山水，以正面亭楼房舍为主，配以近水远山，80多位人物活动其中，构图紧凑，布局合理，气势磅礴。线条镌刻得虽细腻，但结构细微处刻画不足，明显出自民间艺人之手。

清末刻瓷大缸

清代和民国时期的刻瓷作品，品种已多达十几种。作品以素白瓷胎为载体，镌刻题材有山水、人物、花鸟、书法等。其镌刻工艺流程为：一是在瓷器上用墨书画落稿，一般都是匠人与画家合作；二是依据墨稿镌刻；三是刻后填墨；四是打蜡封色。

民国初时北京刻瓷已经达到了一个艺术高峰，正如著名陶瓷鉴定专家耿宝昌在其所著的《明清瓷器鉴定》一书中所述："刻瓷工艺最早见于乾隆时期，光绪和民国时期较为流行。"1915年，袁世凯曾召景德镇刻瓷名手黎勉亭进京，在一件大型瓷器上镌刻了英王乔治的肖像，作为礼品送往伦敦，据说是"神形逼肖，毫发皆似"，这是刻瓷作品第一次作为国礼赠送给外国首脑。这一时期，刻瓷艺术的工艺技法得到了明显提高，刻法由线发展到面，着色也由简单的墨色发展到彩色。

辛亥革命以后，工艺官局停办，学生大多另谋生路，唯有朱友麟、陈智光仍从事刻瓷一行，以刻瓷为生。北京刻瓷真正走入民间。1935年北平市政府秘书处所编纂《旧都文物略》记载："刻磁（瓷）以朱友麟为著，世居北平，设馆厂肆，日师古斋。用钻石刻仕女眉目衣褶，用錾刀錾山石树木，均极工。皴染处，如写纸上，出自天然。"后来师古斋移至西单商场，但因军阀混战，社会动荡，每况愈下。1931年日本发动侵华战争，华北局势不稳，陈智光举家南下，

299

朱友麟的师古斋也被迫歇业，但他仍在家里以刻瓷为业，直至1949年新中国成立。

从北京刻瓷的发展过程不难看出，其技艺是由宫廷走入民间，其传承是由官办工艺学堂聘请教师教授，成为不同于家庭传承和师徒传承的一种社会型、学校式传承，它的特点是技艺的传承更社会化、专业化、系统化。

北京刻瓷艺术在北京形成较晚，早期的刻瓷艺人大多出自南方。清代张鸣珂著《寒松阁谈艺琐录》中所载："方贞吉，字厚滋。湖南平江人，曾客章门，工治印，善刻碑，又能影写书法和摹绘人物、翎毛、花卉于瓷器上刻之，不失毫发，可称绝技。"并称方贞吉是目前已知最早的刻瓷艺人。

陆建初的《古陶瓷识鉴讲义》中说："在白釉器上用钻石等硬质工具刻出山水、人物、仕女、花卉、博古等纹饰，再填以淡墨，从而形成如同淡墨写生的新颖装饰。如刻羲之爱鹅、金石文字、八哥、凤凰牡丹等纹饰，题写有诗句和作者姓名，可谓诗画并重。刻有'上临镫'文字的器物，署有'辛丑年制词郭臣氏撰''大清光绪年制'青花楷款；也有署'甲辰仲夏剑潭珍玩'款的。"可见，清代刻瓷者大有人在。

刻瓷能够在北京传承，且又在全国同行业里独树一帜，这与清光绪年间商部创办的工艺局关系密切。据《中国近代手工业史料》记载，在工艺局创办过程中："所有先立各科，如系南省专门工艺，京师尚未仿造者，则招集各该省工匠来京制造，以广其传；其京师已有之工艺，尚当推陈出新者，则招致良工，益加考究，以尽其量。""（工艺局）开办以来，募致外洋外省专门工师来京，分科制造器物，教习艺徒所设各工科，多系京中未有之艺事。"镌瓷科所教授的刻瓷技艺便是京师所没有的，所以特别从南方聘请了华约三前来任教。

华约三，名法，清末光绪年间著名的刻瓷艺人，擅长在白瓷器皿上用金刚钻细刻双钩书法以及人物等。他亦懂书画，所以刻得静穆文雅，能体现书画的特有精神。他曾于1902年被聘至北京工艺学堂任刻瓷科教师，传授刻瓷技术，对近代北京、上海、南京、杭州、扬州等地的刻瓷艺术，都产生过极大的影响。其传世品是一只刻有苏东坡"湖上参禅"的笔筒。

关于华约三的生平及作品介绍极少，但从其能受聘到北京工艺局这点来看，他的刻瓷技艺在当时的中国是首屈一指的。他的最大功绩在于，将南方的刻瓷艺术带到了北京，并传授给北京最普通的平民学员朱友麟、陈智光等，使这一技艺在北京传承了百余年。

北京刻瓷业人才济济，以朱友麟最为著名。他是北京人，被称为京都"錾刻三绝"之一（錾刻三绝，即刻铜的张寿丞、刻瓷的朱友麟、刻竹的张志渔），也有人称他为"刻瓷宗师"，更确切地说应该是北京刻瓷宗师。他19岁投考清政府农工学堂入镌刻科，师从华约三习艺。辛亥革命后，工艺局停办，他仍靠刻瓷为生。朱友麟把南方刻瓷擅用的钻石刀和北方的钢錾相结合，改进了比较单调的刀法，运用到刻瓷上；发展了刻瓷技法，把錾刻和镌刻相结合，使线条刚柔并济。当时他刻制的梅兰芳扮演的京剧《黛玉葬花》，线条流利而富有变化，颇受赞赏。1929年，朱友麟在前门观音寺青云阁商场开设师古斋美术社，后移至琉璃厂。朱友麟善于将名家手迹刻在瓷质的瓶、樽、文具等器皿上，章法笔力如画。他的刻瓷作品大部分是自画自刻，有时与著名画师合作，如曾与张大千、溥心畬共创佳作。在此期间，他在刻制工笔画的基础上开拓了刻制写意画的新领域。在他的作品中，有一件根据晋代诗人陶渊明"采菊东篱下"诗意创作的刻瓷艺术作品，不仅刻出笔墨线条的韵味，而且勾画出了诗人在南山下欲走

朱友麟1912年刻瓷作品《仕女图》

回望、悠闲自得的形象。整个作品诗情画意，雕刻技巧纯熟，令人叹为观止。他的作品以高雅、清新之风取胜，被人誉为"东方艺术珍品"，并在1915年的巴拿马万国博览会上获得银质奖牌。

朱友麟的刻瓷艺术在手法上以写意画为主，工笔画次之，山水、人物、花卉无所不能，诗词书法造诣颇深。

刻瓷是以刀代笔的艺术，创作出的作品是錾刻技法与书画艺术的完美结合。每个地域或每个人对书法与绘画的表现方式和喜好不同，所创作的刻瓷作品风格也不尽相同。北京刻瓷曾与宫廷有着千丝万缕的联系，虽因清末北京工艺局的创办而进入民间，但不论是书画本身的艺术风格，还是錾刻在瓷器上的表现手法，都使北京刻瓷既有宫廷艺术的端庄大气，又有北京地域的风情特征。

第三节　京式家具

北京是清朝政治、经济、文化中心，家具制作以清宫皇室的最有代表性。清代初期，继承明式做法，造型和装饰都是传统硬木家具的一贯作风。同时，仍重紫檀和黄花梨，红木材料使用较少，但有取榆木、柏木、楠木、沉香木、椴木等制作家具的。雍正、乾隆时期，清朝统治者开始在工艺美术品上崇尚精雕细刻、光彩炫目的艺术风气，清宫造办处的家具在保持传统造型的同时，装饰风格上也渐渐吸取这种特色。优越的制作条件和充裕的加工时间，使家具格外纤密繁复，显示出沉重瑰丽的意趣和特点，从故宫遗存的家具实物中，可以明显地看到这些家具精丽华美的所谓"皇家气派"。人们往往把这些家具称为"京式"或"京作"。

京式家具是我国古代传统家具的一个重要组成部分，有广义和狭义之分。狭义的京式家具非指一般的民间用品，而是指宫廷家具作坊在清宫内生产制造的家具，是以紫檀、黄花梨和红木等几种硬木家具为主的清代宫廷家具。广义的京式家具泛指北京、天津、河北等地区生产使用的民间日用家具。

由于清宫京式家具是集清宫雄厚的物力财力为基础，汇集了全国优秀的木作技艺，且不吝材料和工时，装饰华美异常，形成了其造型雄浑肃穆、装饰豪华气派的总体艺术风格。京式家具是在苏式、广式家具的基础上发展起来的，并与二者形成清代家具三足鼎立的总体态势。

以下所讲主要是狭义的京式家具。

一、京式家具发展简史

京式家具一般被史学家划为早、中、晚三期。

最早的京式家具，实际上是苏州等地进贡的精品家具。1636年，满族建立清朝政权，经过战火的明代北京城遭受到巨大破坏，宫殿内的家具也严重损毁。1644年，随着清顺治帝迁都北京，以皇宫为中心的明代皇家建筑群也陆续得到修复，至此，我国传统家具也渐步入了另一个高峰时期。

在大举修葺明代焚毁的皇家建筑的同时，清廷还兴建了圆明园等皇家园林，使得清初皇家宫殿急需大量的家具充实于内。在百废待兴的情况下，清代早期的统治者依然选择了以苏州生产为主的明式家具，其主要方式就是从苏州地区采办。

京式家具的中期是从康熙晚期开始的，是京式家具发展的鼎盛时期。

清代前期和中期，社会经济逐渐恢复并向前发展，从雍正到乾隆年间，清代经济持续稳定地增长。由于有利于社会经济发展的各项政策得到全面的贯彻和落实，出现了清代社会经济高度繁荣的局面，并在乾隆时期达到顶峰。史称"康乾盛世"。

在积累了丰厚的物质基础后，清朝统治阶层也开始了物质生活享受。从康熙后期起，为了进一步满足皇宫生活的需要，清宫一方面继续从苏广两地采办家具；另一方面还在"造办处"专设了制作家具的"木作"和"广木作"，从苏广两地招募许多技艺高超的能工巧匠，不惜工本，专门为清宫制作皇家之用的家具。

至雍正后，随着广式家具的兴起，清代家具审美情趣因受统治阶层的偏爱而发生了改变，以造型健硕、装饰繁缛为特点的广式家具逐渐代替了苏式家具的地位，继而成为清代宫廷家具的主流。这一阶段，受广式家具的影响，在家具制作方面，清廷及达官显贵阶层为了彰显至高无上的皇权和社会地位，相继追求"皇家"气派，生活中不断追求豪华气派。不仅加大家具规格，还在材料上随之取精加粗，并在样式庄重肃穆的家具上雕刻装饰，有的还在家具表面镶嵌玉石、翡翠、象牙、螺钿、珐琅等装饰，使宫廷家具呈现出了雄浑、稳重、繁缛、豪华、绚丽的独特装饰风格。

再者，清帝中的康熙、雍正、乾隆有极高的艺术修养，可以说他们的参与和倡导直接推动了清代工艺美术的蓬勃发展。在关乎礼制、皇权威仪的家具制作上，自然也离不开他们的直接过问和参与。根据造办处记录资料显示，有很多谕旨是关于制作家具的。

与此同时，苏广两地的家具进贡也仍在继续，进贡至清宫的家具精品不仅制作精美，而且数量巨大。至乾隆后期，由苏广采办家具的县乡仍不为少数。如乾隆三十六年（1771年），从两江、两广、江宁、两淮等九处向宫内进贡达150件之多。

北京是明清两代京城所在地，也是最高封建统治阶层施展抱负和生活的地方，不论在物质方面还是文化领域可谓汇集了全国之优质资源，各种文化思想和艺术成就都从这里走向辉煌并产生巨大的影响。家具亦然。伴随着至高无上的封建皇权文化的广泛传播，狭义的京式宫廷家具在民间引起了狂热的追捧和效仿。许多位极人巅的皇家贵族、文武重臣也开始在有意无意间生产和使用京式宫廷家具。

嘉庆道光时期，朝廷提倡节俭，停止进贡奇珍异宝。这种情况下，造办处的规模就只能是日渐缩小。清晚期国力渐衰，造办处迅速走向衰退，许多工匠流入民间，开办作坊。其中，王姓工匠于同治初期在前门外开了一家木工作坊。制作桌椅板凳、箱柜匣橱等，取名"龙顺"。龙顺作坊除制作高档硬木家具外，也生产榆木擦漆家具，其大气方正的风格符合皇城根老百姓的需求，这也就是民间的京作家具。其后由于其他作坊的加入，"龙顺"号更名为"龙顺成"。龙顺成既注重产品质量，又注意形象宣传，在家具做成而未上漆之前（行内称白茬家具）于腿部明显部位书小楷"龙顺"（后为"龙顺成"）为记；不明显的部位会标记工匠姓名，如出现质量问题可以查到其制作者，这样形成较为完整的质量管理制度，成为清末以降名声最大的北京木器作坊。据传，清朝末年前门一带某饭店有两伙人斗殴，桌椅板凳横飞。事件平息后，老板和伙计收拾残局时发现家具损坏很多，唯有龙顺成制作的基本完好无损，从此龙顺成名声大震，亦成就了龙顺成家具"百年牢"的美誉。

晚期京式家具是指达官显贵散落的京式家具被民间仿效而制成的，即仿宫廷家具。因为它们出自粗活工匠之手，质量与艺术上远不及早、中期的京式家具,"京"味已差了很多,特别是在家具图案的雕饰上,任意性很大,常常走形,从而失去了真正京式家具的价值。

后期的京派工匠主要来自河北,不仅技艺差,而且他们的艺术感受力也较差,完全是出于谋生的需要,家具的质量可想而知。为了追求商业利益,他们偷工减料,京式家具的价值丧失殆尽。

道光以后,是京式家具发展的没落时期。这一时期,国势衰微,西方资本主义进入中国,全新的商品经济模式打破了我国以传统农耕为主的自给自足的社会生活。西方列强的入侵使晚清社会动荡不安,皇权岌岌可危。在八国联军的枪炮的硝烟中,无以数计的清宫国宝在明抢暗夺中被焚毁、盗取。在清宫内部,由于疏于管理,许多清宫重器也被太监盗卖。加之京城也聚集了南来北往的名商巨贾,商业往来也频繁活跃,以致大量的京式宫廷家具最终流落民间,对广大民间京式家具造型风格的把握和生产加工产生了很大影响。

民国时期,京式家具依然恪守原来的传统,式样上的变化微乎其微。从清末到民国,北京在政治上和经济上没有什么发展的机遇,以致北京的建筑形式和人口构成没有得到改变。而建筑式样和人口构成,是决定家具式样和市场最主要的因素。民国时期,北京虽也修建了洋楼,但数量极少,远不如上海、天津、青岛,北京的主流建筑依然是传统的四合院。北京四合院(包括王府)采用以正房为主、东西偏房的建筑结构,实际上是北方农村院落的城市化。这种体现封建家长制绝对权威的建筑结构,也决定了家具陈设只适宜京式家具,因而八仙桌、太师椅、条案之类京式家具成了客厅中不可或缺的陈设。民国京式家具仍然是一种高档家具,这类家具的使用者依然是清代皇室贵族的后裔。京式家具富有深厚的文化传统内涵,它们使清式家具的美学价值和艺术水平在某些范畴中得到了提高。

在宫廷家具走进民间之后,民众的喜好又使其在造型和装饰上产生新的变化。如材料的变化、因艺术修养不足导致造型的失准以及技术上的差异,再加上一味地追求商业利润而偷工减料的行为等,使狭义的京式家具外延不断扩大,从而导致了广义上京式家具的诞生。

广义上的京式家具已与狭义的京式家具难以相提并论，不仅造型艺术和质量与之相差甚远，就连家具图案的雕饰也有很大的随意性，常常因专业技术水平的差异而走形，从而失去了京式家具原本的艺术价值。

二、京式家具的风格特征

京式家具以名贵的材质、华丽的款式、大气的造型、繁缛的纹饰、复杂的雕刻、吉祥的寓意、深厚的底蕴的风格特征而著称。

在用材方面，京式家具在用料上不像广式家具那么大方，但比苏式家具掺入的杂木分量少多了。京式家具一般由清宫造办处所制。造办处中设有木作，全国各地优秀工匠被招募到皇宫服役。由于当时广州工匠技艺高超，所以在木作中又单设出广木作，全部由广州工匠充任，制作出的家具带有浓厚的广式风格。但它又与纯粹的广式家具的有所不同，主要表现在用料方面，京式家具与广式家具相比，用料要小。在造办处普通的木作中，工匠多是由江南地区招募来的，其作工趋向苏式。不同的是，他们在清宫造办处制作的家具较江南地区用料要大，而且没有掺假的现象，货真价实。京式家具多以红木家具为主。"红木"一开始与某一树种没有多大关系，只是明清以来对在一定时期内出现的呈红色的优质硬木的统称，包括紫檀木类、花梨木类、香枝木类、黑酸枝类、红酸枝木类、乌木类、条纹乌木类和鸡翅木类。其中以紫檀木质最好，它一般呈红色，木质坚硬沉重，木纹细密，带有油性，十分美观。同时，红木是指这八类木料的心材，即树木的中心部分。它们不同程度呈现黄红色或紫红色。人们无意去辨别它们是什么树种时，便以一种约定俗成的习惯去称呼它们为红木。由于京式家具主要是宫廷家具，宫廷造办处财力、物力远比民间雄厚，制作家具不惜工本和用料，装饰力求华丽，镶嵌金、银、玉、象牙、珐琅、镶嵌等珍贵材料，非其他家具制造工厂可比，使京式家具形成了气派豪华以及与各种工艺品相结合的特点。

在造型方面，京式家具整体造型以广式为主、细节线条以苏式为主，并融入了宫廷及西洋家具的雍容与气派。这样既借鉴了广式家具的华丽特色，又保留了苏式家具的线条美，京式家具似乎在追求集大成的效果。例如扶手椅中的直背椅、云钩扶手椅，案桌中的各种小型书桌、五花八门的琴桌以及圆形类的家具等，都既符合广式的用料考究，又有苏式细致的做工，同样也有京式的气派，给人以别开生面的感受和丰富的审美情趣。

在工艺方面，京式家具采用雕漆、堆漆、彩绘、剔犀、镶嵌、描金、罩金、戗金等工艺，使各类家具富丽堂皇、美不胜收。雕漆的配色也很讲究，过去只有黑、红、黄、绿4种颜色，清代时已发展到白、杏黄、茶红、粉红等20多种。雕漆家具都具有防潮、抗热、耐酸碱、不变形、不变质的特点，深受人们喜爱。

到了乾隆时期，用如意来粉饰太平景象的家具达到了巅峰。几乎每一个庆典，皇亲贵戚、文武百官都争先恐后地买如意敬献，或镶或嵌，镂金错玉，争精斗巧，以奇为胜。

在纹饰方面，也表现出了与苏广有所不同的特点。虽然纹饰多取传统纹饰中的夔龙纹、夔凤纹、蟠螭纹、雷纹、禅纹、兽面纹、勾卷纹及博古纹等，但许多纹样都要经过皇帝的审批和修整后才能准许使用。有的纹饰借鉴了皇家收藏的古玉和青铜器，有的则直接将一些玉璧、瓷片镶嵌在家具上，别具一格。

西洋纹饰是清中期以后宫廷家具装饰的常见纹饰之一，是广式家具西洋纹饰的又一种变异。其以团花为中心，辅以流畅、柔媚、多变的线条，造型恣意伸展而多变，在清代家具装饰中独具特色。

由于宫廷家具过分地追求这种奢华和装饰，使家具的装饰和陈设性能大大增强，从而降低了家具的实用性和人本化的舒适性，进而成为一种摆设。这也是京式家具的又一特点。

在种类方面，京式家具讲究和建筑、氛围的和谐，所以经常会发现京式家具和店堂风格、藻井特色、四合院结构融为一体。由于清朝是我国封建王朝的末期，封建统治高度集中，等级制度森严，所以京式家具的种类主要是一些规矩、庄重的种类，如八仙桌、太师椅、条案、直背椅等。八仙桌结构简单，用料经济，一件家具仅三个部件：腿、边、牙板。桌面边长一般要求在0.9米以上，桌面边抹都做得较宽，攒框打槽，以木板做面心板，面心板通常为两拼，桌面心后面装托带，以增大桌面的牢固度及承重度，也有用瓷板、瘿木、云石作桌面的。太师椅是古家具中唯一用官职来命名的椅子，它最早使用于宋代，最初的形式是一种类似于交椅的椅具，到了清代，太师椅成了一种扶手椅的专称。这些看上去有些古板，缺少灵性的家具，正说明了当时的时代特点。

三、京式家具的典型代表

北京故宫现在保存有大量的京式家具，这些精雕细刻、颜色斑斓、华丽典雅的京式家具，为人们了解那个时期的历史面貌和真实情况提供了依据。

流传于民间的清康熙时的一件花鸟博古纹款彩屏风就是一件珍贵的京式家具，这件屏风高275厘米，屏风分12迭，中部通景为大幅花鸟图，旭日当空，五凤凰翔舞栖鸣，各具神态，凤凰之间配梧桐山石及多种盛开的花树，并以仙鹤、鸳鸯、鹊鸽等做点缀，喧炽富丽，灿然夺目。四周刻有多种博古花纹，不下八九十种，典雅精致，为装饰艺术提供了丰富的图样。

还有一件清末的红木中西式餐桌，此餐桌长1.96米，宽0.91米，高0.82米的，包浆浑厚，独幅厚面。中式特点是束腰四周镶嵌有中国传统的图案，有松鼠葡萄、竹报平安、荷花莲藕等。西式特点是它有欧洲宫廷巴洛克式的柱子，四足部为跃动的狮子，台柱中部枨档还雕有双龙和雏凤，做工极为精巧，是晚清时期典型的中西合璧京式艺工精品。

在北京故宫保存的一件康熙年间的剔红云龙纹宝座，也是早期的京式家具作品。此外著名的京式家具藏品还有松鹤图款彩屏风、黑漆嵌螺钿圈椅、黑漆嵌螺钿山水人物平头案、雕添花卉纹漆几、花鸟博古纹款彩屏风、黑漆嵌螺钿山水纹扶手椅、紫檀雕龙纹香几、紫檀嵌珐琅漆面团花方凳等。

第四节　北京绢花、绒鸟与绢人

绢花，古时称"头饰花"，原是皇宫内苑的御用品，所以它的生产也随着历代都城的迁移而迁移。据相关资料记载，我国1700多年前就有用丝织物制花的技艺。据《事物纪原》记载，早在公元3世纪，晋惠帝（259—306年）"令宫人插五色通草花"，即宫女们以染成五彩的通草花插在发髻等处作为装饰。这是头花用于装饰的最早记录。到了唐代，绢花更是妇女的主要装饰品。唐代画家周昉（713—741年）的《簪花仕女图》，就形象地再现了宫中妇女簪花戴彩的情景。相传，唐玄宗李隆基的宠妃杨贵妃左鬓角上有一块伤疤。为了遮丑，她每天晨起的时候都会让下人们采摘鲜花戴在鬓角上。但是到了冬天，鲜花凋谢，宫女们就只能用绫、绸做成假花，作为替代品献给贵妃。后来，这种"头饰花"传到民间，盛行一时，并逐步发展成独具风格的手工艺品——"绢花"。

北京的绢花生产则始于公元13世纪中叶元朝定都北京之后，距今已有600多年的历史。开始时生产规模不大，到明末清初才开始兴旺起来，特别是到清朝中期，绢花业进入了鼎盛繁荣时期。北京绢花以其优美的造型，精细的做工，悦目的色泽为主要特色，由于其看起来协调、柔润，形象逼真，而驰名中外，素有"京花"之称。

康熙三十二年（1693年），清宫内务府造办处设立"花儿作"，专司承造各色绫、绸、纸、绢、通草、米家花等，以供宴会、饰戴之用。

绢花因其初为妇女发髻上的装饰品，在女子剪发之风盛行之前，绢花在市场上非常走俏，在清中后期尤为显著。清初满族女子流行在头上梳两个横长髻，称为"小两把头"。随着清朝统治的巩固，经济发展，后宫妃嫔的发型也产生了显著变化，更加注重其装饰性。到了乾隆盛世，全国各地的名贵首饰源源不断地进贡，宫廷后妃审美需求也高涨起来。但是，要将这些分量可观的金、银、宝石首饰戴在头上,"小两把头"发髻就稍显不足。清代中后期,满族贵族妇女时兴"旗头",也称"旗头板""大拉翅"。据《旧都文物略》记载:"彼时旗汉妇女戴花成为风习,其中尤以梳旗头之妇女,最喜色彩鲜艳、花样新奇的人造花"。这时,妃嫔们通常在头板正中戴彩色大绢花,称为"头正"或"端正花",以大为美,有的直径可达一尺,突显了宫中的富贵与奢华。在慈禧太后在内的后宫妃嫔的引领下,梳旗头、戴绢花成为晚清时期风行一时的标志性发型。

慈禧爱美成癖,一生喜欢艳丽服饰,尤其偏爱各种质地的头花。"老佛爷(慈禧)爱插戴鲜花,最喜欢太平花、白兰花。太平花缀在钗上插戴。白兰花挂在衣襟上。皇后、妃嫔见老佛爷时,只许插戴绢花。"咸丰十一年(1861年),奕詝病逝承德的避暑山庄。慈禧27岁便成了寡妇。按满族的风俗,妻子为丈夫要戴重孝,释服27个月。头上的头花是素白的绫绢头花。慈禧下旨令造办处赶制了一批素白头花。同治元年(1862年)二月,这批素花陆续送到慈禧面前。慈禧每天勉强插戴,极不情愿。释服期满,这批头花全部被打入冷宫。慈禧又戴上了艳丽的头花,直到老年此习不改。

绢花因其四时不败,又寓意美好,所以不仅在皇宫中受到妃嫔们的青睐,在宫墙外的平民百姓中间也颇为流行。

清代中后期,北京的妇女,不论贫富,都以戴一朵绢花为美,并有喜庆吉祥之意,进而流行全国各地。如山东、河南、东北等地的妇女,也以戴绢花为习俗。从而绢花用量大增,促进了绢花业的发展。在北京,绢花艺人云集,这一时期有位著名的民间艺人刘亨元,他制作的"花儿刘"绢花相当的有名气,曾在1915年巴拿马万国博览会上获奖。

崇文门外集中有许多绒绢纸花作坊,每年农历正月起,逢四必有售卖集市。《燕京岁时记》记载:"花市在崇文门外迤东,自正月起,凡初四、十四、二十四日有市,皆日用之物。所谓花市者,乃妇女插戴之纸花,非时花也。花有通草、绫绢、绰枝、摔枝之类,颇能混真。"这就是现在北京花市地名的由来。崇文门外的花市大街形成了绢花生产和销售的集中地。

当时除了崇文门外花市一带是绢花生产销售的集中地外，西城的护国寺，王府井的东安市场等地，也有少量制作和出售绢花的作坊和门市部。

绢花的制作工艺复杂，通常经过选料、上浆、染色、窝瓣、烘干、定型、粘花、扎枝等工序。上浆平整之后，凿出花瓣，遂依鲜花颜色染色；然后把花瓣窝制成各种造型，经烘干后定型；最后把定型的花瓣粘成花朵，同经过加工的花叶、花枝用铁丝和棉纸组合在一起即得。每一步都由手工完成，特别是扎枝这一步序，不仅要注意每个花瓣的状态，还要考虑整体造型。

制作北京绢花所采用的材料主要是高级纯丝，制成的绢花主要分为绢枝花和绢盆花两种，其中绢枝花的花色种类比较繁多，形态万千，几乎找不到重样的。制作成的绢花栩栩如生，有的艳若朝霞，有的妩媚俏丽，有的清雅飘逸，枝枝争奇斗艳，傲立枝头，看着一朵朵争奇斗艳的绢花，恍若真的就像是置身花海之中，仿佛阵阵香气正萦绕在空气之中。

随着用途的扩大、生产的发展，绢花花色品种也随之增加，绢花行业的流派——专做某种用途的花形、款式也随之出现。如有的作坊以专做"宫花"为主，专卖皇宫内苑，供后宫嫔妃宫娥用；有的作坊专做文艺舞台用花，叫"戏剧花"；有的专做东北、山东、河南等地民间妇女的头戴花，叫"头花"；还有的专做出口绢胸花、帽花、鞋花等，叫"洋庄货"。绢花行业的专业化分工的形成，是以用途为基础的，是逐步自然形成的。

绢花产品的特殊结构，决定了它生产的特殊方式。花朵造型、色彩等工序，技艺要求高，需要几年时间才能学会和熟练运用；而制作花蕊、花叶等，则能在很短时间就学会。这样，前一种重点工序由作坊主或所雇用的技工完成，后一种简单的工序则可发给左邻右舍没有正式工作的老人、小孩去做。所以花市大街一带的老住户，都会一些简单的绢花技术。这种内部生产与外部加工相结合的生产方式，至今仍在绢花生产中沿用。

　　学习绢花技艺的人，大都是较贫苦的农村人，特别是以京南武清县人为多。因为在北京绢花行业中，最初几户从事绢花生产的作坊，都是武清县人开办的，明末清初以来的200多年中，他们招收的徒工都是有活时雇用，没活时回农村从事农业生产。学徒3年出师，出师后可以留用，也可以自己另行开设小作坊。所以绢花业技术工人不断更替、扩大，而武清县则是绢花艺人的来源地。比较有名的绢花艺人如：刘亨元、李翠、王永银、龚环等，都来自武清县农村。

　　绢花的销售，也与其他行业不同。它有好几种方式：第一种是集中销售，即每天早上，在花市大街摆摊，专门卖给山东、河南、东北等地的花客；第二种是在各商店门市出售，有的门市是前店后作坊，对贩来的花，采取第二次加工，使之适合各种不同用途；第三种是将花客请到家里，进行洽谈，这种洽谈业务，不订合同，而全凭信誉，先将货交给花客回当地去卖，卖完后再付给货钱；还有一种方式，即送货上门，如做戏剧花的作坊，做出几种花样，挎着盒子到各文艺演出单位，任其选购，做皇宫内苑的头花，就亲自送到皇宫门口，再由太监引进内宫，任嫔妃、宫女挑选。

　　清末帝制崩溃时，许多宫内制花艺人被迫出宫在市上卖艺糊口，其手艺流入民间，使宫廷制花工艺和民间制花工艺融合，开始形成新的流派。到了近代，北京绢花的品种主要有戏剧花、花篮、盆景及胸花等。

　　清朝灭亡以后，"旗装""旗头"不再流行，女子剪发增多对绢花需求锐减，人造花行业的发展也一落千丈，不复当年之繁华。"旗头"大花之类造型夸张的绢花早已失去往日的风采，逐渐退出人们的视野。只有"梨园"之类戏曲、戏剧舞台演艺人员为表演应景之用才会定制，绢花经营十分惨淡，而梳汉头所戴的小花因其简单实用还能行销乡间。直至新中国成立前后，逢节日或是新婚出嫁，女子头上往往要簪花，簪花有绒花、珠花、绢花等品种，簪于头后方的低挽着的发髻和鬓角，有的新婚男女也在胸前佩花，以求祥瑞。1937年七七事变后，国内外局势动荡，绢花生产以及销售受到战乱的影响，逐年递减。北京有三分之二的手工业作坊倒闭歇业，为了生计，原先的手工业者纷纷另谋出路。

接着讲一下北京绒鸟。

北京绒鸟，是以蚕丝绒为原料，以紫铜丝做骨架，经过十几道甚至几十道工序制作成花、鸟、虫、草、走兽、风景等工艺品，比较突出的特点是外表毛茸茸的。北京绒鸟制作始于清初，至今已有300余年的历史，在发展过程中逐渐形成了自己独特的艺术风格。现被文化部确定为国家级非物质文化遗产保留项目。

北京绒鸟实际上是一个概念。它主要是以绒花为主。绒花最早主要是在宫廷中使用，现在北京故宫仍藏有皇帝大婚时皇后嫔妃所佩戴的各式绒花，这些绒花多取材于"吉庆有余""龙凤呈祥"等吉祥语案。到了清末民国时期，绒花传入民间，因为绒花和"荣华"谐音，有荣华富贵的意思，所以佩戴绒花的人特别多。清末，崇文门外花市大街销售绒花的就有"瑞和永""东胜永""鸿心德"等近10家铺子。

绒花有各种寓意、各种用途，不同的用途，不同的戴法。比如"聚宝盆""福寿延年"的绒花，多为老年人佩戴。"五毒葫芦"的绒花，是在五月端午的时候给小男孩佩戴的饰物，有驱邪辟邪的意思，在端午节，妇女也要戴一种绒花，而且到中午的时候就扔在马路边，称为"扔斋"，也是驱邪的意思。过去戴绒花只是在节日，后来，只要是沾喜气的事情，都可以戴绒花。

北京绒花的制作历史悠久，历代都有不少能工巧匠。他们精湛的工艺，不仅受到我国人民的喜爱，而且在国际上获奖，为国家赢得了荣誉。北京绒花制品以张宝善和夏文富老艺人制作的最为出色。在配色、样式上都有独到之处。约1916年，张宝善老艺人继承与发展纸板绒鸟技艺，进行创造并形成了"绒鸟张"称号，代表了绒鸟工艺鼎盛时期。

1959年，工艺美术家张宝善创制了《九龙壁》《百鸟图》等。其中《百鸟图》寓意特指"百家争鸣"的文艺方针，图约有六尺见方，以凤凰为主，在周围山石，树木上陪衬以100多只不同种类和神态的鸟禽，生机盎然，极富情趣。

另一工艺美术家夏文富创制了缠绕铁丝作为绒鸟腿的技法，改变了以往的粘法，鸟在纸板上能站起来，不呆板。他的作品有独特的个性，如"锦鸡""绶带鸟"的头部色彩较深，脖颈以下明亮，颈部则大胆采用水绿、粉红等色皴染，身躯颜色又稍深。这种层层皴染的技法，使作品柔润娟秀，更具异彩。他的不少作品在国外展出，并作为赠送国宾的礼物。

下面再讲一下北京绢人。

"北京绢人"，也被简称为"绢人"，是北京特有的一种民间艺术品，是以丝绢为主制作的人形。北京绢人制作精美，神态各异，色彩绚丽，风格高雅，具有很高的欣赏和收藏价值。它是以铅丝为骨骼，棉花纸絮为血肉、绢纱为肌肤、真丝为秀发、彩绘丝绸为服装，塑制而成的玩偶。多取材于中国民间故事和传说、传统戏剧中的各类人物、古装仕女及舞美造型等内容，经过能工巧匠们雕塑、制模、彩绘、缝纫等十几道工序，最终制作成栩栩如生、呼之欲出的立体玩偶造型。

绢人发展至今已经有1000多年可考的历史。起源于北宋时期，据《东京梦华录》记述，北宋时民间艺人能剪绫为人，裁锦为衣，彩结人形。到了明代，民间还有制作绢人的艺人。清代时，绢人多被作为一种祝寿的礼品，以绢绫绸纱剪扎成老寿星和麻姑，同寿桃寿面一起。非常可惜的是，这种民间工艺在清中期失传。

北京绢人的制作，运用了雕塑、绘画、缝纫、染织、花丝、裱糊等多种技能。"绢人"的头、脸和双手的材料均选用蚕丝制，身体的其他部分，比如服饰、饰物、佩件、道具等也大都选用上等的丝绸、绢纱做成。

制作绢人的时候，制作者要从人物的整体来考虑。既要考虑人物的身份、时代、式样，还要考虑选择材料质地、配色、图绣，然后才开始制作。在制作时，用金属丝做成人形体骨架和四肢，造型比例要十分准确。然后，用棉花和纸毛充填，使体形舒展、匀称。既要身材苗条，又要肩背圆润，胸臀丰满。有时，为了艺术美，身材也要适当夸张些，体现体形美。这样一个绢人的基础部分就算做好了。外面给它穿上衣服，戴上帽子，配上鞋，这样绢人就做成了。

说起来比较容易，其实在制作过程中，是非常难的。比如，绢人手里拿的扇子、武器，弹奏的乐器，使用的案几，身边的盆栽、山石等一些小道具，都得要由制作者亲手来制作。这其中又以头部和手的制作最显功力。其中尤为重要的是绢人头部的制作，要配合绢人的前身，使之与身体的其他部位非常搭配。一个绢人作品最具魅力之处便在于人物瞬间神态的展现，无数个灵动的细节成就了传神的瞬间。而头部尤其重要的就是眼睛，不同的人物要画出不同的眼睛，在绢人制作过程中，作者要抓住人的动态中最典型、最美妙和最能表现人物感情、性格的一瞬间。所以说，如果作者没有雕塑、绘画、染织、裁缝、刺绣、金工、木工、油工多种工艺的知识储备，想要把绢人制作得生动、传神也并非易事。

正因为绢人艺术家们在创作实践中体会了塑形是为了传神，传神要靠塑形的辩证关系，才创造除了造型优美、生动传神、绚烂富丽、清馨高雅，京味浓郁、赏心悦目的绢人，深受人们的喜爱。

绢人作为中国一件古老的艺术品，经历了从无到有，从有到无的过程，倾注了无数的民间艺人的才思妙想。小小的绢人如同一个小小的世界，浓缩了中国文化的韵味和深邃，成为了中国民间艺术中的瑰宝。

第五节　北京花炮

北京的花炮制作，在清代已发展成为一种颇为兴盛的特色手工艺行业。关于北京花炮的制造和品种，在潘荣陛著的《帝京岁时纪胜·烟火》中有颇为详细的记述："烟火花炮之制，京师极尽工巧。有锦盒一具内装成数出故事者，人物像生，翎毛花草，曲尽妆颜之妙。其爆竹有双响震天雷、升高三级浪等名色。其不响不起盘旋地上者曰地老鼠，水中者曰水老鼠。又有霸王鞭、竹节花、泥筒花、金盆捞月、叠落金钱，种类纷繁，难以悉举。至于小儿玩戏者，曰小黄烟。其街头车推担负者，当面放、大梨花、千丈菊；又曰：滴滴金，梨花香，买到家中哄姑娘。统之曰烟火。勋戚富有之家，于元夕集百巧为一架，次第传热，通宵为乐。"①

到了清光绪年间（1875—1909年），北京花炮制作极盛。据《燕京岁时记·灯节》载："每至灯节，内廷筵宴，放烟火，市肆张灯……花炮棚子制造各色烟火，竞巧争奇，有盒子花盆、烟火杆子、线穿牡丹、水浇莲、金盘落月、葡萄架、旂火、二踢脚、飞天十响、五鬼闹判儿、八角子、炮打襄阳城、匣炮、天地灯等名目。富室豪门，争相购买，银花火树，光彩照人。"②又《北平岁时志（上）》记载："烟火之盛，莫如京城，而最盛莫如慈禧太后垂帘时代……今造办处花炮局，向江西招工来京督造，自此遂有南式花盒。又在交民巷德商祁罗福订购外洋花炮，每年灯节，在中海水上燃放。"③

由上可以看出，北京花炮不仅花色品种多样，而且有"本地做"和"外来货"两种。外来货中又有"洋庄货"。北京花炮大体可分为3种：

---

① ［清］潘荣陛：《帝京岁时纪胜》，北京古籍出版社1981年版，第10—11页。
② ［清］富察敦崇：《燕京岁时记》，北京古籍出版社1981年版，第48页。
③ 张江裁：《北平岁时志（上）》卷一，国立北平研究院史学研究会1936年排印本，第22页。

第一种是带响的叫"爆竹"。最初只有单响的"麻雷子",声音宏大,但一响便绝,毫无蕴蓄。其次继而兴起的为"二梯子",俗称"二踢脚",又名"双响"。第一响将药筒打入高空后,然后爆发第二响,漫天轰雷,最有趣味。由麻雷子衍化成的是"鞭",鞭是连结许多单响爆竹,燃着以后连串作响,声如机关枪。鞭不止于过年燃放,平日也大有用处。凡遇红白喜事、商店开张、新房驱煞,都要放鞭。

鞭以每个大小分有"寸鞭"和"小鞭"。以每挂多少分有"五百头鞭""一千头鞭""五千头鞭""一万头鞭"。以构造分有"洋鞭""机器鞭""鞭里加炮"。鞭里加炮是每10个或20个鞭之间,加一个大响爆竹。鞭炮的分别,自然是声音大小之别。由二梯子衍成的有"炮打灯""炮打双灯""飞天十响"等。

还有"起花",北京俗呼"齐货"。爆竹上缚苇秆,放时尾向天,因药力打出极远,大起花能远射数十丈,如天空流星斜渡,并且极快,所以北京人喻人行路太快为"坐起花来的"。起花虽无声响,也是二梯子衍成的,以上都算是带响的爆竹之类。

第二种是不带响的称"花"。花的基本形式是本色白纸爆竹形,变态又作粗圆桶形。如上糊平纸而无信捻的"太平花",以后的"盆花",形似瓜果的花,都由此演变。将炮打灯和花混合组成大型花炮烟火,有"炮打襄阳城",形如冥物中的金银山。还有"八角""花盆""葡萄架"等,放时花、炮、灯一齐飞起,尤为美观。由花衍成的"滴滴金""耗子屎"以及"黄烟""黄烟带炮",都是小孩的玩物。

第三种是花盒。花盒以层数多、制作巧为精。"吉庆堂史家"曾承应内廷花炮,慈禧太后恩赐"官花炮作",并准由硝磺库拨用硝磺。吉庆堂史家以做"烟火城"曾惊动慈禧太后亲观制作,并赏史公惠林六品顶戴内廷供奉。史公又曾制作一座"八角美人亭",火线燃着,亭角珠灯齐明,亭中美人动作如真人。慈禧太后因制作精巧,命内监剪下美人。起初史公以为将获罪谴,后奉到供奉的懿旨,方知上邀宸赏了。史公还特制三丈五丈九层大花盒,有的每层装制一个吉祥故事，有的每层装制一出戏。有一次史公惠林用半年时间，研究出一个特别方法来，把一个九层花盒共制成一出戏，每一层一个场面，盒子连续落下，场面连续演出，太后十分喜欢，赏赐很多。吉庆堂的花炮烟火，以花炮原理加以机关方法，所以特具奇妙。[1]

---

[1] 金受申：《京华岁时纪胜》，见北京市政协文史资料委员会选编：《风俗趣闻》，北京出版社2000年版，第401—403页。

参考资料

一、正史、编年史、实录、档案

二十四史，中华书局点校本

［宋］司马光：《资治通鉴》，中华书局1956年版

［宋］李心传：《建炎以来系年要录》，中华书局1956年版

《明实录》，"中央研究院"历史语言研究所校勘本

《清实录》，中华书局1985—1987年版

［清］蒋良骐：《东华录》，中华书局1980年版

［清］朱寿朋：《光绪朝东华录（1—5册）》，中华书局1958年版

《清代钞档》，中国社会科学院经济研究所藏

二、政书、类书

［宋］王溥：《五代会要》，上海古籍出版社1978年版

［宋］徐梦莘：《三朝北盟会编》，上海古籍出版社1987年版

［宋］王钦若等：《册府元龟》，中华书局1960年版

［宋］李昉：《太平广记》，中华书局1961年版

［宋］王溥：《唐会要》，中文出版社1978年版

［宋］宋敏求：《唐大诏令集》，学林出版社1992年版

金代官修：《大金集礼》，四库全书本。

［元］苏天爵：《元文类》，商务印书馆1936年版

元代官修，郭成伟点校：《大元通制条格》，法律出版社2000年版

元代官修：《大元圣政国朝典章》，中国广播电视出版社1998年版

［明］陈子龙等：《明经世文编》，中华书局1962年版

［明］何士晋：《工部厂库须知》，《续修四库全书》本

［明］郑继芳等：《大明律集解附例》，台湾学生书局1986年版

［明］李东阳等：《大明会典》，江苏广陵古籍刻印社1989年版

［明］徐学聚：《国朝典汇》，台湾学生书局1965年版

［明］解缙、姚广孝等：《永乐大典》，中华书局1986年版

［清］龙文彬：《明会要》，中华书局1956年版

［清］徐松：《宋会要辑稿》，中华书局1957年版

［清］贺长龄：《清经世文编》，文海出版社1966年版

［清］昆冈：《钦定大清会典·钦定大清会典图·钦定大清会典事例》，台湾新文丰出版股份有限公司1976年版

商务印书馆编译所编：《大清光绪新法令》第16册，上海商务印书馆1909年版

《钦定古今图书集成》，中华书局1934年影印本

三、方志

［宋］叶隆礼：《契丹国志》，上海古籍出版社1985年版

［宋］宇文懋昭：《大金国志校证》，中华书局1986年版

［元］熊梦祥著，北京图书馆辑：《析津志辑佚》，北京古籍出版社1983年版

［元］孛兰肹等撰、赵万里校辑：《元一统志》，中华书局1966年版

《大明一统志》，台联国风出版社1977年版

［明］张爵、［清］朱一新：《京师五城坊巷衚衕集·京师坊巷志稿》，北京古籍出版社1982年版

［明］李昭祥：《龙江船厂志》，江苏古籍出版社1999年版

［清］周家楣等：《光绪顺天府志》，北京古籍出版社1987年版

［清］缪荃孙：《顺天府志》（据《永乐大典》辑），北京大学出版社1983年版

［清］黄彭年等：《光绪畿辅通志》，河北人民出版社1989年版；四库全书本

［清］于敏中等：《日下旧闻考》，北京古籍出版社1985年版

［清］缪荃孙等：《光绪昌平州志》，成文出版社1968年版

吴廷燮等：《北京市志稿》，北京燕山出版社1998年版

宗庆煦等：《密云县志》，成文出版社1968年版

马文焕等：《香河县志》，成文出版社1968年版

廖飞鹏、高书官纂修：《房山县志》，1928年版

林传甲：《大中华京师地理志》，中华印书局1919年版

孙殿起：《琉璃厂小志》，北京古籍出版社1982年版

金梁编纂、牛力耕校订：《雍和宫志略》，中国藏学出版社1994年版

［日］多田贞一：《北京地名志》，书目文献出版社1986年版

林红：《北京风物志》，北京旅游教育出版社1985年版

北京市气象局气候资料室：《北京气候志》，北京出版社1987年版

吕永和、张宗平译：《清末北京志资料》，北京燕山出版社1994年版

《北京工业志》编委会：《北京工业志·印刷志》，中国科学技术出版社2001年版

《煤炭志》编委会：《北京工业志·煤炭志》，中国科学技术出版社2000年版

北京市地方志编纂委员会：《北京志·综合经济管理卷·物资志》，北京出版社2004年版

董晓萍主编：《数字行业民俗志》，北京师范大学出版社2009年版

四、杂史野乘

［北魏］郦道元著，杨守敬、熊会贞疏，段熙仲点校、陈桥驿复校：《水经注疏》，江苏古籍出版社1989年版

瞿宣颖：《同光间燕都掌故辑略》，上海世界书局1936年铅印本

李家瑞：《北平风俗类征》，商务印书馆1937年版

小横香室主人：《清朝野史大观·卷一·清宫遗闻》，上海书店1981年版

五、诸子、文集、笔记

［金］元好问：《中州集》，中华书局1959年版

［金］刘祁：《归潜志》，中华书局1983年版

［金］元好问：《元遗山诗集笺注》，人民文学出版社1958年版

［金］赵秉文：《闲闲老人滏水文集·附补遗》，中华书局1985年版

［宋］黄休复：《元代画塑记》，人民美术出版社1964年版

［宋］洪遵：《泉志》，中华书局1985年版

［元］王恽：《秋涧集》，四库全书本

［元］胡行简：《樗隐集》，四库全书本

［元］许有壬：《至正集》，四库全书本

［元］杨瑀：《山居新话》，中华书局1991年版

《大元毡罽工物记》，见［日］菊地清：《大连市榊町四八番地》，大连市伏见町一四番地1942年版

［元］胡祗遹：《紫山大全集》，四库全书本

［元］魏初：《青崖集》，四库全书本

［元］程文海：《雪楼集》，四库全书本

［元］吴师道：《礼部集》，四库全书本

［元］陶宗仪：《南村辍耕录》，文化艺术出版社1998年版

［元］张宪：《玉笥集》，四库全书本

［元］欧阳玄：《圭斋文集》，四库全书本

［元］姚燧：《牧庵集》，中华书局1985年版

［元］虞集：《道园学古录》，四库全书本

［元］纳延：《金台集》，四库全书本

［元］郝经：《陵川集》，四库全书本

［元］陆文圭：《墙东类稿》，四库全书本

［元］苏天爵：《滋溪文稿》，四库全书本

［元］张昱：《可闲老人集》，四库全书本

［元］耶律铸：《双溪醉隐集》，四库全书本

［元］张之翰：《西岩集》，四库全书本

冯承钧译：《马可·波罗行纪》，中华书局1954年版

［明］刘若愚：《酌中志》，北京古籍出版社1994年版

［明］刘若愚：《明宫史》，北京古籍出版社1982年版

［明］史玄：《旧京遗事》，北京古籍出版社1986年版

［明］沈榜：《宛署杂记》，北京古籍出版社1982年版

［明］王世贞：《凤洲杂编》，中华书局1985年版

［明］沈德符：《万历野获编》，中华书局1959年版

［明］刘侗、于奕正：《帝京景物略》，北京古籍出版社1983年版

［明］蒋一葵：《长安客话》，北京古籍出版社1982年版

［明］朱国祯：《涌幢小品》，中华书局1959年版

［明］顾清：《傍秋亭杂记》，上海商务印书馆1918年版

［明］刘基：《多能鄙事》，上海古籍出版社1996年版

［明］张瀚：《松窗梦语》，中华书局1985年版

［明］张萱：《西园闻见录》，哈佛燕京学社1940年印行本

［明］顾起元：《客座赘语》，中华书局1987年版

［明］贺仲轼：《两宫鼎建记》，中华书局1985年版

［明］佚名：《北平考》，北京古籍出版社1983年版

［明］萧洵：《故宫遗录》，北京古籍出版社1983年版

［明］叶盛：《水东日记》，中华书局1980年版

［明］陆容：《菽园杂记》，中华书局1985年版

［明］宋应星：《天工开物》，明崇祯刻本，商务印书馆1933年版

［明］邱濬：《大学衍义补》，京华出版社1999年版

［明］茅元仪：《武备志》，华世出版社1984年版

［明］高濂：《遵生八笺》，巴蜀书社1992年版

［明］曹昭著、王佐增补：《新增格古要论》，中华书局1985年版

［明］杨士奇等：《历代名臣奏议》，四库全书本

［清］夏仁虎：《旧京琐记》，北京古籍出版社1986年版

［清］孙承泽：《天府广记》，北京古籍出版社1982年版

［清］王庆云：《石渠余纪》，文海出版社1973年版

［清］阮葵生：《茶余客话》，中华书局1959年版

［清］孙承泽：《春明梦余录》，北京古籍出版社1992年版

［清］戴璐：《藤阴杂记》，上海古籍出版社1985年版

［清］唐与昆：《制钱通考》，中央民族大学出版社1994年版

［清］于敏中等：《日下旧闻考》，北京古籍出版社1985年版

［清］陈璧：《望岩堂奏稿》，台湾文海出版社《近代中国史料丛刊第十辑》本

［清］富察敦崇：《燕京岁时记》，北京古籍出版社1981年版

［清］崇彝：《道咸以来朝野杂记》，北京古籍出版社1982年版

［清］陈夔龙：《梦蕉亭杂记》，北京古籍出版社1985年版。

［清］杨米人等：《清代北京竹枝词（十三种）》，北京古籍出版社1982年版

六、资料汇编、工具书

曹子西、于德源编：《秦汉魏晋十六国北朝时期蓟城资料》，紫禁城出版社1986年版

陈述辑校：《全辽文》，中华书局1982年版

蔡美彪编著：《元代白话碑集录》，科学出版社1955年版

李修生主编：《全元文》第22册，江苏古籍出版社2001年版

池泽汇等：《北平市工商业概况》，北平市社会局发行1932年版

孙健主编：《北京经济史资料·古代部分》，北京燕山出版社1990年版

孙健主编：《北京经济史资料·近代北京商业部分》，1990年版

彭泽益：《中国近代手工业史资料（1840—1949）第一卷》，中华书局1962年版

彭泽益：《中国近代手工业史资料（1840—1949）第二卷》，生活·读书·新知三联书店1957年版

彭泽益：《中国近代手工业史资料（1840—1949）第三卷》，中华书局1962年版

彭泽益：《中国近代手工业史资料（1840—1949）第四卷》，生活·读书·新知三联书店1957年版

汪敬虞、孙毓棠：《中国近代工业史资料（1840—1914年）》，科学出版社1957年版

中国人民大学工业经济系：《北京工业史料》，北京出版社1960年版

陈真：《中国近代工业史资料》，科学出版社1962年版

中国人民银行金融资料组：《中国近代货币史资料》，中国金融出版社1964年版

北京市总工会工人运动史研究组：《北京工运史料（第一辑）》，工人出版社1981年版

北京市总工会工人运动史研究组：《北京工运史料（第二期）》，工人出版社1982年版

北京市总工会工人运动史研究组：《北京工运史料（第三期）》，工人出版社1982年版

北京市政协文史资料委员会：《北京文史资料精选》，北京出版社2006年版

彭泽益主编：《中国工商行会史料集》（下册），中华书局1995年版

李华编：《明清以来北京工商会馆碑刻选编》，文物出版社1980

年版

魏开肇等：《〈清实录〉北京史资料辑要》，紫禁城出版社1990年版

李文海主编：《民国时期社会调查丛编·二编·近代工业卷　中》，福建教育出版社2010年版

中共北京市委党史研究室：《北京早期工业史料选编》，北京出版社1994年版

北京市档案馆：《北京会馆档案史料》，北京出版社1997年版

北京市东城区园林局汇纂：《北京庙会史料通考》，北京燕山出版社2002年版

北京图书馆金石组、中国佛教图书文物馆石经组：《房山石经题记汇编》，书目文献出版社1987年版

北京市民族古籍整理出版规划小组：《北京民族文史资料》，天津古籍出版社1987年版

七、近人、今人著述

曹子西：《北京通史》（十卷本），中国书店1994年版

北京大学历史系《北京史》编写组：《北京史》（增订版），北京出版社1999年版

李淑兰：《北京史稿》，学苑出版社1994年版

方彪：《北京简史》，北京燕山出版社1995年版

齐心：《图说北京史（上、下）》，北京燕山出版社1999年版

郗志群：《历史北京》，旅游教育出版社2004年版

尹钧科主编：《北京建置沿革史》，人民出版社2008年版

尹钧科等：《古代北京城市管理》，同心出版社2002年版

王岗：《北京城市发展史》（元代卷），北京燕山出版社2008年版

侯仁之：《北京城市历史地理》，北京燕山出版社2000年版

侯仁之等：《北京城的起源与变迁》，中国书店2001年版

韩光辉：《北京历史人口地理》，北京大学出版社1996年版

霍亚贞：《北京自然地理》，北京师范学院出版社1989年版

史明正：《走向近代化的北京城：城市建设与社会变革》，北京大学出版社1995年版

朱祖希等：《北京城演进的轨迹》，光明日报出版社2004年版

罗保平：《明清北京城》，北京出版社2000年版

吴建雍：《北京城市生活史》，开明出版社1997年版

袁熹：《近代北京的市民生活》，北京出版社2000年版

习五一：《北京的庙会民俗》，北京出版社2000年版

北京历史考古丛书编辑组：《北京文物与考古·一九八三（总一辑）》，1983年版

北京市文物研究所编：《北京文物与考古（第二辑）》，北京燕山出版社1991年版

北京市文物研究所编：《北京文物与考古（第三辑）》，1992年版

北京市文物研究所编：《北京文物与考古（第四辑）》，1994年版

文物编辑委员会：《文物考古工作三十年（1949—1979）》，文物出版社1979年版

《北京考古四十年》，北京燕山出版社1990年版

苏天钧主编：《北京考古集成·5·宋辽》，北京出版社2000年版

汤用彬等：《旧都文物略》，书目文献出版社1986年版

《北京文物精粹大系》编委会、北京市文物事业管理局编：《北京文物精粹大系·石雕卷》，北京出版社1999年版

北京燕山出版社：《京华古迹寻踪》，北京燕山出版社1996年版

孙健主编：《北京古代经济史》，北京燕山出版社1996年版

杨洪运、赵筠秋：《北京经济史话》，北京出版社1984年版

傅筑夫：《中国封建社会经济史》第四卷，人民出版社1986年版

朱伯康、施正康：《中国经济通史》，人民出版社1995年版

宁可主编：《中国经济通史·隋唐五代经济卷》，经济日报出版社2000年版

张九洲：《中国经济史概论》，河南大学出版社2007年版

陈汉生主编：《中国古代经济法制史纲》，电子工业出版社1990年版

李幹：《元代社会经济史稿》，湖北人民出版社1985年版

刘玉峰：《唐代工商业形态论稿》，齐鲁书社2002年版

童书业：《中国手工业商业发展史》，齐鲁书社1981年版

刘国良：《中国工业史（古代卷）》，江苏科学技术出版社1990年版

高叔康：《中国手工业概论》，商务印书馆1946年版

季如迅：《中国手工业简史》，当代中国出版社1998年版

王翔：《中国近代手工业的经济学考察》，中国经济出版社2002年版

胡小鹏：《中国手工业经济通史·宋元卷》，福建人民出版社2004年版

李绍强、徐建青：《中国手工业经济通史·明清卷》，福建人民出版社2004年版

祝寿慈：《中国近代工业史》，重庆出版社1989年版

陈诗启：《从明代官手工业到中国近代海关史研究》，厦门大学出版社2004年版

彭南生：《中间经济 传统与现代之间的中国近代手工业（1840—1936）》，高等教育出版社2002年版

魏文享：《中间组织·近代工商同业公会研究（1918—1949）》，华中师范大学出版社2007年版

曲彦斌：《行会史》，上海文艺出版社1999年版

杨端六：《清代货币金融史稿》，生活·读书·新知三联书店1962年版

北京市政协文史资料研究委员会：《驰名京华的老字号》，文史资料出版社1986年版

侯式亨：《北京老字号》，中国环境科学出版社1991年版

郑理：《荣宝斋三百年间》，北京燕山出版社1992年版

《北京瑞蚨祥》，生活·读书·新知三联书店1959年版

王永斌：《北京的商业街和老字号》，北京燕山出版社1999年版

王永斌：《北京的关厢乡镇和老字号》，东方出版社2003年版

齐大芝等：《北京商业纪事》，北京出版社2000年版

汤锦程：《北京的会馆》，中国轻工业出版社1994年版。

胡春焕等：《北京的会馆》，中国经济出版社1994年版

王培：《晚清企业纪事》，中国文史出版社1997年版

张双林：《老北京的商市》，北京燕山出版社1999年版

叶祖孚：《北京琉璃厂》，北京燕山出版社1997年版

王锋主编：《中国回族科学技术史》，宁夏人民出版社2008年版

科学史集刊编辑委员会：《科学史集刊·6》，科学出版社1963年版

齐如山著、鲍瞰埠编：《故都三百六十行》，书目文献出版社1993年版

潘惠楼：《北京煤炭史苑》，煤炭工业出版社1997年版

袁树森《老北京的煤业》，学苑出版社2005年版

李仁溥：《中国古代纺织史稿》，岳麓书社1983年版

罗树宝：《中国古代印刷史》，印刷工业出版社1993年版

张秀民：《中国印刷史》，上海人民出版社1989年版

刘旭：《中国火药火器史》，大象出版社2004年版

唐克美、李苍彦：《中国传统工艺全集·金银细金工艺和景泰蓝》，大象出版社2004年版

乔十光：《中国传统工艺全集·漆艺》，大象出版社2004年版

田自秉、华觉明：《中国传统工艺全集·历代工艺名家》，大象出版社2008年版

李福顺主编：《北京美术史》，首都师范大学出版社2008年版

王绎、王明石主编：《北京工艺美术集》，北京出版社1983年版

王朝闻主编：《中国美术史·元代卷》，齐鲁书社·明天出版社2000年版

中国佛教协会编辑：《房山云居寺石经》，文物出版社1978年版

朱天舒：《辽代金银器》，文物出版社1998年版

中国科学院自然科学史研究所主编：《中国古代建筑技术史》，科学出版社1985年版

庄裕光：《古建春秋》，百花文艺出版社2007年版

孙大章主编：《中国古代建筑史·第五卷：清代建筑》，中国建筑工业出版社2002年版

张钦楠：《中国古代建筑师》，生活·读书·新知三联书店2008年版

中国近代建筑史编辑委员会编：《中国近代建筑史（初稿）》，建筑工程部建筑科学研究院1959年版

王世仁等：《中国近代建筑总览》，中国建筑工业出版社1993年版

杨秉德主编：《中国近代城市与建筑（1840—1949）》，中国建筑工业出版社1990年版

杨永生编：《哲匠录》，中国建筑工业出版社2005年版

于倬云主编：《紫禁城建筑研究与保护：故宫博物院建院70周年回顾》，紫禁城出版社1995年版

萧默：《巍巍帝都：北京历代建筑》，清华大学出版社2006年版

张复合：《北京近代建筑史》，清华大学出版社2004年版

汪莱茵等：《紫禁城》，南开大学出版社1989年版

朱偰：《北京宫阙图说》，上海商务印书馆1938年版

朱偰：《明清两代宫苑建置沿革图考》，上海商务印书馆1947年版

朱祖希：《北京城——营国之最》，中国城市经济社会出版社1990年版

龙霄飞等：《帝都赫赫人神居：宫殿、坛庙、王府、四合院》，光明日报出版社2006年版

朱祖希：《千年古都话沧桑：北京城的演进、桥梁、长城》，光明

日报出版社2006年版

张宝秀等：《北京的长城与桥梁》，光明日报出版社2000年版

谢敏聪：《明清北京的城垣与宫阙之研究》，台湾学生书局1980年版

张先得：《明清北京城垣和城门》，河北教育出版社2003年版

高巍等：《四合院——砖瓦建成的北京文化》，学苑出版社2003年版

王其明：《北京四合院》，中国书店1999年版

于德源：《北京漕运和仓场》，同心出版社2004年版

裴文中：《中国石器时代》，中国青年出版社1954年版

贾兰坡：《旧石器时代文化》，科学出版社1957年版

［英］K.P.奥克莱：《石器时代文化》，科学出版社1965年版

贾兰坡：《周口店"北京人"之家》，北京出版社1975年版

陕西省西安半坡博物馆：《中国原始社会》，文物出版社1977年版

贾兰坡：《贾兰坡旧石器时代考古论文选》，文物出版社1984年版

裴文中等：《中国猿人石器研究》，科学出版社1985年版

孙铁刚：《中国旧石器时代》，文史哲出版社1985年版

张森水：《中国旧石器文化》，天津科学技术出版社1987年版

王兵翔：《旧石器时代考古学》，河南大学出版社1992年版

贾兰坡等：《发现北京人》，幼狮文化事业公司1996年版

佟柱臣：《中国新石器研究》（上册），巴蜀书社1998年版

武弘麟：《北京文明的曙光》，北京出版社2000年版

张之恒等：《中国旧石器时代考古》，南京大学出版社2003年版

张之恒：《中国新石器时代考古》，南京大学出版社2004年版

杨树森：《辽史简编》，辽宁人民出版社1984年版

杨复吉辑：《辽史拾遗补》，中华书局1985年版

周良霄、顾菊英：《元代史》，上海人民出版社1998年版

陈高华：《元大都》，北京出版社1982年版

王戎笙：《清代简史》，辽宁人民出版社1997年版

林克光等：《近代京华史迹》，中国人民大学出版社1985年版

《中华文明史》编委会编：《中华文明史》第7卷，河北教育出版社1994年版

熊文彬：《元代藏汉艺术交流》，河北教育出版社2003年版

顾卫民：《基督教宗教艺术在华发展史》，上海书店出版社2005年版

刘志琴：《近代中国社会文化变迁录》，浙江人民出版社1998年版

王光尧：《中国古代官窑制度》，紫禁城出版社2004年版

文物编辑委员会编：《中国古代窑址调查发掘报告集》，文物出版社1984年版

赵光林：《古陶瓷的收藏与研究》，中国书籍出版社2007年版

彭善国：《辽代陶瓷的考古学研究》，吉林大学出版社2003年版

陈述：《辽金史论集·第一辑》，上海古籍出版社1987年版

清代宫史研究会：《清代宫史探微·第一届清代宫史学术讨论会论文集》，紫禁城出版社1991年版

南开大学历史系、北京大学历史系编：《郑天挺先生百年诞辰纪念文集》，中华书局2000年版

八、报纸、杂志

《中外经济周刊》《市政统计月刊》《社会科学杂志》《工商半月刊》《工业月刊》

《文物》《考古》《考古学报》《故宫博物院院刊》《北京文博》

九、其他

文渊阁《四库全书》，上海人民出版社、迪志文化出版有限公司，电子版光碟

《国学智能书库》，北京国学时代文化传播有限公司，电子版

后　记

《手工业——工匠精神》是"北京文化书系·古都文化丛书"之一。本书是在北京市委宣传部的统一领导下，由北京市社会科学院历史研究所具体组织编写。北京市社会科学院章永俊研究员承担了本书的框架设计与全部章节的写作工作。

本书主要围绕北京手工业文化与历史这一主题，既从多个维度，又有历史纵深，梳理北京历史上手工业的发展脉络，挖掘手工业的生产技术与生产管理等文化特征，阐述北京城建设者所诠释的"工匠精神"，分别缕析"燕京八绝"等特色手工艺在北京手工业文化史上的地位，揭示传统手工艺制作中所凝聚的"工匠精神"。

本书撰写过程中，得到丛书编委会以及北京社科院各级领导的大力支持。初稿完成后，又经过中国社会科学院经济研究所魏明孔研究员的认真审读，提出了宝贵的修改意见。北京出版社对全书进行严谨细致的编辑，在此一并表示衷心感谢。

由于时间仓促与撰者水平有限，书中难免存在疏漏和不足之处，敬请广大读者批评指正。

章永俊
2020年8月